# Aktuelle Probleme der Versicherungswirtschaft

## vom Standpunkt der Versicherungswissenschaft betrachtet

Im Namen der Arbeitsgemeinschaft
der Versicherungswissenschaftler an deutschen Hochschulen

herausgegeben von

Dr. phil., Dr. jur. Walter Rohrbeck
Universitätsprofessor em., Köln

DUNCKER & HUMBLOT / BERLIN

Verlag Duncker & Humblot, Berlin-Lichterfelde

Gedruckt 1954 bei Berliner Buchdruckerei Union GmbH., Berlin SW 29

## Vorbemerkung

Die Arbeitsgemeinschaft der Versicherungswissenschaftler an deutschen Hochschulen bemüht sich um die Förderung der Forschung und Lehre auf den Gebieten des Versicherungswesens. Dabei gilt es, aktuelle Probleme der Versicherungswirtschaft und der sozialen Sicherheit überhaupt, wie sie heute in der Öffentlichkeit zur Diskussion stehen, vom Standpunkt der Wissenschaft aus kritisch zu würdigen. Letztlich geschieht das um der Erkenntnisse willen, die der praktischen Lösung dienen und umgekehrt, durch Erfordernisse der Praxis angeregt, die Theorie vom Versicherungsschutz bereichern können.

Im Anschluß an die vierte Mitgliederversammlung der Arbeitsgemeinschaft fand eine von Prof. Dr. Rittig in Göttingen vorbereitete Vortragsveranstaltung statt, die insbesondere Fragen der Sicherheitsvorsorge einzelner Berufsstände gewidmet war. Es nahmen im einzelnen die Göttinger Professoren *v. Gierke, Jungmichel, Münzner, Rittig, Siebert* und *Weber* in wertvollen Ausführungen Stellung, wobei auch Problemkreise der Versicherungsmathematik und Versicherungsmedizin behandelt wurden.

Kurz darauf erstatteten die Professoren *Ipsen,* Hamburg, und *Scheuner,* Bonn, allgemein anerkannte Gutachten, die dem Ideenkreis von Referaten dieser Göttinger Tagung nahestanden. Ich begrüße es sehr, daß diese Kollegen die Erlaubnis gaben, ihre Gutachten mit in unserem Heft erscheinen zu lassen. Damit hat das für die Versicherungswirtschaft sehr aktuelle Problem der Zwangsversorgungspläne freier Berufe rechtlich eine autoritative Behandlung erfahren.

Durch das Entgegenkommen des Verlages Duncker & Humblot können wir die Ergebnisse der Tagung über den engeren Bereich der Teilnehmer hinaus interessierten Wissenschaftlern und Praktikern zugänglich machen.

Im Namen der Arbeitsgemeinschaft der Versicherungswissenschaftler an deutschen Hochschulen

Prof. Dr. Rohrbeck, Köln

# Inhalt

Vorbemerkung .................................................. 3

A. Zwangsversorgungspläne freier Berufe

*Professor Dr. Werner Weber*, Göttingen:
Die verfassungsrechtliche Problematik der Zwangsversorgungseinrichtungen der freien Berufe .................................. 7
mit Diskussionsbeiträgen von *Professor Dr. Hax*, Frankfurt a. M. 25
*Professor Dr. Bogs*, Wilhelmshaven 26

*Professor Dr. Hans Peter Ipsen*, Hamburg:
Rechtsfragen berufsständischer Zwangsversorgung .............. 31

*Professor Dr. Ulrich Scheuner*, Bonn:
Berufsständische Versorgungseinrichtungen und Grundgesetz .... 71

*Professor Dr. Hans Münzner*, Göttingen:
Das Tübinger Verteilungsverfahren zur Versorgung der Ärzteschaft ................................................ 109
mit Diskussionsbeitrag von *Professor Dr. Freudenberg*, Berlin ... 118

B. Rechtsfragen der Transportversicherung

*Professor Dr. Julius von Gierke*, Göttingen:
Die Eigenarten der Transportversicherung ..................... 121

C. Der Risikogedanke im Vertragsrecht

*Professor Dr. Wolfgang Siebert*, Göttingen:
Der Risikogedanke im Vertragsrecht, insbesondere im Versicherungsvertrag .............................................. 125
mit Diskussionsbeitrag von *Professor Dr. Möller*, Hamburg ...... 137

D. Kartellfragen im Versicherungswesen

*Professor Dr. Gisbert Rittig*, Göttingen:

Die Kartelldiskussion und das Versicherungswesen .............. 141
mit Diskussionsbeiträgen von *Oberregierungsrat Dr. Finke*, Berlin 152
*Professor Dr. Hax*, Frankfurt a. M. 153

E. Die Versicherungsmedizin in der Haftpflichtversicherung

*Professor Dr. Gottfried Jungmichel*, Göttingen:

Der Arzt als Gutachter im Haftpflichtprozeß .................... 155
mit Diskussionsbeitrag von *Professor Dr. Dr. Göbbels*, Hamburg 165

# A. Zwangsversorgungspläne freier Berufe

## Die verfassungsrechtliche Problematik der Zwangsversorgungseinrichtungen der freien Berufe

Von Professor Dr. Werner Weber, Göttingen

### I.

Es gehört zum Wesen der freien Berufe, daß ihre Angehörigen selbst die Verantwortung für ihre wirtschaftliche Lebensgestaltung und für ihre Alters- und Hinterbliebenenvorsorge tragen. Und zwar bezieht sich das nicht auf den Berufsstand als ganzen, sondern auf jeden einzelnen Träger eines freien Berufes, den Arzt, den Rechtsanwalt usf. Gibt man dieses — nicht einzige, aber wesentliche — Kriterium des freien Berufes auf, so wird der Gedanke des freien Berufes im Prinzip negiert[1]. Man sollte meinen, daß ein Staat von der politischen Substanz der Bundesrepublik, der der kollektiven Bindung und Vermassung in seiner Verfassung selbst (Art. 1, 2 GG) mit großem Nachdruck die Berufung auf den Wert der Persönlichkeit und die Wahrung der Freiheit des einzelnen entgegensetzt, gerade über die Erhaltung der freien Berufe als der entscheidenden Position freiheitlicher Lebensgestaltung mit Sorgfalt wachen würde. Im Gegensatz hierzu steht das wenngleich diffuse, so doch auch von einzelnen Instanzen des Staates teils tolerierte, teils geförderte Bestreben, für die freien Berufe ein Zwangsversorgungssystem zu errichten, das ihnen die eigene, individuelle Lebensvorsorge abnimmt. Am weitesten scheinen diese Versuche bei den Ärzten und den sonstigen Heilberufen gediehen zu sein. Offenbar haben die Untergliederungen der Kassenärztlichen Vereinigungen weithin auf Grund vermeintlicher Autonomie und gestützt auf ihre Rolle als Empfänger und Verteiler der Pauschalhonorare der Sozialversicherungsträger für ihre Mitglieder Versorgungskassen mit Zwangsanschluß eingerichtet. Das Verfahren ist bei der heute gegebenen

---

[1] Darauf hat letzthin vor allem Volkmar *Muthesius* hingewiesen. Vgl. besonders seine Aufsätze „Altersversorgung der freien Berufe" (Frankf. Allg. Ztg. Nr. 86 v. 14. April 1953) und „Sicherheit durch Staatszwang" (Dt. Vers. Ztschr. 1954, S. 7 ff.).

Rechtslage unbestreitbar unzulässig[2], hat aber in § 8 des hessischen Gesetzes über die Kassenärztliche und Kassenzahnärztliche Vereinigung vom 22. Dezember 1953 (GVBl. S. 206) Anerkennung gefunden und soll nach der Regierungsvorlage eines Gesetzes über die Regelung der Beziehungen zwischen Ärzten, Zahnärzten und Krankenkassen (Kassenarztrecht) vom 24. November 1953 — Drucks. Nr. 87 des Deutschen Bundestages, 2. Wahlp. 1953 — in Gestalt eines neuen § 368i Abs. 10 RVO unter gewissen Modalitäten (Beobachtung versicherungsmathematischer Grundsätze) auch bundesrechtlich sanktioniert werden[3]. An anderer Stelle wird darüber hinaus der Plan der Errichtung einer Versorgungsanstalt für Ärzte, Zahnärzte und Tierärzte erwogen[4]. Bayern ist darin schon seit der Inflationskrise von 1923 vorangegangen[5], und Württemberg-Hohenzollern ist mit dem Gesetz über die Versorgungsanstalt für Ärzte, Zahnärzte, Tierärzte und Dentisten vom 2. August 1951 (RegBl. S. 83) gefolgt. Ein Gesetzesantrag der Abgeordneten Dr. Solleder, Dr. Schneider und Gen. (Fraktion der FU-BP/Z) vom 13. Dezember 1952 (Drucks. Nr. 3966 des Deutschen Bundestags, 1. Wahlp. 1949) wollte den Bundestag der 1. Wahlperiode zur Errichtung einer „Versorgungsanstalt der deutschen Rechtsanwälte“ veranlassen. Ferner scheinen auch die öffentlich-rechtlichen Kammerorganisationen der freien Berufe, vor allem wiederum der Heilberufe, die Neigung zu hegen, ihre Mitglieder zu einer Zwangsversorgungskasse heranzu-

---

[2] Vgl. den Einzelnachweis in dem Rechtsgutachten von Werner *Weber*, Die Errichtung von Fürsorgeeinrichtungen (Versorgungskassen) durch die Bezirksstellen der Kassenärztlichen Vereinigungen in rechtlicher Beurteilung. Versicherungswirtschaft, Sonderbeilage zu Nr. 18 vom 15. September 1953.

[3] Derselbe Regierungsentwurf war bereits am 26. November 1952 (Drucks. Nr. 3904 des Deutschen Bundestags, 1. Wahlp. 1949) dem Bundestag vorgelegt, in der 1. Wahlperiode aber nicht mehr verabschiedet worden. Der Bundesrat hatte gegen diesen Entwurf erhebliche Bedenken geltend gemacht (vgl. den Sitzungsbericht des BR über die 96. Sitzung vom 21. November 1952, S. 551 ff.) und sie auch in seiner schriftlichen Stellungnahme hervorgehoben. Diese Stellungnahme liegt nunmehr auch der Regierungsvorlage vom 24. November 1953 (Drucks. Nr. 87) bei.

[4] Ein dahingehender Antrag liegt dem Landtag von Baden-Württemberg vor (vgl. VW 1953, S. 189), der am 23. November 1953 darüber eine öffentliche Informationssitzung seines Sozialpolitischen und seines Rechtsausschusses abgehalten hat (vgl. Klaus-Peter *Schulz*, VW 1954, S. 27 f.).

[5] Bayern führt heute im Rahmen der Bayerischen Versicherungskammer nach Art. 1, 46 ff. des Gesetzes über das öffentliche Versicherungswesen vom 7. Dezember 1933 (GVBl. S. 467) die Bayerische Ärzteversorgung, Apothekerversorgung und Zahntechnikerversorgung, jede als selbständige Anstalt mit Zwangsanschluß. Dazu im einzelnen das Urteil des Bayer. VerfGH vom 7. Dezember 1951 — Vf. 11-VII-51-(VGHE NF 4 II, S. 219 ff.) und Hans *Schmitt-Lermann*, Die Bayer. Versicherungskammer in Vergangenheit und Gegenwart (1950) S. 209 ff.

ziehen[6]. Diese Entwicklung wird im Gegensatz zur Reichsärzteordnung vom 13. Dezember 1935 (RGBl. I S. 1433), die auf den Weg des Abschlusses von Versicherungsverträgen verwies, durch § 8 Abs. 2 des Landesgesetzes von Rheinland-Pfalz über die Kammern der Ärzte, Zahnärzte, Dentisten, Apotheker und Tierärzte vom 1. April 1953 (GVBl. S. 33) ausdrücklich gefördert[7].

Die bestimmenden Kräfte dieser recht systemlosen und sprunghaften Entwicklung sind leicht erkennbar. Es gibt eine große Zahl älterer Angehöriger der freien Berufe, die sich durch den Krieg und seine Folgen und nicht zuletzt durch die Währungsumstellung ihrer früheren Existenzgrundlage sowie ihrer selbst getroffenen Alters- und Hinterbliebenenvorsorge beraubt sehen. Daß sie erwarten und begrüßen, von ihren jüngeren Berufsgenossen Hilfe in ihrem Alter und für ihre Hinterbliebenen zu empfangen, ist verständlich, und eine freiwillige Solidaritätshilfe der Standesgenossen ist, besonders in dieser außergewöhnlichen Lage, sicher begrüßenswert. Es ergeben sich indessen ganz andere Aspekte, wenn daraus ein *Zwangs*system und eine *Dauer*einrichtung entwickelt werden soll. Offenbar findet aber gerade der Zwangsversorgungskassengedanke eine besonders nachhaltige Förderung bei den Sprechern und Geschäftsführern der Kammerorganisationen und Kassenärztlichen Vereinigungen, deren Aufgaben- und Einflußbereich durch die Schaffung solcher Kassen sich wesentlich erweitert und sich das reizvolle Gebiet bedeutender wirtschaftlicher Dispositionen erschließt.

Die Fragen, die dieses emporwuchernde Versorgungskassenwesen entstehen läßt, sind ernst genug. Seine Systemlosigkeit und sein Improvisationscharakter sind beunruhigend. Der Feststellung, daß die bisher errichteten Versorgungskassen weithin einer zureichen-

---

[6] Nach dieser Richtung hat sich z. B. die von der Ärztekammer Niedersachsen geschaffene Fürsorgeeinrichtung entwickelt.

[7] Die Kammergesetze der übrigen Länder (vgl. *Weber*, DÖV 1952, S. 705 Anm. 1) sagen nichts Positives über die Zulässigkeit von *Zwangs*versorgungseinrichtungen. Die in diesen Gesetzen vorkommende Aufgabenbestimmung, „Fürsorgeeinrichtungen für die Kammerangehörigen und ihre Familienmitglieder zu schaffen" o. ä. schließt die Ermächtigung zur Errichtung von Zwangsversorgungskassen nicht ein. Das wird schon durch Beispiele wie § 46 Abs. 1 Nr. 7 und Abs. 2 RÄO 1935 und § 3 der schleswig-holsteinischen Kammergesetze vom 18. Dezember 1953 (GVBl. S. 165, 168, 172, 175) belegt. Die früher von den Kammern gelegentlich geübte und durch § 46 Abs. 2 RÄO verallgemeinerte Praxis, die Mitglieder der Ärztekammern zum Abschluß privater Versicherungsverträge zu verpflichten, läßt sich selbst dann, wenn man sie mit dem OVG Münster (DÖV 1952, S. 440 f.) auch heute noch für zulässig hält, nicht als Präzedenzfall verwerten. Denn es sind völlig verschiedene Dinge, ob eine Kammer durch hoheitlich-satzungsmäßige Anordnung ihre Mitglieder zum Abschluß privater Lebensversicherungen anhält, oder ob sie sie in den Zwang eines eigenen Zwangsversorgungskassensystems einbezieht.

den Rechtsgrundlage ermangeln und daß vor allem der von ihnen in Anspruch genommene Anschlußzwang rechtlich auf äußerst schwachen Füßen steht, kann nicht ausgewichen werden[8]. Unklar sind ferner die Verantwortlichkeiten und die Aufsichtsverhältnisse im Widerstreit zwischen der Versicherungsaufsicht des VAG und der Körperschaftsaufsicht über die beteiligten Kammern und Kassenärztlichen Vereinigungen[9]. Wieweit die Kassen mit ihrem meist groben Umlageverfahren nach den Grundsätzen einer ordnungsmäßigen Geschäftsführung und dem notwendigen Minimum an versicherungswirtschaftlichen Grundsätzen verfahren, ist offen[10]. Ebenso zweifelhaft ist, ob der mit den Zwangsversorgungskassen verfolgte Gedanke, dem Währungsrisiko auszuweichen, für legitim erachtet werden kann und ob er nicht eine Täuschung in sich schließt[11]. Davon soll hier allerdings nicht näher die Rede sein. Auch muß die Frage, ob vermeidbare sozialpolitische Versäumnisse,

---

[8] Das ist in dem in Anm. 2 erwähnten Gutachten für die Kassenärztlichen Vereinigungen dargetan, gilt aber in entsprechender Weise oder noch stärker für die Zwangsversorgungseinrichtungen der berufsständischen Kammern.

[9] Auch hierzu finden sich in den vorerwähnten Gutachten des Verfassers einige Nachweise.

[10] Hierüber sind heftige Auseinandersetzungen im Gange, die sich teils in literarischen Beiträgen, teils in Gutachten niedergeschlagen haben, meist im Anschluß an das System der Tübinger Versorgungsanstalt. Als *Befürworter* der Zwangsversorgungskassen nach dem Umlageprinzip sind hierbei u. a. hervorgetreten: Helmut *Reichardt*, Die Tübinger Lösung der Versorgungsfrage auf berufsständischer Grundlage (Dt. Vers. Ztschr. 1954, S. 15 ff.); A. *Hess*, Berufsständische Pflichtversorgung (ebenda S. 25); Konrad *Bihl* (Ärztl. Mitt. v. 1952, S. 23 f. u. 1954, S. 47). *Bedenken* der verschiedensten Art sind anderseits geltend gemacht worden von *Frels*, *Parthier* und *Weinreich* auf der Verbandstagung der Lebensversicherer am 20./21. Mai 1953 (VW 1953, S. 236 ff., 245 ff.); ferner von Klaus-Peter *Schulz*, Ärzte rufen nach dem Staat (VW 1954, S. 27 f.); Eckart *Weinreich*, Sprachverwirrung unter Fachleuten (hie: Ärzte, dort: Lebensversicherer) (VW 1954, S. 75 ff.); H. *Schäfer*, Altersversorgung durch Sozial- und Individualversicherung (VW 1953, S. 299); *Finke*, Versicherung und Geldwert (Dt. Vers. Ztschr. 1953, S. 198 ff.); Wolfgang *Sachs*, Lösung der Versorgungsfrage auf berufsständischer Grundlage (Dt. Vers. Ztschr. 1954, S. 38 ff.); H. P. *Luzius*, Der Fehler im „Tübinger System" (Dt. Vers. Ztschr. 1954, S. 41 f.); Hans *Rey*, Bedenkliche Umlage-Versorgungskassen (Der Volkswirt 12/1953, S. 13 f.); Hans-Joachim *Tepe*, Zur Frage der ärztlichen Altersversorgung (Ärztl. Mitt. 1954, S. 44 ff.); *Knospe* (Ärztl. Mitt. 1952, S. 209 ff.); Volkmar *Muthesius* in den in Anmerkung 1 nachgewiesenen Aufsätzen. Einer ablehnenden Stellungnahme hat ferner das Bundeswirtschaftsministerium in einem Schreiben an das Wirtschaftsministerium von Baden-Württemberg vom 21. Februar 1953 (VI 10—16 275/53) und das Bundesaufsichtsamt für das Versicherungswesen (VW 1953, S. 267) Ausdruck gegeben. Kritische Äußerungen enthalten schließlich die sonst literarisch noch nicht ausgewerteten versicherungsmathematischen Gutachten von Professor Dr. Hans *Münzner* vom 10. Februar 1954 und von Dr. Georg *Heubeck* vom 24. Februar 1953.

[11] Auf die Frage ist *Finke*, Versicherung und Geldwert (Dt. Vers. Ztschr. 1953, S. 198 ff.) eingegangen; vgl. ferner *Frels* (VW 1953, S. 236 f.).

etwa die Behandlung der Lebensversicherungsverträge bei der Währungsumstellung, dafür verantwortlich zu machen sind, daß das Bedürfnis der freien Berufe nach Selbsthilfeeinrichtungen der geschilderten Art hervorgetreten ist, an dieser Stelle unbeantwortet bleiben. Gegenstand der vorliegenden Untersuchung ist allein die verfassungsrechtliche Zulässigkeit des Zwangsversorgungskassenwesen der freien Berufe.

## II.

Es handelt sich bei den Zwangsversorgungskassen zunächst um den bemerkenswerten Vorgang, daß ein schon vorhandener öffentlich-rechtlicher Pflichtzusammenschluß (Kammer, Kassenärztliche Vereinigung) eine nachhaltige Zweckänderung erfährt, daß nämlich eine berufsständische Korporation der Gesundheitsverwaltung mit der beschränkten, gesundheitspolitisch motivierten Aufgabe der Wahrung der Standesdisziplin (Kammer) oder ein technisches Hilfsorgan der Sozialverwaltung zur Sicherung der ärztlichen Betreuung der sozialversicherten Bevölkerung (Kassenärztliche Vereinigung) zu einer wirtschaftlichen Risiko- und Lastenausgleichsgemeinschaft ihrer Mitglieder umgebildet wird. Außerdem ist für sie die Auferlegung einer neuen, und zwar beträchtlichen Zwangsabgabe charakteristisch, die dem einzelnen Angehörigen eines freien Berufes abverlangt wird, damit davon anderen Berufsgenossen eine Rente ausgesetzt werde. Entscheidend an dem Vorgang ist aber, daß für die Angehörigen der freien Berufe das Prinzip eigenverantwortlicher wirtschaftlicher Lebensgestaltung zugunsten der Einbeziehung in ein Versorgungskollektiv aufgegeben wird. Das bedeutet, daß der Freiberufstätige abhängig wird, zwar nicht nach Art des Beamten von einem öffentlich-rechtlichen Dienstherrn, aber von seiner Berufsorganisation und von deren Einrichtungen und Organen, die der Staat ihm gegenüber mit Zwangsgewalt und wirtschaftlichen Bestimmungsmöglichkeiten ausgestattet hat. Im Schatten dieser Abhängigkeit erfährt das Wesen der Berufsorganisation eine nachhaltige Veränderung. Diese muß sich je länger je mehr in alle Verzweigungen des Berufslebens der sogen. freien Berufe, besonders auch in die Zulassungspraxis und in die Bestimmung über den Fortbestand der Standesangehörigkeit auswirken. Wenn die Regelung für Ärzte gemäß dem hessischen Gesetz vom 22. Dezember 1953 und der Regierungsvorlage eines Bundesgesetzes über das Kassenarztrecht so getroffen wird, daß die Zugehörigkeit zur Kassenärztlichen Vereinigung die Zwangsmitgliedschaft bei der Versorgungseinrichtung einschließt, wird sich die Stellung der ohnehin schon stark an die Krankenkassen und Kassenärztlichen Vereinigungen gebundenen Kassenärzte von der angestellter oder beamteter Berufstätiger kaum mehr unterscheiden lassen, und die Lösung aus diesen Bindungen wird dem einzelnen Arzt schwer möglich sein. Der Hinweis, daß sich das Ganze innerhalb einer Art von Selbstverwaltungsorganisation der freien Berufe abspielt, behebt die hier auftauchenden Bedenken nicht, sondern ist eher geeignet, sie zu vertiefen. Denn die Abhängigkeit von dem Kollektiv und der Geschäftsführung einer Standes- oder Berufsorganisation kann stärker, peinlicher und drückender sein als die von einem öffentlich-rechtlichen Dienstherrn oder von einer staatlichen Anstalt. Auch haben dort die allgemeinen Rechtsschutzvorkehrungen nicht den gleichen Wirkungsgrad, der ihnen in der breiten Öffentlichkeit der allgemeinen Rechtsbeziehungen des Staatsbürgers eignet. Im ganzen betrachtet darf man sich durch die gegenwärtigen Mißlichkeiten einer bestimmten Schicht älterer Angehöriger freier Berufe, deren Notlage auf andere Weise gesteuert werden müßte[12], nicht in der Feststellung beirren lassen, daß der Weg zur Auflösung der freien Berufe als solcher beschritten ist, wenn sie sich, von dem Streben nach Sicherheit ihrer wirtschaftlichen Versorgung geleitet, in den notwendigerweise expansiven Zwang einer kollektiven Abhängigkeit begeben.

## III.

Die erste verfassungsrechtliche Frage, die diesem Problemkreis gegenüber auftaucht, kann von den hier geschilderten Zusammenhängen freilich absehen. Sie stellt sich als die Frage nach der Gesetzgebungszuständigkeit.

Das Bonner Grundgesetz rechnet in Art. 74 Nr. 11 das privatrechtliche Versicherungswesen und in Art. 74 Nr. 12 die Sozialversicherung zu den Materien der konkurrierenden Gesetzgebung. Die Sozialversicherung ist in der RVO, im Angestelltenversicherungsgesetz, im Reichsknappschaftsgesetz und im Gesetz über Arbeitsvermittlung und Arbeitlosenversicherung sowie im Sozialgerichtsgesetz und in einigen Nebenbestimmungen bundesrechtlich kodifiziert; diese Materie ist also für die Bundesgesetzgebung dergestalt in Anspruch

---

[12] Neben der freiwilligen Solidaritätshilfe der Standesgenossen ist hier vor allem an eine Übergangsvorsorge durch die im Staat repräsentierte Allgemeinheit zu denken. Vom Privatversicherungswesen her ist durch die Rundschreiben des Bundesaufsichtsamts R 13/53 vom 27. Juni 1953 und R 14/53 vom 16. Juli 1953 (VerBAV 1953, S. 118, 151) eine Lösungsmöglichkeit eröffnet (vgl. auch *Finke*, Dt. Vers. Ztschr. 1953, S. 200; *Frels*, VW 1953, S. 237 f. u. *Parthier*, VW 1953, S. 245 f.). Weitere Vorschläge entwickelt H. J. *Tepe*, Ärztl. Mitt. 1954, S. 44 ff.

genommen, daß für eine landesrechtliche Sozialversicherungsgesetzgebung kein Raum mehr bleibt. Einige kleinere landesrechtliche Vorbehalte, die die RVO früher enthielt[13], sind genau abgegrenzt und überdies zumeist inzwischen beseitigt. Das privatrechtliche Versicherungswesen ist durch das Versicherungsvertraggesetz, das Versicherungsaufsichtsgesetz und das Bundesaufsichtsgesetz gleichfalls bundesrechtlich geordnet. Hier besteht aber noch ein gewisser Aktionsbereich für die Landesgesetzgebung. Diese kann die Organisation öffentlich-rechtlicher Versicherungsunternehmungen regeln, und sie kann auf Grund des Vorbehalts in § 192 Abs. 1 VVG auch in gewissem Umfange die Versicherungsverhältnisse bei einer landesrechtlichen Zwangs- und Monopolanstalt ordnen.

Es fragt sich, zu welchem Bereich die Zwangsversorgungskassen der freien Berufe gehören. Ihre Einreihung unter die privaten Versicherungsunternehmungen scheidet schon deshalb aus, weil sie nicht die Rechtsgestalt von Aktiengesellschaften oder Versicherungsvereinen a. G. haben und nicht dem Versicherungsvertragsgesetz unterstehen[14]. Auch zu den öffentlich-rechtlichen Wettbewerbsversicherungsunternehmen zählen sie nicht. Ebensowenig aber haben sie etwas mit den traditionellen landesrechtlichen Zwangs- und Monopolanstalten auf dem Gebiete der Sachversicherung gemein. Alle Eigentümlichkeiten weisen sie vielmehr der Sozialversicherung zu: die Eigenschaft der Träger dieser Einrichtungen als juristische Personen des öffentlichen Rechts; sodann ihre Aufgabe der Vorsorge für Invalidität, Alter und Hinterbliebene der Angeschlossenen; weiter der Zwangsanschluß. Schließlich und vor allem ist bei ihnen dasselbe sozialpolitische Motiv wirksam, das auch die Sozialversicherung im ganzen in der Vorsorge für Arbeiter, Angestellte und bestimmte Kategorien von selbständig Berufstätigen trägt.

In der Systematik des deutschen Versicherungs- und Versorgungswesens gehört das Projekt der Zwangsversorgungkassen der freien Berufe also zur Materie der Sozialversicherung[15]. Da diese Materie vollständig und abschließend für das Bundesrecht in Anspruch genommen ist, können die Landesgesetzgeber auf diesem Gebiet gemäß Art. 72 Abs. 1 GG weder regelnd noch ermächtigend tätig werden. Es ist ihnen und ihren Delegataren nicht erlaubt, das

---

[13] Vgl. Lutz *Richter*, Sozialversicherungsrecht (1931) S. 18, 39, 55, 205, 206.

[14] Diese Feststellung schließt allerdings die Zuständigkeit der Versicherungsaufsichtsbehörden gegenüber den Zwangsversorgungskassen nicht schlechthin aus. Die Versicherungsaufsichtsbehörden können eine unzulässige Betätigung jener Kassen abwehren. Dazu im einzelnen das Gutachten des Verfassers VW 1953, Sonderbeilage zu Heft 18, S. IV ff.

[15] Das bringt auch der Bayer. VerfGH in seiner Entscheidung vom 7. Dezember 1951 (VGHE NF 4 II, S. 219 ff.) zum Ausdruck. Ebenso Walter *Bogs*, Festgabe für Johannes Krohn 1954 S. 35 ff., 48 ff.

bundesrechtlich abschließend geordnete System der Sozialversicherung durch Neuschöpfungen nach ihrem Belieben zu ergänzen und dadurch zugleich zu verändern[16].

Mit dieser Feststellung kann zwar dem erwähnten Regierungsentwurf eines Bundesgesetzes über das Kassenarztrecht vom 24. November 1953 (Drucks. Nr. 87) nicht entgegengetreten werden, weil er — insofern korrekt — den Gegenstand gerade im Rahmen des Sozialversicherungsrechts, und zwar einer Novelle zur RVO regelt. Aber mit ihr ist zugleich gesagt, daß alle landesrechtlichen Versuche auf diesem Gebiet mangels landesrechtlicher Zuständigkeit wirkungslos sind. Das gilt sowohl für die Zwangsversorgungsanstalt für die Heilberufe nach dem Gesetz des südlichen Württemberg vom 2. August 1951 und für die Erhebung der Kassenärztlichen Vereinigungen zu Sozialversicherungsträgern nach dem hessischen Gesetz vom 22. Dezember 1953, als auch für die Versuche, in den neuen Landesgesetzen über die Kammern der Heilberufe die Errichtung von Zwangsversorgungskassen der geschilderten Art zu legitimieren, als auch vollends für die Schaffung solcher Kassen durch autonome Satzung der unter Landesaufsicht stehenden berufsständischen Kammern und Kassenärztlichen Vereinigungen, bei denen überdies noch weitere rechtliche Hindernisse gegen die Betätigung der Satzungsautonomie auf diesem Gebiet hinzukommen[17].

Wenn überhaupt, kann nur der Bundesgesetzgeber kraft seiner durch kodifikatorische Regelung ausschließlich gewordenen Zuständigkeit für das Gebiet der Sozialversicherung Zwangsversorgungseinrichtungen für die freien Berufe einführen. Alle übrigen Versuche nach dieser Richtung sind kraft der Zuständigkeitsregelung des Grundgesetzes schon wegen gesetzgeberischer oder statutarischer Unzuständigkeit wirkungslos.

## IV.

Als tiefer reichend erscheint die Frage, ob sich das System der Zwangsversorgungskassen der freien Berufe mit den Freiheitsverbürgungen des Grundgesetzes vereinbaren läßt. Hier taucht zunächst ein Sonderproblem auf, das vorab behandelt werden soll, nämlich das der negativen Vereinigungsfreiheit. Nach Art. 9 Abs. 3 GG ist in der Tradition des § 152 GewO und des Art. 159 WRV das Recht, zur Wahrung und Förderung der Arbeits- und Wirtschaftsbedingungen Vereinigungen zu bilden, für jedermann und für alle Berufe gewährleistet. Auch das Verbot, auf einen Beitritt zu solchen Ver-

---

[16] In diesem Sinne auch Hans Adolf *Aye*, Dt. Vers. Ztschr. 1953, S. 206.
[17] Vgl. im einzelnen das in Anm. 2 erwähnte Gutachten.

einigungen einen irgendwie gearteten Zwang auszuüben, ist als sogen. negative Vereinigungsfreiheit anerkanntermaßen hierin eingeschlossen[18].

Es liegt nun auf der Hand, daß der Hinweis auf die Vereinigungsfreiheit nichts fruchtet, wenn Zwangsversorgungskassen durch Gesetz bei Kassenärztlichen Vereinigungen oder als selbständige Anstalten errichtet werden sollen. Denn die Schaffung anstaltlicher Versorgungskassen steht mit der Vereinigungsfreiheit überhaupt in keinem Zusammenhang[19]. Aber auch die Kassenärztlichen Vereinigungen stellen keine „Vereinigungen zur Wahrung und Förderung von Arbeits- und Wirtschaftsbedingungen" im Sinne von Art. 9 Abs. 3 GG dar. Sie sind vielmehr als öffentlich-rechtliche Neben- und Hilfseinrichtungen der Sozial-(Kranken-)versicherung zu qualifizieren; und falls § 368 i Abs. 10 RVO in der Fassung der erwähnten Regierungsvorlage vom 24. November 1953 Gesetz werden sollte, würden sie zugleich zu Trägern eines besonderen Zweiges der Sozialversicherung werden. Unter den Gesichtspunkten der Vereinigungsfreiheit sind hiergegen Bedenken nicht zu erheben, weil die Vereinigungsfreiheit hier gar nicht im Spiele ist[20]. Aber dort, wo die allgemeine (berufsständische) öffentlich-rechtliche Kammerorganisation der freien Berufe von sich aus das Recht in Anspruch nimmt oder es vom Gesetzgeber verliehen bekommt, Zwangsversorgungskassen für ihre Mitglieder einzurichten, ist die Vereinbarkeit mit der verfassungsrechtlich gesicherten Vereinigungsfreiheit ernstlich zu prüfen.

Die anfänglich geäußerten Zweifel allerdings, ob Art. 9 Abs. 3 GG überhaupt die Beibehaltung öffentlich-rechtlicher Kammerorganisationen der freien Berufe sowie der Unternehmer, Handwerker usw. mit Pflichtmitgliedschaft gestatte, können als überwunden

---

[18] So auch *v. Mangoldt,* Kommentar, Erläut. 4 zu Art. 9; *Giese,* Kommentar, 3. Aufl. 1953, Erläut. 10 zu Art. 9; E. R. *Huber,* Wirtschaftsverwaltungsrecht, 2. Aufl. I (1953), S. 198; K. *Redeker,* DVBl. 1952, S. 239; Andreas *Hamann,* Rechtsstaat und Wirtschaftslenkung (1953), S. 60 f.; H. P. *Ipsen,* AöR, 78 (1952/53), S. 313; *Wernicke,* Bonner Komm. II 1 d und 3 e zu Art. 9, wobei es gleichgültig ist, daß nach *Wernicke* oder auch nach *Huber,* Wirtschaftsverwaltungsrecht 2. Aufl. II (1954), S. 383 die „negative Koalitonsfreiheit" weniger aus Art. 9 als aus Art. 2 Abs. 1 GG, herzuleiten ist. In Wahrheit hängen Art. 2 Abs. 1 und Art. 9 Abs. 3 GG, untrennbar zusammen, wie auch Otto *Gernandt,* Die negative Koalitionsfreiheit, Der Arbeitgeber 1954, S. 154 ff., dargelegt hat.

[19] Insoweit ist der Entscheidung des Bayer. VerfGH vom 7. Dezember 1951 (VGHE NF 4, S. 219 ff.) beizupflichten.

[20] Wo sich allerdings die Kassenärztlichen Vereinigungen fälschlicherweise selbst als quasi-berufsständische Zusammenschlüsse verstehen und für ihr Satzungsrecht die Schaffung von Zwangsversorgungskassen in Anspruch nehmen, setzen sie sich zum Grundsatz der negativen Vereinigungsfreiheit in gleicher Weise in Widerspruch, wie dies im folgenden für ein entspr. Vorgehen der Kammern dargelegt wird.

gelten[21]. Auf der anderen Seite aber ist nicht zu verkennen, daß dies nicht vorbehaltlos zutrifft. Die öffentlich-rechtlichen Standes- und Berufsorganisationen (Kammern) sind auf dem Boden einer Entwicklung entstanden, die die Eingliederung der von ihnen erfaßten Berufsstände in die staatliche Gemeinschaft und ihre Bindung innerhalb der öffentlichen Verwaltungsordnung zur Durchführung einer Standesaufsicht statt durch unmittelbare staatliche Reglementierung und Beaufsichtigung in den Formen dezentralisierter Selbstverwaltung vollziehen wollte. Diese Kammerorganisationen stehen im Dienste einer öffentlichen Verwaltungsaufgabe und nicht in dem der Verfolgung eigener wirtschaftlicher Interessen der in ihnen Zusammengeschlossenen. Nur deshalb ist ihnen die Eigenschaft öffentlich-rechtlicher Korporationen verliehen, und nur von dorther ist das ihnen eigene Prinzip der Zwangsmitgliedschaft legitimiert. Das hat K. *Redeker* am Beispiel der Ärzte- und Rechtsanwaltskammern mit berechtigtem Nachdruck deutlich gemacht[22], findet sich aber auch durch Art. 87 Abs. 3 GG bestätigt[23]. Wenn nun diese Kammerorganisationen auf der Grundlage ihres Zwangszusammenschlusses versuchen, ihre Tätigkeit von ihren spezifisch öffentlich-rechtlichen Aufgaben im Rahmen einer dezentralisierten mittelbaren Staatsverwaltung auf die Besorgung und Vertretung der wirtschaftlichen Interessen ihrer Mitglieder auszudehnen, so verlassen sie die Legitimitätsgrundlage ihrer öffentlichen Korporationsqualität und ihrer Pflichtmitgliedschaft[24]. Das ist zunächst ein Problem der Gesetzmäßigkeit ihres Handelns, über dessen Innehaltung die Aufsichtsbehörden der Kammern zu wachen hätten. Es ist aber auch eine Frage der verfassungsrechtlichen Zulässigkeit.

Denn wenn sich die Kammern auch der wirtschaftlichen Vorsorge ihrer Mitglieder annehmen — und die Schaffung eines Zwangsversorgungssystems stellt in eminentem Grade eine solche wirtschaftliche Vorsorge dar —, so monopolisieren sie auf der Grundlage

---

21 Hierzu sei verwiesen auf Werner *Weber*, DÖV 1952, S. 708 ff.; Waldemar *Adler*, Deutsche Versicherungszeitschrift 1953, S. 202; E. R. *Huber*, Wirtschaftsverwaltungsrecht, 2. Aufl. I (1953), S. 198 ff.; K. *Redeker*, DVBl. 1952, S. 239 ff.; Karl *Pathe*, DVBl. 1950, S. 663 ff. und die von diesen Autoren weiter zitierten Schrifttumsbeiträge und Entscheidungen.

22 K. *Redeker*, Kammerbegriff und Grundgesetz, DVBl. 1952, S. 201 ff., 239 ff.; *derselbe*, Ärztl. Wochenschrift 1952, S. 303 ff.

23 Diese Vorschrift macht durch ihren Wortlaut und durch den systematischen Zusammenhang, in dem sie steht, deutlich, daß öffentlich-rechtliche Körperschaften immer von öffentlichen Verwaltungsaufgaben her legitimiert sein müssen.

24 K. *Redeker* (DVBl. 1952, S. 202, 241) scheint auch ein Zwangsversorgungskassensystem mit der öffentlich-rechtlichen Kammeraufgabe der Wahrung der sittlichen und geistigen Grundhaltung der Berufsangehörigen in Verbindung bringen zu wollen, jedoch ohne zureichende Begründung.

ihrer Zwangsmitgliedschaft diesen Aufgabenbereich. Sie machen damit die Besorgung derselben Aufgaben durch freie Vereinigungen der in ihnen zusammengeschlossenen Berufsangehörigen unmöglich. Sie üben zugleich kraft ihrer aus anderen Gründen verliehenen Pflichtmitgliedschaft auf ihre Mitglieder hinsichtlich der Verfolgung ihrer wirtschaftlichen Interessen einen Zwang aus, dem sich die Mitglieder nicht entziehen können.

Dadurch begeben sie sich in eine Kollision mit der Vereinigungsfreiheit des Grundgesetzes. Zwar ist die Vereinigungsfreiheit (Koalitionsfreiheit) aus den sozialen Auseinandersetzungen zwischen Arbeitnehmern und Arbeitgebern um Arbeits- und Wirtschaftsbedingungen hervorgewachsen; es geht bei ihr ursprünglich um „das Gruppierungsrecht der Arbeitnehmer und ihrer sozialen Gegenspieler, nämlich der Arbeitgeber“[25]. Aber sie will heute, da sich die Sozialprobleme anders stellen, auf diese Gruppierung nicht mehr beschränkt sein, wie Art. 9 Abs. 3 GG dadurch zum Ausdruck bringt, daß die Vereinigungsfreiheit für *„jedermann und für alle Berufe“* gewährleistet sein soll[26]. Außerdem tritt ihr mit den gleichen Wirkungen die Vereinsfreiheit des Art. 9 Abs. 1 GG zur Seite, die sicher nicht an die Traditionen des Koalitionsrechts gebunden ist. Den Angehörigen jedes Berufes muß also die Möglichkeit gegeben sein, ihre wirtschaftlichen Lebensbedingungen durch Bildung *freier* Vereinigungen zu wahren und zu fördern, oder auch eben sich von solchen Vereinigungen fernzuhalten. Die Ausdehnung der Tätigkeit der öffentlich-rechtlichen Kammern auf Verfolgung wirtschaftlicher Interessen ihrer Mitglieder innerhalb ihrer Zwangsorganisation verstößt hiergegen in doppelter Weise: einmal indem sie ihre Mitglieder zu etwas zwingt, wozu sie sie nach Art. 9 Abs. 1 und 3 in Verb. mit Art. 2 Abs. 1 GG nicht zwingen dürfte, und zum anderen indem sie durch Monopolisierung der Pflege der entscheidenden wirtschaftlichen Interessen ihrer Mitglieder das nach denselben Grundgesetzvorschriften verfassungsrechtlich verbriefte Recht dieser Mitglieder, zur Wahrung und Förderung ihrer Wirtschaftsbedingungen *freie* Vereinigungen einzugehen, illusorisch macht.

Gegen die Errichtung eines Zwangsversorgungssystems innerhalb der öffentlich-rechtlichen Kammerorganisation der freien Berufe bestehen aus diesen Gründen die ernstesten verfassungsrechtlichen Bedenken. Von ihnen haben sich die am 18. Dezember 1953 (GVBl. S. 165, 168, 172, 175) in Schleswig-Holstein ergangenen Gesetze über

[25] So *Wernicke*, Bonner Kommentar, Erläut. II 3 c zu Art. 9 GG.

[26] Davon gehen neben anderen auch *Nipperdey* (Recht, Staat, Wirtschaft III/1951, S. 234) und *Hamann* (Rechtsstaat und Wirtschaftslenkung, S. 58 ff.) aus.

die Kammern der Ärzte, Zahnärzte, Tierärzte und Apotheker mit Recht dahin leiten lassen, (jeweils in § 3) zu bestimmen, daß der Anschluß der Mitglieder an eine Versorgungseinrichtung nur freiwillig sein und daß die Kammer selbst nicht als Träger der Versorgungseinrichtung fungieren dürfe.

## V.

Hinter diesem Sonderproblem aber erhebt sich die allgemeinere Frage, ob die freien Berufe nach dem geltenden Verfassungsrecht überhaupt in ein Zwangsversorgungskassensystem einbezogen, ob sie also — mindestens in einem materiell-rechtlichen Sinne — sozialversicherungspflichtig gemacht werden können, gleichviel ob sich dieses Vorhaben durch Bundesgesetz oder Landesgesetz oder durch Körperschaftssatzung, ob durch Schaffung einer Zwangsversorgungsanstalt oder von körperschaftlichen Einrichtungen oder wie auch immer verwirklicht.

Die Antwort auf diese Frage ist nicht leicht, weil sie in Verfassungsprobleme hineinreicht, dessen Lösung sich nicht offen anbietet. Waldemar *Adler*[27] hat dazu folgenden Gedankengang entwickelt: Er geht aus von dem in Art. 2 Abs. 1 GG jedem gewährleisteten „Recht auf die freie Entfaltung seiner Persönlichkeit“. Er untersucht dann, ob der Vorbehalt der „verfassungsmäßigen Ordnung“, der dieses Recht begrenzt, die Schaffung einer Zwangsversorgung für die freien Berufe deckt. Hierbei schließt er sich eng an die Deutung an, die der Begriff der „verfassungsmäßigen Ordnung“ bei E. R. *Huber*[28] gefunden hat. Er versteht darunter mit *Huber* nicht nur die im Text des Grundgesetzes umschriebene Grundordnung, auch nicht anderseits die Gesamtheit der verfassungsmäßig zustande gekommenen Gesetze, sondern einen Komplex von Grundsätzen, der sich aus den Prinzipien des geschriebenen Verfassungsrechts und solchen der ungeschriebenen, vom Grundgesetz als selbstverständlich vorausgesetzten Verfassungsordnung zusammensetzt. Die Elemente dieser ungeschriebenen Grundordnung könnten, so legt er dar, durch feste Rechtstradition oder allgemein gesicherte Rechtsüberzeugung zu ungeschriebenen Bestandteilen der verfassungsmäßigen Ordnung erhoben sein. Er nennt als Beispiel hierfür den Grundsatz, daß freiheitsbeschränkende Zwangsgesetze

---

[27] Waldemar *Adler*, Zulässigkeit von Alterszwangsversorgungseinrichtungen freier Berufe nach dem Grundgesetz, Dt. Vers. Ztschr. 1953, S. 200 ff. Gegen ihn polemisch A. *Hess*, Berufsständische Pflichtversorgung (Dt. Vers. Ztschr. 1954, S. 26).

[28] E. R. *Huber*, Wirtschaftsverwaltungsrecht, 2. Aufl. Bd. I (1953), S. 660 ff.

zulässig sind, wenn überragende Forderungen des Gemeinwohls gewahrt werden sollen, wobei der Schutz des Wesensgehalts der Grundrechte durch Art. 19 Abs. 2 GG allerdings eine Grenze bildet.

Zum Konkreten übergehend führt *Adler* aus, daß die Unterhaltung einer allgemeinen Alterszwangsversorgung der Anwaltschaft und der Ärzteschaft nicht einem langüberlieferten Herkommen entspreche. Auch sei es nicht vom allgemeinen öffentlichen Interesse der Rechtspflege und der Gesundheitspflege her gefordert, daß für die Anwälte und Ärzte (und entsprechend für die Angehörigen sonstiger freier Berufe) eine Alterszwangsversorgung eingerichtet werde. Die Ausdehnung der Sozialversicherung auf grundsätzlich alle Bevölkerungskreise lasse sich mit dem Grundgesetz nicht vereinbaren. Die Einbeziehung der freien Berufe in ein Zwangsversorgungssystem greife zudem stark in die wirtschaftliche Betätigungsfreiheit und sogar die vermögensrechtliche Stellung ihrer Angehörigen ein. Sie zwinge sie u. U. dazu, schon durch Abschluß von Lebensversicherungen, Bausparverträgen u. dgl. erworbene Rechte ganz oder teilweise unter Verlusten aufzugeben. Sie beschränke ihre vermögensrechtlichen Dispositionen von der steuerlichen Seite her dadurch, daß die Steuervergünstigungen durch die Zwangsabgaben vorweg in Anspruch genommen würden. Sie belaste die Kassenmitglieder mit einem Opfer zugunsten anderer, ohne daß sie selbst die Gewähr hätten, ihrerseits in den Genuß entsprechender Leistungen zu gelangen[29]. Die Angehörigen freier Berufe würden hierdurch nicht nur in ihrer eigenverantwortlichen Daseinsgestaltung beengt, sondern auch in ihren wirtschaftlich-vertraglichen Verfügungsmöglichkeiten behindert. Im ganzen gesehen, meint *Adler,* seien weder aus der Überlieferung noch aus den Erfordernissen des allgemeinen öffentlichen Wohles durchschlagende Momente für eine so grundlegende Einschränkung des in Art. 2 Abs. 1 GG verbrieften Rechts auf Entfaltung der freien Persönlichkeit zu ermitteln.

Es ist richtig, auf die verfassungsrechtliche Freiheitsverbürgung abzustellen und dabei Art. 2 Abs. 1 GG in den Mittelpunkt zu rücken. Denn die übrigen, in Sondertatbestände ausgeformten Freiheitsartikel des Grundgesetzes liefern, mindestens wenn man jeden für sich betrachtet, für den vorliegenden Fall keinen Aufschluß. Das gilt insbesondere auch für die Freiheitsklausel des Art. 2 Abs. 2

[29] In diesem Zusammenhang ist von Interesse, daß auch Ernst *Forsthoff* (Zur verfassungsrechtlichen Problematik der Investitionshilfe, BB 1953, S. 422) dargetan hat, das Grundgesetz lasse die Auferlegung der Pflicht zu einem unmittelbaren Einstehen für andere im Wege der verlagernden Lenkung nicht zu; ein derartiges Vorgehen stelle daher einen unzulässigen Eingriff in das Grundrecht freier Persönlichkeitsentfaltung dar.

Satz 2 GG, die anerkanntermaßen nur die Freiheit der Person im körperlichen, räumlichen Sinne meint[30].

In der Betonung des Rechts auf die freie Entfaltung der Persönlichkeit etwa nur einen weniger verbindlichen Vorspruch zu den folgenden spezialisierten Freiheitsklauseln zu sehen, wäre nicht angebracht. Die Vorschrift in Art. 1 Abs. 3 GG, die folgenden Grundrechte als unmittelbar geltendes Recht anzuerkennen, gilt auch für diesen ersten der folgenden Verfassungssätze[31], und außerdem hat er gegenüber den Kollektivierungstendenzen der totalitären Regime und des modernen Massenstaates eine viel zu konkrete Substanz, als daß er in die Reihe bloßer Proklamationen oder Programmsätze verwiesen werden könnte. Das Recht auf die Entfaltung der freien Persönlichkeit oder, anders ausgedrückt, auf Freiheit von staatlichem Zwang[32] wird freilich sogleich begrenzt: durch die Rechte anderer, das Sittengesetz und die verfassungsmäßige Ordnung.

Die Rechte anderer und das Sittengesetz sind im vorliegenden Falle irrelevant; es kommt hier nur darauf an, ob der Vorbehalt der verfassungsmäßigen Ordnung eine Gesetzgebung legitimiert, die den freien Berufen das hier erörterte Zwangselement einfügt und sie dadurch umformt. Dieser Vorbehalt hat im Zusammenhang des Art. 2 Abs. 1 nicht die gleiche Evidenz wie in den Artikeln 9 Abs. 2, 20 Abs. 3, 28 Abs. 1 und 3 und 98 Abs. 2, die ebenfalls auf die „verfassungsmäßige Ordnung“ Bezug nehmen. Aber die Wendung kann an den einzelnen Stellen des Grundgesetzes an denen sie vorkommt, nichts grundlegend Verschiedenes bedeuten[33], und jedenfalls hat sie in Art. 2 Abs. 1 nicht die Funktion eines einfachen Gesetzesvorbehalts zur beliebigen Ausfüllung durch den Gesetzgeber[34]. Sie meint, daß die Freiheit des einzelnen, vom Sittengesetz und den Rechten anderer abgesehen, von den ungeschriebenen Grundlagen und der positiv-rechtlichen Grundentscheidung der Verfassung — und nur von diesen — her begrenzt wird, und daß der Gesetzgeber Einschränkungen der Freiheit nur von den ihm vorgegebenen Grund-

---

30 Das ist allgemeine Auffassung. Vgl. etwa *v. Mangoldt*, Komm. Erläuterung 4 zu Art. 2; Günter *Dürig*, AöR 79 (1953), S. 60, *Giese*, Komm. Erläut. 6 zu Art. 2.

31 Auch das ist allgemeine Meinung; vgl. statt vieler Hans *Peters*, Die freie Entfaltung der Persönlichkeit als Verfassungsziel, Festschr. für Rudolf Laun (1953), S. 672; OVG Hamburg, DVBl. 1951, S. 313.

32 Vgl. *v. Mangoldt* a. a. O. Erläut. 4 zu Art. 2; *Dürig* a. a. O. S. 60.

33 In diesem Sinne auch OVG Münster DÖV 1952, S. 59; ferner Hans *Peters* a. a. O., S. 676.

34 So besonders Herbert *Krüger*, DVBl. 1950, S. 627; *derselbe*, Grundgesetz und Kartellgesetzgebung (1950), S. 23; Ernst *Forsthoff*, BB 1953, S. 421; E. R. *Huber*, Wirtschaftsverwaltungsrecht I, S. 662; Theodor *Maunz*, Deutsches Staatsrecht, 3. Aufl. 1954, S. 86; Otto *Koellreutter*, Deutsches Staatsrecht (1953), S. 53.

lagen und Grundentscheidungen der Verfassung her aktualisieren kann[35]. Dabei muß der Gesetzgeber überdies dessen eingedenk bleiben, daß er das Grundrecht der Entfaltung der freien Persönlichkeit gemäß Art. 19 Abs. 2 GG niemals in seinem Wesensgehalt antasten darf. Schließlich ist zu beachten, daß Art. 2 Abs. 1 GG in diesem Zusammenhang eine spezifische Funktion entwickelt, wie schon angedeutet wurde. Ob er, wie Dürig meint[36]), zur Rechtfertigung des traditionellen polizeilichen Handelns Aufschlüsse liefert, mag dahingestellt bleiben. Aber jedenfalls will er, wo irgend möglich, dem Sog des Massenzeitalters zur Entpersönlichung und Kollektivierung entgegenwirken; natürlich nicht abstrakt und bloß mit resignierten Beschwörungen, sondern mit konkreter Rechtswirkung dort, wo sich am Einzelfalle der Gang der Entwicklung entscheidet. Daß das Schicksal der freien Berufe als der klassischen Repräsentanten freier Persönlichkeitsbehauptung ihn in hohe Alarmstufe versetzen muß, ist unbestreitbar.

Es ist ein schwieriges Unterfangen, die bisher unternommenen Versuche, die auf die Kollektivierung der Angehörigen bestimmter freier Berufe in einem Alterszwangsversorgungssystem abzielen, in irgendeiner Beziehung als durch die „verfassungsmäßige Ordnung“ gefordert zu rechtfertigen. Wenn es sich hierbei um ein grundsätzliches sozialstaatliches Anliegen von allgemeiner Notwendigkeit handelte, dann müßte die Frage für alle freien Berufe gestellt und einheitlich gelöst werden; dann müßte sie ferner über die freien Berufe im engeren Sinne hinaus auf alle Bevölkerungsteile erstreckt werden, die nicht schon jetzt sozialversicherungspflichtig sind, und sie müßte zu Einrichtungen von einwandfrei erprobter Funktionsfähigkeit hinführen. Nur unter solchen Aspekten könnte die Regelung wenigstens im Sinne sozialstaatlicher Konsequenz, gesicherter Ordnung und der Gleichbehandlung gleicher Lagen ihre Rechtfertigung als der „verfassungsmäßigen Ordnung“ entsprechend finden.

Stattdessen ist ernsthaft nur für die Angehörigen der Heilberufe oder sogar nur für einen Teil von ihnen ein Zwangsversorgungskassensystem ins Auge gefaßt. Von einer *grundsätzlichen* Inangriffnahme und Lösung des Problems ist also nicht einmal im engeren Kreis der freien Berufe insgesamt die Rede. Ferner sind die ver-

---

35 Darin stimmen auch die in der vorigen Anmerkung genannten Autoren überein. Zur selben Auffassung bekennen sich ferner ohne wesentliche Nuancen *Scheuner*, DVBl. 1952, S. 723 (Leitsatz 22a); *Hamann*, Rechtsstaat und Wirtschaftslenkung, S. 64 f. Vgl. ferner Herbert *Krüger*, BB 1953, S. 565 f.; Helmuth *Patschke*, BB 1954, S. 1 f.

36 Günter *Dürig*, Art. 2 GG und die Generalermächtigung zu allgemeinen polizeilichen Maßnahmen, AöR 79 (1953), S. 57 ff.

schiedenartigsten und oft zweifelhaften Improvisationen ins Werk gesetzt. Von den Versorgungskassen, die einzelne Kammern der Heilberufe eingerichtet haben, reichen sie über die Zwangskassen der Kassenärztlichen Vereinigungen bis zu selbständigen Versorgungsanstalten. Das hessische Gesetz über die Kassenärztlichen und Kassenzahnärztlichen Vereinigungen und der Entwurf der Bundesregierung über die Neuregelung des Kassenarztrechts (Drucks. Nr. 87) wollen nur die Kassenärzte, also nur einen Teil der Ärzte, erfassen, offenbar weil die Abzweigung der Versorgungskassenbeiträge von den Pauschalhonoraren der Krankenkassen am bequemsten und gegenüber den Betroffenen am unauffälligsten ist. Die Ausführungen, mit denen die amtliche Begründung der Vorlage der Bundesregierung diesen einschneidenden Gesetzesvorschlag begleitet, sind bemerkenswert nichtssagend. Ferner ist der eigentliche Anlaß für den weitreichenden Dauereingriff eine temporäre Notlage kriegs- und währungsreformgeschädigter älterer Ärzte, der auch auf andere Weise gesteuert werden könnte[37], und offenbar sind die Gesetzgeber mehr durch die Wünsche der organisierten Interessenten als durch das Bewußtsein einer allgemeinen staatspolitischen Notwendigkeit zu ihren teils noch unerledigten Vorlagen, teils schon verabschiedeten Beschlüssen bewogen worden[38].

Diese diffuse, zufallsabhängige und situationsbedingte Behandlung einer Frage, die, prinzipiell gesehen, tief und an einer besonders kritischen Stelle in das Grundrecht freier Persönlichkeitsentfaltung eingreift, als durch die Erfordernisse der „verfassungsmäßigen Ordnung" und im Rahmen ihrer Möglichkeiten gerechtfertigt anzusehen, ist schwer vollziehbar.

Allerdings muß die Frage noch ein wenig vertieft werden. Denn die „verfassungsmäßige Ordnung" ist sicher nichts Starres, und sie bezeichnet kein festumrissenes Gebiet gesetzgeberischer Handlungsmöglichkeiten. In ihr begegnen sich verschiedenartige Ordnungsprinzipien zu einer im Wege des Ausgleichs, der gegenseitigen Abstimmung und des Kompromisses herzustellenden Einheit. Freiheit und Bindung sind in ihr gleichermaßen wirksam. Es ist wohl richtig, mit *Huber*[39] anzunehmen, daß das Grundgesetz die traditionellen Bindungen des Einzelnen in der staatlichen Gemeinschaft als legitim zugrunde legt. Und daß es die Neubegründung von Sozialbindungen nicht ausschließen will, bezeugt es an zahlreichen Stellen, vor allem durch den Gesetzesvorbehalt bei einzelnen Frei-

---

[37] Vgl. die Hinweise oben Anm. 12.

[38] Recht eindeutig in diesem Sinne die Regierungsbegründung zu der Bundestagsvorlage Nr. 87 vom 24. November 1953.

[39] E. R. *Huber*, Wirtschaftsverwaltungsrecht I, S. 663.

heitsklauseln (Art. 2 Abs. 2, 5 Abs. 2, 8 Abs. 2, 10, 11 Abs. 2, 12 Abs. 1, 13 Abs. 2 u. 3, 16 Abs. 1, 104), durch die Betonung der Sozialpflichtigkeit des Eigentums (Art. 14 Abs. 1 Satz 2, Abs. 2) und durch die bekannte Anrufung des sozialstaatlichen Charakters der Bundesrepublik in den Artikeln 20 und 28. Aber im Mittelpunkt seiner die politische Substanz des Staatswesens bestimmenden Aussagen, den ganzen Grundrechtsteil durchziehend und auch in den späteren Teilen (Art. 20, 28, 101, 103, 104) wieder anklingend, stehen doch die Freiheitsverbürgungen[40]). Ihnen ist solcher Nachdruck verliehen, daß alle sie einschränkenden Bindungen durch überzeugende Notwendigkeiten des allgemeinen Wohles legitimiert sein müssen. Dabei dürfen sie außerdem den Wesensgehalt der verschiedenen Freiheitsverbürgungen niemals antasten[41].

Der Wesensgehalt der Freiheit nun ist nicht nur dann bedroht, wenn besonders starke Beschränkungen der Freiheit statuiert werden. Schon ihre gleichgültige Einschränkung aus nicht zureichendem Anlaß bringt eine Mißachtung gegenüber ihrem Wesensgehalt zum Ausdruck und führen zu einer Zerstörung ihres Sinnes. Und diese Mißachtung steigert sich, wenn die Freiheit an einem Punkte getroffen wird, wo sie als besonders empfindlich erscheint. Es kommt schließlich nicht nur darauf an, wie weit die Freiheitseinschränkungen im konkreten Falle unmittelbar reichen. Vielmehr ist zugleich die grundsätzliche Tragweite der Einzelentscheidung mit ihren möglichen Rückwirkungen auf die Beurteilung des Freiheitsprinzips in anderen Fällen in Betracht zu ziehen.

Das festzuhalten ist wichtig, weil die Einrichtung des Zwangsversorgungssystems für die freien Berufe bisher ausgesprochenermaßen bagatellisiert und als Internum der betroffenen Berufsangehörigen behandelt worden ist. Und doch stehen hier dieselben Grundsatzfragen zur Entscheidung, die bei der Erörterung der Gewerbefreiheit, der Freizügigkeit, der Freiheit der Berufswahl, der Vereins- und Vereinigungsfreiheit, der Vertragsfreiheit und der Eigentumsfreiheit einen so weiten Widerhall und in der heutigen Judikatur eine so deutliche Festlegung zugunsten des Freiheitsprinzips gefunden haben. Wenn es in einer ganz beiläufigen Weise möglich sein soll, die Angehörigen einzelner oder aller freien Berufe einem Invaliditäts- und Alterszwangsversorgungssystem zu unterwerfen, also der Sache nach sie sozialversicherungspflichtig zu machen, dann ist damit grundsätzlich die Entscheidung für die

---

40 Das hat vor allem auch Hans *Peters*, a. a. O. S. 671 f. hervorgehoben.

41 Dieses Ergebnis dürfte heute der durchaus herrschenden Auffassung entsprechen. Im einzelnen kann auf *Forsthoff, Hamann, Huber, Krüger, Maunz, Peters* und *Patschke* (vgl. die Anm. 33—35) Bezug genommen werden.

Sozialversicherungsfähigkeit der ganzen Bevölkerung gefallen. Dann ist ferner nicht mehr einzusehen, wie die Vertragsfreiheit die Gewerbefreiheit, die Freizügigkeit, die Freiheit der Berufswahl, die Vereins- und Vereinigungsfreiheit usw. und nicht zuletzt die Eigentümerposition gegen *beliebige* Beschränkungen durch den Gesetzgeber geschützt werden können. So wenig bedeutsam die Zwangsversorgungskassenfrage der freien Berufe oder einzelner von ihnen, für sich betrachtet, dem Unbeteiligten erscheinen mag, so entschieden wird doch mit den angebotenen Lösungen der Weg einer grundsätzlichen Abkehr von dem verfassungsrechtlichen Grundprinzip eigenverantwortlicher Lebensgestaltung beschritten. Und zwar geschieht das nicht im Sinne einer vorübergehenden Ausnahmeregelung zur möglichst raschen Überwindung eines außergewöhnlichen Notstandes, auch nicht zur Verwirklichung zwingender Erfordernisse des Gemeinwohls und aus einer wohlüberlegten Gesamtkonzeption der Sozialordnung, sondern nebenbei und versteckt, so wie die Sprecher der interessierten Berufsorganisationen es gerade bei ihren Aufsichtsbehörden und durch diese oder direkt beim Gelegenheitsgesetzgeber durchgesetzt haben.

Eine Zwangskollektivierung bisher freier, und zwar in einem auszeichnenden und beispielhaften Sinne „freier" Berufe, die sich auf diesem Wege vollzieht, ist nicht durch den Gedanken geleitet, die freie Entfaltung der Persönlichkeit und die eigenverantwortliche Lebensgestaltung, wo immer unter Berücksichtigung des Gemeininteresses möglich, zu wahren. Sie greift ihrer grundsätzlichen Bedeutung nach sogar bis in den Wesensgehalt der Freiheitsgarantie des Grundgesetzes hinein und setzt sich deshalb zur Verfassung in Widerspruch.

## VI.

Im ganzen ist als Ergebnis festzuhalten:

1. Die Einrichtung eines Zwangsversorgungskassensystems der freien Berufe auf öffentlich-rechtlicher Grundlage, das die Invaliditäts-, Alters- und Hinterbliebenenversorgung umfaßt und die Angehörigen der betroffenen Berufe zwangsweise anschließt, gehört materiell zum Aufgabengebiet der Sozialversicherung und kann deshalb nur vom Bundesgesetzgeber geschaffen und geordnet werden.

2. Die Herausbildung eines solchen Versorgungskassensystems innerhalb der öffentlich-rechtlichen Kammerorganisation der freien Berufe verletzt — positiv und negativ — das Recht freier Bildung von Zusammenschlüssen und Vereinigungen zur Wahrung und Förderung der Arbeits- und Wirtschaftsbedingungen (Art. 9 Abs. 1 und 3 in Verb. mit Art. 2 Abs. 1 GG).

3. Die Einführung einer sozialversicherungsähnlichen Zwangsversorgung einiger oder aller freien Berufe verändert entscheidend den Status dieser Berufe im Sinne einer Abkehr vom Grundsatz eigenverantwortlicher Lebensvorsorge. Sie unterwirft die Angehörigen dieser Berufe kollektiven und jedenfalls heteronomen Bindungen hinsichtlich ihrer wirtschaftlichen Daseinsgestaltung. Sie beschränkt damit ihre Freiheit ohne Nötigung durch den Zwang einer sozialpolitischen Gesamtkonzeption, die sich als überlegte und für das öffentliche Wohl unverzichtbare allgemeine Vorschiebung übergeordneter Gemeinschaftsbindungen in den traditionellen Raum der Freiheit darstellt. Sie verletzt damit das Freiheitsrecht der Betroffenen und stellt es sogar in seinem Wesensgehalt in Frage.

## Diskussionsbeiträge zum Vortrag Prof. Weber

**Prof. Dr. Hax**, Frankfurt a. M.:

Es ist für mich als Nichtjuristen schwierig, zu den von Professor Weber angeschnittenen Problemen Stellung zu nehmen. Eine Meinungsäußerung meinerseits wird aber dadurch gerechtfertigt, daß den formalen juristischen Fragen materielle sozialpolitische und wirtschaftliche Probleme zugrunde liegen. Es handelt sich hier um die Sicherung der Altersversorgung für die freien Berufe überhaupt oder für bestimmte freie Berufe. Als störend empfinde ich es, daß Herr Professor Weber diese Frage nicht als eine reine Zweckmäßigkeitsfrage behandelt, sondern gewissermaßen als „weltanschauliche" Frage.

Für die Sicherung der Altersversorgung stehen uns zwei Methoden zur Verfügung, nämlich der Weg der freiwilligen Versicherung (Individualversicherung) und der Weg der Zwangsversicherung (Sozialversicherung). Beide Wege haben ihre Vorzüge und ihre Nachteile. Welches Verfahren im einzelnen Fall angewandt wird, sollte nach reinen Zweckmäßigkeitsgesichtspunkten entschieden werden. Vor allem bin ich der Meinung, daß man dabei auch dem Willen der Beteiligten möglichst Rechnung tragen sollte. Zweifellos werden durch die Methode der Sozialversicherung die materiellen Interessen der Privatversicherungen berührt. Man darf aber nicht vergessen, daß sich von dieser Seite her für die Privatversicherung nicht nur negative Auswirkungen zu ergeben brauchen. Die starke Ausdehnung der Sozialversicherung seit der zweiten Hälfte des vorigen Jahrhunderts hat sich in allen ihren Etappen bisher nur günstig für den weiteren Ausbau der Privatversicherung erwiesen. Es sei etwa in diesem Zusammenhang an die Einführung der pflichtmäßigen Altersversorgung des deutschen Handwerks erinnert. Die Einführung der Pflichtversicherung für bestimmte Kreise der Ärzteschaft und der Anwaltschaft müßte nicht notwendigerweise den Betätigungsbereich der Privatversicherung in diesen Berufsgruppen einschränken, da die Pflichtversicherung nach den bisherigen Erfahrungen ohnehin nur das notwendige Existenzminimum sichern würde.

**Prof. Dr. Bogs**, Wilhelmshaven-Rüstersiel:

Den Ausführungen von Herrn Prof. *Weber* möchte ich darin zustimmen, daß die in seinem Referat behandelten „Zwangsversorgungseinrichtungen der freien Berufe", insbesondere die in dem Entwurf des neuen Kassenarztrechts vorgesehene Alters- und Invaliditätsversorgung der Kassenärzte, ihrer Rechtsnatur nach *zur Sozialversicherung zu zählen* sind und daher gem. Art. 72 des BGG zur konkurrierenden Gesetzgebung des Bundes gehören. Die Zurechnung dieser als „Versorgungen" bezeichneten Einrichtungen zur Sozialversicherung rechtfertigt sich vor allem aus der Erwägung, daß sie nach den gleichen Methoden und in gleicher Rechtsgestalt Schutz gewähren wie die entsprechenden älteren Träger der Sozialversicherung: **Neben den versicherungsmäßigen Risikoausgleich** tritt der soziale Ausgleich unter den Angehörigen des betreffenden Berufsstandes; dieser für die Sozialversicherung typische soziale Ausgleich findet seinen Ausdruck vor allem darin, daß die Versorgungseinrichtungen — worauf auch von dem Herrn Referenten hingewiesen wurde — dazu dienen sollen, den älteren Berufsangehörigen durch Leistungen der jüngeren Kollegen Hilfe angedeihen zu lassen. Es handelt sich bei den Versorgungseinrichtungen ferner, wie bei den bisherigen Trägern der Sozialversicherung, um öffentlich-rechtliche Zwangszusammenschlüsse, deren Zweck auf die Gewährung von Leistungen in den sogenannten „Wechselfällen des Lebens", also insbesondere bei Krankheit, Unfall, Invalidität und Alter gerichtet ist. Auch die Aufbringung der Mittel durch Beiträge der „Versicherten" spricht für die Zurechnung zur Sozialversicherung, zumal die Beiträge, entsprechend dem Prinzip der Sozialversicherung — ganz anders als in der Individualversicherung — nicht nach der Höhe des Risikos abgestuft, sondern in Prozenten des Berufseinkommens bemessen werden. Wir haben es also mit einer neuen Form der Sozialversicherung zu tun, und die Beantwortung der Frage der Zuständigkeit des Bundes oder der Länder im Rahmen der konkurrierenden Gesetzgebung (Art. 72 BGG) wird davon abhängen, ob diese neuen Formen bereits von der bisherigen Gesetzgebung des Reiches bzw. des Bundes im Sinne einer Kodifikation des gesamten Sozialversicherungsrechts mit erfaßt werden. Zu dieser Frage möchte ich nur bemerken, daß unser Sozialversicherungsrecht auch bisher schon einige selbständige Berufe dem Versicherungszwang unterworfen hat, — so zahlreiche Unternehmer in der Unfallversicherung, ferner in anderen Versicherungszweigen selbständige Lehrer, Erzieher, Artisten, Hebammen sowie endlich (mit Befreiungsmöglichkeit) die Handwerker, — daß andererseits aber die Bildung von berufsständischen Sozialversicherungsträgern für bestimmte freie Berufe doch eine neuartige Fortentwicklung des Sozialversicherungsrechts darstellt.

Bedenken habe ich gegen die Auffassung von Herrn Weber, daß der Zwangszusammenschluß der Angehörigen freier Berufe zum Zwecke der Alters- und Hinterbliebenenvorsorge gegen Freiheitsrechte des Bonner Grundgesetzes verstoße. Mit Recht wurde von ihm darauf hingewiesen, daß die zwangsweisen berufsständischen Zusammenschlüsse in den verschiedenen öffentlich-rechtlichen Kammern nicht „Koalitionen" im Sinne des Art. 9 Abs. 3 BGG darstellen; denn ihre Aufgabe ist nicht auf die Interessen-Wahrung gegenüber einem „sozialen Gegenspieler" (Kaskel) gerichtet. Allerdings möchte ich — abweichend von der Meinung des Herrn Vortragenden — dazu neigen, in den kassenärztlichen Vereinigungen Zusammenschlüsse im Sinne des Art. 9 Abs. 3 BGG zu sehen; die Koalitionsfreiheit ist nicht nur für Arbeitnehmer, sondern „für jedermann und für alle Berufe" gewährleistet, sofern sie eben zum Zwecke der Interessenvertretung gegenüber dem anderen „Sozialpartner" erfolgt. Das dürfte aber bei den kassenärztlichen Vereinigungen zu bejahen sein, denen — zwar nicht ausschließlich — die Interessenvertretung der Kassenärzte gegenüber den ebenfalls zu Verbänden zusammengeschlossenen Krankenkassen obliegt.

Eine Verletzung des durch das Grundgesetz geschützten Koalitionsrechts durch einen Zwangszusammenschluß freier Berufe möchte ich aber vornehmlich deshalb ablehnen, weil m. E. das Koalitionsrecht im Sinne des Art. 9 Abs. 3 BGG nicht die *negative Koalitionsfreiheit* umfaßt; ich vermag nicht anzuerkennen, daß ein verfassungsmäßiger Schutz der negativen Koalitionsfreiheit „anerkannten Rechts" sei, und darf hinsichtlich der verschiedenen im Schrifttum vertretenen Auffassungen auf die eingehende Darstellung in der neuesten Auflage (1954) des Kommentars zur Gewerbeordnung von Landmann-Rohmer (in der Vorbemerkung zu §§ 152/53) verweisen. Insbesondere hat auch Nipperdey einen verfassungsmäßigen Schutz der negativen Koalitionsfreiheit nach dem Recht sowohl der Weimarer Reichsverfassung als auch des Bonner Grundgesetzes abgelehnt und m. E. mit Recht darauf hingewiesen, daß zwar der positiven Koalitions*freiheit* begriffsnotwendig eine negative — nämlich die Freiheit, sich nicht zu koalieren — entspreche, daß es jedoch dem Gesetzgeber unbenommen sei, die Freiheit, sich zu vereinigen, anders zu ordnen, als die Freiheit, unorganisiert zu bleiben. Der Weimarer Gesetzgeber hat nicht das Recht, einer Koalition fern zu bleiben, verfassungsmäßig gewährleisten wollen; denn bei dem langjährigen Kampf um die Koalitionsfreiheit handelte es sich immer nur darum, die Arbeitnehmer vor Benachteiligungen im Falle des Beitritts zu einer Koalition zu schützen, während der Gedanke eines Schutzes vor der Koalition, der früher in der erst 1918 aufgehobenen Strafbestimmung des § 153 der Gewerbeordnung kräftigen Ausdruck gefunden hatte, dem Gesetzgeber von Weimar ferngelegen hat.

Nun ist zuzugeben, daß sich inzwischen unter dem Eindruck der immer stärker werdenden Verbandsmächte aller Art das Bedürfnis nach Garantie eines nicht nur staatsfreien, sondern auch verbandsfreien Persönlichkeitsbereichs verstärkt hat, und daß auch im Arbeitsleben die Forderung erhoben wird, den Einzelnen vor einem Organisationszwang jeglicher Art zu schützen. Das Vorhandensein solcher berechtigter Wünsche rechtfertigt jedoch nicht die Annahme, daß das Bonner Grundgesetz ihnen entsprochen hätte; der Wortlaut und mehr noch die Entstehungsgeschichte der Bestimmungen der Verfassung über die Koalitionsfreiheit sprechen dagegen. Hinsichtlich der Fassung des Art. 9 Abs. 3 BGG ist darauf hinzuweisen, daß er nicht — wie Art. 159 WRV — von der Vereinigungs*freiheit*, sondern von dem Vereinigung*recht* handelt; damit entfällt aber jene Interpretation, die aus der Freiheit, sich zu vereinigen, begrifflich die Freiheit ableitete, unorganisiert zu bleiben. Das in Art. 9 Abs. 3 BGG gewährleistete Recht, etwas zu tun — sich zu bestimmten Zwecken zu vereinigen —, beinhaltet ein Dürfen, das keinesfalls notwendig das Recht, etwas zu unterlassen — nämlich sich nicht zu koalieren —, umfaßt. — Vor allem spricht aber die Entstehungsgeschichte des Art. 9 Abs. 3 BGG gegen die Annahme, daß diese Verfassungsbestimmung auch das negative Koalitionsrecht betrifft; ist doch eine entsprechende ausdrückliche Bestimmung in dem dem Grundsatzausschuß des Parlamentarischen Rates vorliegenden Verfassungsentwurf nach eingehender Erörterung in das Grundgesetz nicht aufgenommen worden. Sicherlich hat damit der Parlamentarische Rat nicht etwa einen Organisationszwang als rechtmäßig anerkennen oder gar schützen wollen; er hat lediglich davon abgesehen, die Frage der negativen Koalitionsfreiheit *verfassungsmäßig* zu regeln, so daß also die Zulässigkeit von Maßnahmen im Kampf um die Organisationszugehörigkeit nicht nach Art. 9 Abs. 3 BGG, sondern nach den allgemeinen Rechtsvorschriften, insbesondere nach § 826 BGB, zu beurteilen ist.

Nun meint Prof. Weber, daß der durch Gesetz erfolgende Zusammenschluß von Angehörigen freier Berufe zum Zwecke der Alters- und Hinterbliebenenversorgung gegen das *Grundrecht der freien Entfaltung der Persönlichkeit* im Sinne des Art. 2 Abs. 1 BGG verstoße. Ich stimme ihm darin zu, daß ein Koalitionszwang einen Verstoß gegen dieses Grundrecht darstellen *kann*, sofern nämlich nach den Umständen des einzelnen Falles in dem Zwang gleichzeitig eine Vergewaltigung der freien Persönlichkeit, insbesondere ihrer geistigen Unabhängigkeit und Meinungsfreiheit zu sehen ist. Davon kann doch aber bei einem gesetzlich normierten Zusammenschluß zum Zwecke der Durchführung einer Altersversorgung, durch die gerade die wirtschaftliche Sicherung für freies geistiges Schaffen herbeigeführt werden soll, schwerlich gesprochen werden. Man sollte mit der Berufung auf Grundrechtsbestimmungen so allgemeiner Art, deren Justiziabilität mir zudem zweifelhaft erscheint, zurückhaltend sein und in ihnen jedenfalls nicht die verfassungsmäßige Garantie einer ihrem Wesen nach recht wandelbaren Wirtschafts- und Berufsordnung sehen wollen. Ich darf insoweit auf das Gutachten von Hans *Peters* über die verfassungsrechtliche Zulässigkeit bestimmter Arbeitsschutzvorschriften (vgl. BABl. 1954 S. 205 ff.) verweisen. Mir scheint, die Anwendung des Art. 2 Abs. 1 BGG auf Fragen der freiwilligen oder staatlich vorgeschriebenen Altersversorgung freier Berufe wird der Bedeutung dieses Grundrechts, das dem Schutz „der höchsten Lebens- und Kulturwerte des abendländischen Menschen“ (Peters) dienen soll, nicht gerecht.

# Rechtsfragen berufsständischer Zwangsversorgung

Von Professor Dr. Hans Peter Ipsen, Hamburg

## Vorbemerkung

Ob eine Versorgung von Angehörigen freier Berufe kollektiv und obligatorisch nach schon gegebenen Beispielen weiterhin eingeführt werden sollte, wird gegenwärtig unter verschiedenen Gesichtspunkten vielfältig erörtert — solchen standespolitischer, berufsethischer, soziologischer, sozialpolitischer, finanzieller, versicherungsmathematischer Art. Das Ganze gibt auch *Rechtsfragen* auf, darunter solche von Verfassungsrang. Diesen *Rechtsfragen — nur ihnen* — geht die folgende Untersuchung nach. Sie beschränkt sich im wesentlichen auf den Arzt- und Anwaltsberuf, mag aber darüber hinaus auch für Zwangsversorgungspläne anderer freier Berufe erhebliche Rechtsfragen beantworten.

## A. Geltendes Recht, Entwürfe und Reformbestrebungen

Der Klärung der hier aufgeworfenen Rechtsfragen dient zunächst ein Überblick über gegenwärtige Regelungen einer berufsständischen Zwangsversorgung, über ihre Entwicklung und über neuerliche Bestrebungen, sie auszuweiten oder zu reformieren. Dabei genügt für die Zwecke dieser Untersuchung eine Hervorhebung und Umgrenzung der wesentlichsten Beispiele und Rechtsfragen; Vollständigkeit ist weder erforderlich, noch wird sie erstrebt. Auch Fragen versicherungswirtschaftlicher Zweckmäßigkeit, versicherungsmathematischer Grundlegung, soziologischer, währungs- oder allgemein sozialpolitischer Rechtfertigung des einen oder des anderen Standpunktes bleiben außer Betracht, zumal sie laufend und ergiebig andernorts diskutiert werden.

1. Das geltende deutsche *Sozialversicherungsrecht* entspricht einem Versorgungsbedürfnis der *freien Berufe* — anders als bestimmte ausländische Rechtssysteme — *nicht*[1]. Von dem Prinzip bestimmt,

[1] Vgl. Band 2 der Schriftenreihe des Bayerischen Arbeitsministeriums „Neue soziale Praxis“: „Gegenwartsprobleme der Sozialversicherung“, sowie den Ergänzungsband 1948 „Material zu den Gegenwartsproblemen der Sozialversicherung“, hrsgeg. von *Schieckel*, mit den Materialien über die Entwicklung in England, Frankreich und der Schweiz.

den Kreis der zwangsweise Versicherten auf solche Personen zu begrenzen, die nach ihrer geringen wirtschaftlichen Stärke einer Versicherung bedürftig erscheinen, und auf der früher unerschütterten Erfahrung fußend, nach ihrer typischen gesellschaftlichen Gruppierung könnten die Angehörigen der hier fraglichen freien Berufe einer Zwangsversicherung entbehren, hat das deutsche Sozialversicherungsrecht sie zum Kreis der „Selbständigen" gezählt, die vom Versicherungszwang nicht erfaßt werden. Ohne Rücksicht auf die fehlende Deckung zwischen dem Kreis der Versicherten und ihrer gesellschaftlichen Gruppierung ist für das deutsche Sozialversicherungsrecht noch heute primär die *Arbeitnehmereigenschaft* maßgebend, und dies innerhalb des Kreises der Arbeiter allgemein, im Kreis der Angestellten bis zu einer oberen Grenze des Arbeitsentgelts. Von den rechtlich Selbständigen erfaßt die auf Zwang beruhende Sozialversicherung nur solche von vermuteter geringer wirtschaftlicher Stärke, wobei auch hier jeweils auf typische Merkmale, nicht konkret auf die wirtschaftliche Schwäche oder Versicherungsbedürftigkeit des einzelnen abgestellt wird[2]. So kannte oder kennt das deutsche Sozialversicherungsrecht eine Versicherungspflicht selbständiger Hausgewerbetreibender und kleiner Unternehmer, von Artisten, Lehrern, Erziehern, Hebammen und Krankenpflegepersonal, eine Eventualversicherungspflicht auch für Handwerker, die sich nicht selbst versichern[3].

---

[2] Diese Feststellungen von Lutz *Richter,* Sozialversicherungsrecht S. 11, 12 aus dem Jahre 1931, gelten im Prinzip noch heute. Wenn Hans *Möller,* Sozialversicherung und Privatversicherung, in: Gegenwartsfragen sozialer Versicherung (1950) S. 75 meint, das Sozialversicherungsrecht sei heute über diesen Entwicklungsstand hinaus, so trifft das doch nur bedingt zu, da die von ihm zwangsweise erfaßten Selbständigen wirtschaftlich den Unselbständigen gleichgestellt werden können; der Hinweis auf die Handwerkerversorgung (vgl. unten C 3.) dürfte verkennen, daß der Handwerker zwangsweise in die Sozialversicherung nur einbezogen wird, wenn er nicht selbst seine Versorgung sicherstellt. — Der Gedanke einer Ausweitung der Sozialversicherung zu einer allgemeinen Volksversicherung, nach 1945 vielfach auch in Deutschland erörtert, im Ausland gefördert und teilweise realisiert, hat das positive deutsche Recht bislang nicht beeinflußt. Diese Erkenntnis verdient Unterstreichung, um die Zuordnung einer berufsständischen Zwangsversorgung zur Sozialversicherung in der Frage ihrer verfassungsrechtlichen Zulässigkeit und der Gesetzgebungskompetenz von Beginn an hinreichend zu verdeutlichen.

[3] Die allgemein maßgeblichen und möglichen Gesichtspunkte ihrer Gruppenumgrenzung für die verschiedenen denkbaren Sozialversicherungssysteme hat der Bericht Reihe M (Sozialversicherung) Nr. 1 „Grundprobleme der Sozialversicherung" des Internationalen Arbeitsamts (Genf 1925) S. 3 ff. beschrieben. — Zum Vergleich Großbritanniens mit Deutschland in der Frage der „Erstreckung des Versicherungszwanges auf Selbständige" für die Zeit *vor* der englischen Neuordnung vgl.: *Krohn,* Staat und Sozialversicherung in Großbritannien und Deutschland (1942) S. 78 ff.; für die *spätere* Zeit vgl. einerseits: *Curschmann,* Jedermann und die Reformpläne zur deutschen Sozialversicherung (1947) S. 109 ff., anderer-

2. Für *einen freien* Beruf, den der *Ärzte*, hat in einer beispielhaft und anregend wirkenden Weise das bayerische Landesrecht frühzeitig die Grundlage einer Zwangsversorgung bereitgestellt. Das Landesgesetz über die *Bayerische Ärzteversorgung* vom 16. 8. 1923 entwickelte die Bayerische Versicherungskammer als Trägerin einer berufsständischen Pflichtversorgungsanstalt, die in den Folgejahren auch Apotheker, Dentisten (ferner Kaminkehrermeister, Bühnenschaffende, Kulturorchestermitglieder, vorübergehend Hebammen) erfaßte. Von ihnen hat hier die Zwangsversorgung der Ärzte, Apotheker und Dentisten Vergleichsinteresse. Es handelt sich um Pflichteinrichtungen, für die das Versicherungsverhältnis kraft Gesetzes mit dem Eintritt der Pflichtmitgliedschafts-Voraussetzungen entsteht. Die Beiträge bemessen sich im allgemeinen nach der Höhe des Einkommens, nicht nach dem individuellen Risiko. Die Renten zerfallen in Grund- und Steigerungsbeträge. Die Versorgung kommt auch den Hinterbliebenen zugute. Unter Abweichung vom staatlichen Sozialversicherungsrecht ergreift diese Zwangsversorgung *selbständige* Berufstätige mit regelmäßig wissenschaftlicher Ausbildung, die allein — ohne Mitwirkung von Arbeitgebern oder Inanspruchnahme öffentlicher Mittel — durch ihre Beiträge die Versorgungseinrichtung tragen[4]. Nach der seit dem 1. Januar 1950 geltenden Satzung sind Pflichtmitglieder der Bayerischen Ärzteversorgung alle bestallten Ärzte, Zahnärzte und Tierärzte, die im Tätigkeitsbereich der Anstalt berufstätig sind und ihren Hauptwohnsitz haben. Ausgenommen sind berufsunfähige Ärzte, solche, die bei Aufnahme ihrer Berufstätigkeit älter als 40½ Jahre, die lediglich Assistenten, als ständige Vertreter ohne eigene Niederlassung tätig, die Beamte oder zugezogen sind, ohne ihre bisherige Versorgung aufzugeben. Der Beitrag beträgt 7 % des Jahres-Reineinkommens; der Versicherte und seine Hinterbliebenen haben Rechtsanspruch auf Versorgung, die an eine Wartezeit nicht gebunden ist. Während des Ruhegeldbezuges ist ärztliche Tätigkeit untersagt. Das Ruhegeld beträgt 1200 DM jährlich als Grundbetrag und erhöht sich je Kind um 300 DM sowie jährlich um ein Siebtel der bis zum Eintritt der Berufsunfähigkeit fälligen Beiträge, soweit sie den Jahresmindestbeitrag von 320 DM überstiegen haben. Das Witwengeld beträgt drei Fünftel hiervon, mindestens 900 DM.

---

seits: das Englische Weißbuch über Sozialversicherung Teil I, Social Insurance (Cmd. 6550) von 1944 Ziff. 8 ff. (in: *Schieckel*, Ergänzungsband a. a. O. S. 106 ff.) als Grundlage der nachfolgenden National Insurance Act; hierzu: *Friedmann*, Law and Social Change in Contemporary Britain (1951) S. 73 ff.

[4] Vgl., auch zum Folgenden: *Schmitt-Lermann*, Die Bayerische Versicherungskammer in Vergangenheit und Gegenwart 1875—1950 (1950), S. 209 ff., 225 ff.

Auf Grund des Artikel 9 des Gesetzes über die Errichtung der Bayerischen Ärzteversorgung vom 16. 8. 1923 sind entsprechende Versorgungseinrichtungen für Apotheker und Dentisten entstanden[5].

3. In der nat.-soz. Zeit ist eine *Ärztepflichtversorgung* auf reichsrechtlicher Grundlage geschaffen worden, deren Rechtsbeständigkeit umstritten ist. § 46 Abs. II Satz 3 der Reichsärzteordnung vom 13. 12. 1935 (RGBl. I S. 1433) hatte die Reichsärztekammer zunächst ermächtigt, Anordnungen über eine Versicherung der Ärzte zu treffen, um diese und ihre Hinterbliebenen vor dringender Not zu schützen. Indes sollte die Versorgung durch „Versicherung" geschaffen werden, ohne zu diesem Zweck eine neue Versicherungseinrichtung zu schaffen. Nach § 8 der Verordnung über die Kassenärztlichen Vereinigungen vom 2. 8. 1933 (RGBl. I S. 567) gehörte die Einrichtung einer Alters- und Hinterbliebenenversorgung *nicht* zu den Aufgaben der Kassenärztlichen Vereinigung; indes konnte die Satzung nach § 9 a. a. O. mit Zustimmung des Reichsarbeitsministers auch andere Aufgaben zulassen. Eine dahingehende Satzungsänderung zwecks Einführung einer Versorgung ist mit ministerieller Zustimmung vom 15. 2. 1941 am 27. 1. 1941 beschlossen worden[6].

4. *Nach 1945* sind mehrere *landesrechtliche Regelungen* ergangen, die eine Zwangsversorgung einzelner freier Berufe teils angeordnet, teils ausgeschlossen haben.

a) Das Gesetz des Landes *Württemberg-Hohenzollern* über die Versorgungsanstalt der Ärzte, Zahnärzte, Tierärzte und Dentisten vom 2. 8. 1951 (RegBl. S. 83), erlassen in Durchführung des § 3 Abs. IV des Kammergesetzes vom 8. 3. 1950 (Reg.Bl. S. 137), hat eine rechtsfähige Versorgungsanstalt errichtet, an der (§ 7) alle Ärzte, Zahnärzte, Tierärzte und Dentisten teilnehmen, die die Voraussetzungen des § 2 des Kammergesetzes erfüllen und ihren Beruf ausüben, soweit sie nicht als Beamte versorgt sind. Die Teilnehmer, die (§ 8) zur Beitragszahlung verpflichtet sind, haben einen Rechtsanspruch auf Versorgung nach Maßgabe der Satzung. Das Gesetz geht auf das Vorbild der Bayerischen Ärzteversorgung

---

5 Vgl. *Schmitt-Lermann* a. a. O. S. 229 ff., 232 ff.

6 Vgl. *Adler*, Zulässigkeit von Alterszwangsversorgungseinrichtungen freier Berufe nach dem Grundgesetz, in: Deutsche Versicherungszeitschrift 1953 S. 200 ff., der unter Bezugnahme auf die Entscheidungen des Bayer. VerfGH vom 10. 3. 1951, VRspr. Bd. 3 S. 655, und vom 22. 6. 1951 (Bayer. GVBl. 1951 S. 145) die Verordnung vom 2. 8. 1933, § 46 Abs. II Satz 3 Reichsärzteordnung und die Einführung der Zwangsversorgung für ungültig hält, während die ministerielle Genehmigung allein keine erforderliche Gesetzesgrundlage darstelle; and. Ansicht: OVG Münster ÖV 1952 S. 440.

zurück und stellt eine Rahmenregelung dar, die durch die Satzung ergänzt wird[7].

b) Nach dem Gesetz des Landes *Rheinland-Pfalz* über die Kammern der Ärzte, Zahnärzte, Dentisten, Apotheker und Tierärzte vom 1. 4. 1953 (GesVOBl. S. 33) gehört (§ 8 Abs. II Ziffer 3) zu den Aufgaben der durch dieses Gesetz errichteten Landeskammern mit Pflichtmitgliedschaft u. a. „die Regelung der verbindlichen Alters-, Invaliden- und Hinterbliebenenversorgung unter Berücksichtigung bereits bestehender Verhältnisse, wobei die Versorgung nach dem Honorarverteilungsplan der Kassenärztlichen Vereinigung für die in dieser Organisation zusammengeschlossenen Ärzte in Gang gesetzt wird".

c) Nach dem Gesetz des Landes *Nordrhein-Westfalen* über die Kammern und die Berufsgerichtsbarkeit der Ärzte, Apotheker, Tierärzte, Zahnärzte und Dentisten vom 5. 2. 1952 (GVOBl. S. 16, 30) gehört (§ 5 Abs. I lit. g) zu den Aufgaben der durch dieses Gesetz errichteten Kammern mit Pflichtmitgliedschaft u. a., „Fürsorgeeinrichtungen und mit Genehmigung der Aufsichtsbehörde Versorgungseinrichtungen auf Grund einer besonderen Satzung für die Kammerangehörigen und ihre Familienmitglieder zu schaffen".

d) Nach dem Gesetz des Landes *Schleswig-Holstein* über die Zahnärztekammer Schleswig-Holstein vom 18. 12. 1953 (GVOBl. S. 168) § 3 kann die auf Pflichtmitgliedschaft beruhende Zahnärztekammer „für die Zahnärzte und ihre Familienmitglieder Fürsorge- und Versorgungsmöglichkeiten schaffen. Versorgungseinrichtungen dürfen nicht obligatorisch sein. Die Kammer darf nicht selbst Träger einer Versorgungseinrichtung sein"[8].

5. *Neuerliche Ausweitungs- und Reformbestrebungen* dienen ebenfalls dem Ziel einer Zwangsversorgung freiberuflich Tätiger.

a) Der Entwurf eines Erstreckungs-Gesetzes des Landes *Baden-Württemberg* will das (unter 4 a genannte) Gesetz des Landes

[7] Das Gesetz realisiert das sog. „Tübinger System", das die Ansprüche des Berechtigten nach Punkten umschreibt, deren Wert variabel und abhängig ist vom jeweils errechneten allgemeinen ärztlichen Jahresverdienst. Hierzu, zur Frage seiner währungspolitischen Krisenfähigkeit und versicherungsmathematischen Zuverlässigkeit vgl. u. a.: *Bihl*, Wir sind so weit — Eine vollwertige Altersversorgung, in: Ärztliche Mitteilungen 1952 S. 213 ff.; *Michels*, Eine neue gesetzliche Zwangsversicherung, in: Der Volkswirt Heft 6 v. 7. 2. 1953; *Rey*, Bedenkliche Umlage-Versorgungskassen, ebenda, Heft 12 v. 21. 3. 1953; *Schulz*, Ärzte rufen nach dem Staat, in: Versicherungswirtschaft Nr. 2 v. 15. 1. 1954; *Muthesius*, „Sicherheit" durch Staatszwang, Zum Problem der Altersversorgung der freien Berufe, in: Deutsche Versicherungszeitschrift, Heft 1 von 1954; *Sachs*, Lösung der Versorgungsfrage auf berufsständischer Grundlage?, ebenda, Heft 2 von 1954; *Luzius*, Der Fehler im „Tübinger System", ebenda, Heft 2 von 1954.

[8] Entsprechend § 3 der übrigen Kammergesetze vom gleichen Tage (GVOBl. S. 165, 172, 175).

Württemberg-Hohenzollern über die Versorgungsanstalt vom 2. 8. 1951 auf die Regierungsbezirke Nordwürttemberg, Nordbaden und Südbaden ausdehnen. Zur Begründung verweist der Entwurf auf die Motivierung des Gesetzes vom 2. 8. 1951, die in ihren wesentlichen Ausführungen als auch heute noch zutreffend bezeichnet wird.

b) Gestützt auf § 5 Abs. I lit g des (unter 4. c) genannten) Gesetzes des Landes Nordrhein-Westfalen vom 5. 2. 1952 ist am 18. 8. 1952 der Entwurf einer Satzung einer Alters-, Invaliden- und Hinterbliebenen-Versorgung der Ärztekammer *Westfalen-Lippe* vom 18. 8. 1952 aufgestellt worden. Er sieht u. a. vor, daß die Kassenärzte Pflichtmitglieder sind, während andere Ärzte die Mitgliedschaft freiwillig erwerben können.

c) Der *Regierungsentwurf eines Bundesgesetzes über die Regelung der Beziehungen zwischen Ärzten, Zahnärzten und Krankenkassen (Kassenarztrecht)*[9] will der Reichsversicherungsordnung u. a. einen § 368 i über die Kassenärztliche und die Kassenzahnärztliche Vereinigung einfügen, dessen Abs. 10 lautet:

> „Die Satzungen der Kassenärztlichen Vereinigungen sollen ferner unter Beachtung versicherungsmathematischer Grundsätze Bestimmungen enthalten über eine ausreichende, auf die Dauer gesicherte Invaliditäts-, Alters- und Hinterbliebenenversorgung ihrer Mitglieder. Versorgungseinrichtungen dieser Art können mit Zustimmung der beteiligten Kassenärztlichen Vereinigungen für mehrere Kassenärztliche Vereinigungen gemeinsam errichtet oder mit bestehenden Versorgungseinrichtungen verbunden werden. Die Satzungen der Kassenärztlichen Bundesvereinigungen können Grundsätze für die Versorgungseinrichtungen aufstellen und mit Zustimmung der Kassenärztlichen Vereinigungen eine gemeinsame Versorgungseinrichtung errichten."

Die Entwurfsbegründung (a. a. O. S. 22) bezeichnet die Schaffung einer ausreichenden und auf die Dauer gesicherten Invaliditäts-, Alters- und Hinterbliebenenversorgung ihrer Mitglieder, deren Fehlen sich besonders nach den Kriegs- und Nachkriegsereignissen und -folgen bemerkbar gemacht habe, die deshalb von seiten der Kassenärzte dringend gewünscht und auch von den Krankenkassen befürwortet werde, als eine neue und besondere Aufgabe der Kassenärztlichen Vereinigungen.

Der Bundesrat hat[10] gegen den Entwurf schwerwiegende verfassungsrechtliche Bedenken erhoben und insbesondere die Bundes-

---

[9] BTDrucks. Nr. 3904 1. WP 1949 v. 26. 11. 1952, Nr. 87 2. WP 1953 (inzwischen zurückgezogen).

[10] 96. Sitzung v. 21. 11. 1952, Sitzungsberichte Nr. 96 S. 553 A; vgl. BR-Drucks. Nr. 434/1/52.

kompetenz in Frage gestellt, da die vorgesehene Versorgung „nicht mehr von dem Begriff ‚Sozialversicherung' in Art. 74 Nr. 12 GG umfaßt" werde und verschiedene Länder bereits besondere Regelungen mit gutem Erfolg getroffen hätten. Im übrigen ist empfohlen worden, in Abs. 10 a. a. O. durch Streichung der Worte „unter Beachtung versicherungsmathematischer Grundsätze" und „auf die Dauer gerichtete" eine „den heutigen Verhältnissen angepaßte Versorgung (zu) ermöglichen", ohne daß hierin eine verfassungsrechtlich einwandfreie Form der Regelung gesehen wurde[11].

d) Der *Entwurf eines Gesetzes über eine Alters- und Hinterbliebenenversorgung für deutsche Rechtsanwälte*[12] wollte als gemeinnützige Körperschaft des öffentlichen Rechts eine „Versorgungsanstalt der Deutschen Rechtsanwälte" errichten, in der die Rechtsanwälte für den Fall ihrer Berufsunfähigkeit, des Alters und zugunsten ihrer Hinterbliebenen versichert sind. Es sollte Anwendung finden auf alle noch nicht 70 Jahre alten zugelassenen Rechtsanwälte und wollte die Mittel der Versorgungsanstalt durch vom Anwalt zu erhebende und abzuführende Zuschläge von 6 bis 10 % zu den ihnen zustehenden Vergütungen aufbringen, die zu den erstattungsfähigen Kosten nach §§ 91 ff. ZPO gehören und steuerfrei gewesen wären, sowie durch Eigenbeiträge des Anwalts in Höhe von 2 % seines Umsatzes, die unter die Betriebsausgaben fielen.

## B. Zum Status der freien Berufe und ihrer Organisationen

Die körperschaftliche Zwangsorganisation der Angehörigen bestimmter freier Berufe in Einrichtungen ihrer berufsständischen Selbstverwaltung hat bisher den Ansatzpunkt gebildet für die Bildung entsprechender Zwangsversorgungseinrichtungen, über deren verfassungsrechtliche Zulässigkeit hier gehandelt wird, und die Bemühungen um die Ausweitung oder Reformierung dieser Einrichtungen bedienen sich meist derselben Anknüpfung. Eine Klärung der hier erörterten Fragen muß folgerichtig von diesen Erscheinungen korporativer Zwangsorganisationen und ihren Mitgliedern, damit prinzipiell vom gegenwärtigen Status der hier in Betracht kommenden freien Berufe ausgehen.

1. Es gehört zu den gesicherten Erkenntnissen und Ergebnissen der deutschen Rechtsauffassung und -entwicklung, daß den sog. freien Berufen die *Selbständigkeit* ihrer Angehörigen, d. h. die Nichtzugehörigkeit zu öffentlichen Dienst- oder privaten Anstel-

---

[11] § 8 des Hessischen Ges. über die Kassenärztl. u. Kassenzahnärztl. Vereinigung v. 22. 12. 1953 (GVOBl. S. 206) hat bereits eine diesem Entwurf entsprechende Regelung hergestellt.

[12] Antrag der FU (BP-Z) v. 13. 12. 1952, BT-Drucks. Nr. 3966 1. WP 1949.

lungsverhältnissen, zugleich aber gewissen ihrer Gruppen eine spezifische öffentlich-rechtliche Verantwortlichkeit für die Art ihrer Berufsausübung eigentümlich ist, deren Intensität, deren rechtliche Sanktionierung und Ausgestaltung historische Wandlungen durchlaufen hat und von höheren Verfassungsprinzipien abhängt[13].

Von allen, den freien Berufen zuzuzählenden Gruppen interessieren hier nur jene, deren Angehörige *nicht-gewerblich* tätig sind, weil ihre Tätigkeit als Dienst an der Allgemeinheit und primär nicht erwerbswirtschaftlich verstanden wird. Das sind in erster Linie die ärztlichen Berufe und der Beruf des Anwalts. Privatgelehrte, Schriftsteller, Künstler — gleichermaßen primär nichtgewerblich aufgefaßt — entziehen sich und entbehren jener intensiven Gemein-Verpflichtung, die den Ärzten und Anwälten charakteristisch ist; andere freie Berufe (Architekten, Rechtsberater, Wirtschaftsprüfer usw.) werden als *gewerbliche* Berufe gewerbe- oder sondergesetzlich behandelt.

Die in höherem Sinne verfassungsrechtlich bestimmten Wandlungen, denen die öffentlich-rechtliche Verantwortlichkeit der öffentlich gebundenen Berufe unterworfen war und ist, betreffen die *Intensität der Bindung,* indem ihre Angehörigen zeitweise bis zur Grenze der „Verbeamtung" in Pflicht genommen, zeitweise weitesten Umfangs aus dieser Bindung entlassen wurden. Eine der deutschen Rechtsentwicklung eigentümliche Ausgestaltung, die zugleich ihren Intensitätsgrad variierte, hat ihre Inpflichtnahme gefunden, indem das Institut der staatlich beaufsichtigten Selbstverwaltung in den Dienst ihrer unmittelbaren Pflichtenüberwachung gestellt wurde. Als Glied der modernen Selbstverwaltung hat diese berufsständische Zwangsorganisation durch Selbstbindungen sonst unvermeidbare staatlich-administrative Überwachungen zu ersetzen und damit zugleich genossenschaftliche Eigenkräfte zu betätigen und zu entfalten verstanden, die einen traditionell gewordenen verfassungsmäßigen Bestandteil unserer Gesamt-Sozialordnung darstellen.

Den ursprünglichen Kern ihrer Aufgabe bildet, aus der so ermöglichten Ablösung unmittelbar staatlicher Überwachung und der körperschaftlichen Aktivierung berufsständischer Eigenkräfte und -interessen erklärlich, die *Eigenkontrolle der Berufsausübung* nach den Maßstäben ethisch und fachlich einwandfreier Pflichterfüllung, und dies letztlich mit den Mitteln einer berufsständisch-eigenen

[13] Vgl. *Triepel,* Staatsdienst und staatlich gebundener Beruf, in: Festschrift für Karl Binding, Bd. II (1911) S. 3 ff.; *Erler,* Freiheit und Grenze berufsständischer Selbstverwaltung (1952) S. 19 ff.; E. R. *Huber,* Wirtschaftsverwaltungsrecht, 2. Aufl. Bd. I (1953) S. 202 ff., 767 ff.; diese auch zum Folgenden.

Ehrengerichtsbarkeit, ferner die Streitschlichtung unter Berufsangehörigen im Hinblick auf die Berufsausübung, die Förderung ihrer Berufsfortbildung, endlich die Unterstützung und Beratung der staatlichen Instanzen in Berufsfachfragen. Der genossenschaftlichen Komponente dieser Art von Organisation, die als Folge oder Begleiterscheinung der vom Staat der Selbstverwaltung überantworteten öffentlich-rechtlichen Pflichtenüberwachung eintrat oder sich anbot, entstammen weitere Aufgaben der berufsständischen Selbstverwaltung, die generell als Gesamtinteressenvertretung, in *einer* Richtung speziell als *materielle Fürsorge* für die Berufsgenossen und ihre Angehörigen umschreibbar sind. Als Korporationen staatlich legitimierten Zwangszusammenschlusses — seinerseits erklärlich aus dem staatlichen Gebot der erforderlichen *Gesamt*überwachung *aller* Berufsangehörigen — stellt sich ihnen das *Mittel der Zwangsbeteiligung* auch für *diese* Folge- und Begleitaufgaben der Interessenvertretung und Fürsorge bereit, und im Vordergrund der hier erörterten Fragen steht in diesem Zusammenhang daher nicht so sehr, ob jene Ausgestaltung der Fürsorge zur vorsorgenden Versicherung überhaupt zu den *Aufgaben* der Organisation, *sondern ob auch der Zwang zur Teilnahme daran* zu den *zulässigen Mitteln* der Korporation gehören kann. Diese Fragestellung aber erfordert vorerst eine Antwort darauf, ob und inwieweit der Mitgliedschafts- und Beteiligungszwang dieser Selbstverwaltungskörperschaften der freien, öffentlich-rechtlich gebundenen Berufe heute überhaupt verfassungsrechtlich zulässig ist.

2. Seit Erlaß des Grundgesetzes und nach Abklärung der Verhältnisse, die insbesondere in der amerikanischen Besatzungszone zu vorübergehend tiefgreifenden Fremdinterventionen in die überlieferte deutsche Rechtsauffassung geführt hatten, hat sich weitgehend Einmütigkeit darin gebildet, daß die *körperschaftliche Zwangsorganisation der Angehörigen freier Berufe verfassungsrechtlich* im Prinzip *nicht zu beanstanden* ist.

a) Daß Art. 9 GG, der in seinem Abs. I die Vereinigungsfreiheit ausdrücklich positiv und kraft unausgesprochener Logik auch negativ stipuliert, also auch das Recht der *negativen Vereinigungsfreiheit*, das Recht auf Fernbleiben von Vereinigungen umfaßt, der körperschaftlichen Zwangsorganisation nicht im Wege steht, erklärt sich aus seiner Geltungsbegrenzung auf den Bereich *privat*-rechtlicher Verbindung. Eine Entscheidung des Grundgesetzes *gegen* die prinzipielle Zulässigkeit körperschaftlicher Zwangsorganisation, damit eine Preisgabe eines weiten, überlieferten Bereichs berufsständischer Selbstverwaltung, liegt in Art. 9 Abs. I GG ebenso wenig, wie sie in Art. 124 WeimRV zu finden war[14].

b) Art. 9 Abs. III GG, ebenso positiv wie negativ gewendet, ist in seiner Geltung — dem Art. 159 WeimRV vergleichbar — auf die Verbandsbildung „zur Wahrung und Förderung der Arbeits- und Wirtschaftsbedingungen" beschränkt, also auf die soziale Interessenauseinandersetzung der Sozialpartner untereinander; er ist damit arbeitspolitisch richtungbestimmt und nicht geeignet, die staatliche oder staatlich-zugelassene körperschaftliche Zwangsorganisation bestimmter Berufsstände oder -gruppen zu verhindern, die ihrerseits jener polemischen Zielsetzung entbehrt und ihre Legitimation und Aufgabe in ganz andersartiger Bestimmung findet, nämlich primär in der Überantwortung einer sonst unvermeidlich staatlichen Berufsaufsicht in die Hand berufsständischer Selbstverwaltung der Berufsgenossen. Art. 9 Abs. III GG regelt in der Gewährleistung der Koalitionsfreiheit „eine Materie des Arbeits- und Sozialrechts, nicht aber der verwaltungsrechtlichen Standesordnungen der freien Berufe", die auf anderem Boden als dem der Koalitionsfreiheit gewachsen und heimisch sind[15].

c) Auch der Rückgriff auf Art. 2 Abs. I GG — allein schon systematisch bedenklich angesichts der Zuordnung des allgemeinen Persönlichkeitsrechts zu seinen nachfolgenden Spezifikationen — kann dem Grundgesetz kein prinzipielles Verbot körperschaftlicher Zwangsorganisationen implizieren. Das Gebot staatlicher Überwachung bestimmter, die Allgemeinheit berührender Berufe gehört ebenso zum Inhalt der in Art. 2 GG vorbehaltenen verfassungsmäßigen Ordnung, wie die Zulassung ihrer selbstverwaltenden Wahrnehmung an Stelle staatlich-administrativer Erledigung, zumal die Eigenverwaltung der Berufsgenossen gegenüber dieser noch den Vorzug höherer individueller Freiheitsverbürgung aufweist. Da aber Selbstverwaltung der Standesaufsicht jener *ausnahmslosen Erfassung aller* nicht entraten kann, die die staatliche Verwaltungs-

---

[14] Das ist mehrfach überzeugend begründet worden und bedarf hier keiner Wiederholung; vgl. etwa: E. R. *Huber* a. a. O. Bd. I S. 198 ff.; *v. Mangoldt* BB 1951 S. 622; W. *Weber* ÖV 1952 S. 705 ff.; *Pathe* DVBl. 1950 S. 663 ff.; HansOLG, Beschluß v. 18. 4. 1952 — 1 U 138/51 — ; ferner die bei *Huber* a. a. O. S. 198 Anm. 1 zitierten Entscheidungen, insbes. BayVerfGH VRspr. Bd. 3 S. 651 (Rechtsanwaltskammern = keine Vereine i. S. des Art. 114 BayVerf.) und VRspr. Bd. 4 S. 261 = BayGVOBl. 1951 S. 139 (Ärztekammern). — Zur Begründung der negativen Vereinigungsfreiheit: *Ipsen* AöR Bd. 78 S. 313.

[15] So treffend: W. *Weber* ÖV 1952 S. 709; daß auch die Entstehungsgeschichte des Art. 9 GG keine andere Deutung, insbesondere nicht den Schluß gestattet, er habe eine Beitrittspflicht bei öffentlich-rechtlichen Verbänden durch Nicht-Aufnahme klarstellender Entwurfsvorschriften ausschließen wollen, hat *Huber* a. a. O. Bd. I S. 199 nachgewiesen.

aufsicht ohne weiteres gewährleistet, gehört die zwangsorganisatorische Zusammenfassung der Berufsgenossen zu den selbstverständlichen, auch durch Art. 2 Abs. I GG verfassungsrechtlich nicht ausgeschlossenen Mitteln zur Wahrnehmung dieser anerkannt öffentlichen Aufgabe[16].

d) Art. 9 Abs. I, III und Art. 2 Abs. I GG stehen mithin ebenso wenig wie andere Vorschriften oder Grundsätze des Verfassungsrechts einer körperschaftlichen Zwangsorganisation von Angehörigen solcher freien Berufe entgegen, deren Berufsbetätigung öffentlich-rechtlichen Bindungen unterworfen sein muß. Für die hier erörterte Frage ist damit indes zunächst *lediglich* geklärt, daß der einzelne Angehörige eines solchen freien Berufs sich seiner zwangsweisen Eingliederung in eine solche körperschaftliche Organisation nicht entziehen kann und er damit einer Verbandshoheit untersteht, die ihre Aufgaben *auch gegen seinen Willen und unter Inanspruchnahme seiner finanziellen Mittel* für diesen Zweck wahrzunehmen befugt ist. *Auf welche Gegenstände im einzelnen* ihre Aufgabe und inwieweit folglich auch der *Zwang* zur sachlichen und finanziellen Beteiligung sich erstreckt, bedarf aber näherer Erörterung (unter 3.).

3. Da das deutsche Rechtssystem die „Verbeamtung" der hier in Frage stehenden Berufe ablehnt, sie gerade in diesem Sinne als „freie Berufe" qualifiziert, andererseits von dem Gebot ihrer Beaufsichtigung aus Gründen des Gemeinwohls ausgeht, diese aber (jedenfalls bis zu einer gewissen Grenze notwendig polizeilich-präventiver Verhütung) der Selbstverwaltung der Berufsgenossen überantwortet, bildet die sog. *Standes- oder Berufsaufsicht* zweifellos den *Wesenskern* aller Aufgaben der berufsständischen Zwangskorporationen. Die Sorge um die Erhaltung des hinreichend qualifizierten Berufsstandes (einschließlich der beruflichen Fortbildung), die Überwachung der Erfüllung der Berufspflichten mit Einschluß der Berufsgerichtsbarkeit, auch die Streitschlichtung unter Berufsgenossen stellen teils unmittelbar, teils mittelbar diesen Bereich und seine Umgrenzung dar, der kraft staatlicher Übertragung durch die Aufgabe ergänzt wird, die staatlich-öffentliche Verwaltung im Wege der Amtshilfe zu unterstützen.

Soweit heute zur üblichen Aufgabenumschreibung der Zwangsorganisationen gesetzlich auch die Wahrnehmung der beruflichen Belange der Berufsgenossen und die Fürsorge für sie gezählt wird,

---

[16] Ebenso *Huber* a. a. O. Bd. I S. 200 ff. in der Auseinandersetzung mit *Wernicke,* Bonner Komm. Anm. II 1 d zu Art. 9 GG; wie hier auch: *Adler,* Zulässigkeit von Alterszwangsversorgungseinrichtungen freier Berufe nach dem Grundgesetz, in: Deutsche Versicherungszeitschrift 1953 S. 201, 202.

ist die *Grenze* berührt, die der Organisation nach dem entscheidenden Kriterium ihrer Zweckbestimmung gesetzt ist. Denn: „Die Ordnungsgewalt der öffentlichen Körperschaften über ihre Mitglieder ist begrenzt durch die Zwecke, denen die Körperschaft dient. Bei öffentlichen Körperschaften mit Mitgliedszwang ist der Zweck bestimmt und begrenzt durch das Gesetz, das die Zwangsmitgliedschaft anordnet“[17]. Und das Gesetz selbst findet seine Schranke in der verfassungsmäßigen Ordnung.

a) Wenn das Organisationsrecht in dieser Weise die *Wahrnehmung der beruflichen Belange* gestattet, so muß auch sie sich, um zulässig zu bleiben, im Rahmen des gesetzlich begrenzten Zweckes bewegen. Diese Grenze würde einmal überschritten werden, wenn die *eigene* Interessenwahrnehmung jedes *einzelnen* Berufsgenossen damit *absorbiert* und ihm durch ein Monopol seiner Organisation verwehrt wäre, ihr selbst individuell oder im Rahmen freiwilliger anderer Zusammenschlüsse nachzugehen[18]. Diese Grenze wird andererseits noch respektiert, soweit die Interessenvertretung *nicht* auf den *Selbstzweck* der Wahrnehmung wirtschaftlicher Interessen gerichtet ist, sondern ihre Inhalts- und Zweckbestimmung aus der *öffentlichen* Verpflichtung und Bindung des Berufs empfängt, mit anderen Worten: ein Mittel zur Integration des Berufs in der Gemeinschaftsordnung darstellt[19].

b) Entsprechendes gilt für die gesetzlich bestimmte Aufgabe von Zwangsorganisationen dieser Berufe, für ihre Angehörigen *Wohlfahrts- und Fürsorgeeinrichtungen* zu schaffen und zu betreiben. Auch sie kann gesetzlich und verfassungsmäßig, falls sie unter Bereitstellung des Zwangs zur Beteiligung und Mitfinanzierung stattfindet, zu den *zweckbestimmten* Organisationsaufgaben *nur* gerechnet werden, wenn und soweit sie „keine eigentlich wirtschaftliche Tätigkeit (darstellt), sondern ... der Wahrnehmung der beruflichen Belange“ selbst und unmittelbar dient[20]. Das Zwangsorganisationsrecht der freien Berufe muß diese Grenze zwischen der Berufsinteressenvertretung als einer Aufgabe institutionell-öffentlicher Bedeutung einerseits, der wirtschaftlichen Betätigung im Sinne einer die mögliche individuelle Eigenvorsorge des einzelnen Berufsgenossen verdrängenden und ablösenden Kollektivzwangsversorgung andererseits respektieren. *Die Überschreitung dieser Grenze würde einen Gestaltwandel der Zwangskorporation bedeuten.*

---

[17] BayVerfGH VRspr. Bd. 4 S. 262.

[18] So mit Recht im Hinblick auf Art. 9 Abs. III GG: W. *Weber* ÖV 1952 S. 708 unter Hinweis auf den andersartigen Monopol- und Exklusivcharakter der früheren n.s. Organisationsformen.

[19] So im Ergebnis insbes. BayVerfGH VRspr. Bd. 4 S. 272, 274; W. *Weber* a. a. O. S. 708, 709.

[20] BayVerfGH VRspr. Bd. 4 S. 272.

Es hat bis in die jüngste Zeit — vom Fall der bayerischen Ärzteversorgung abgesehen — im Sinne dieser wohlerwogenen Aufgabenbegrenzung zu den allgemein üblichen Gesetzes- und Satzungsinhalten der Zwangsorganisationen freier Berufe gehört, diese Sonderaufgabe der Interessenvertretung der Berufsgenossen als „Schaffung von Fürsorgeeinrichtungen" zu bezeichnen. So ist etwa für das Anwaltsrecht schon seit der Rechtsanwaltsordnung vom 1. Juli 1878 nach anfänglichen Meinungsverschiedenheiten unter den Anwaltskammern in ständiger Rechtsprechung anerkannt worden, daß zur Wahrnehmung der „gemeinschaftlichen Angelegenheiten" (im Sinne ihres § 48) „auch die Unterstützung hilfsbedürftiger Kammermitglieder und ihrer Hinterbliebenen" gehöre, wobei kein Gewicht darauf gelegt wurde, ob die Anwaltskammern die Unterstützung selbst in die Hand nahmen oder mit anderen geeigneten Einrichtungen in Beziehung traten. „Als entscheidend wurde angesehen, daß, wenn im gegebenen Fall auch nur dem einzelnen etwas zugewendet wurde, damit doch gleichzeitig die Standesinteressen gewahrt würden"[21].

Damit ist klargestellt, daß eine Fürsorgetätigkeit der Zwangsorganisationen, die mit ihrer individuellen Hilfe für den einzelnen Berufsgenossen oder seine Hinterbliebenen zugleich die Maßnahme einer pflegerischen Erhaltung des *gesamten* Berufsstandes erfüllt, in der Tat den *Aufgaben* der Berufsorganisation zugerechnet werden kann, da sie wenigstens mittelbar dem gesetzlich umgrenzten Organisationszweck zu dienen geeignet ist.

*Keineswegs* aber versteht sich daraus zugleich, daß eine solche Fürsorge- und Unterstützungstätigkeit *unter Anwendung von Zwang* rechtlich oder faktisch zu einer Verhinderung oder Verdrängung individueller Eigenfürsorge oder -versorgung oder einer gleichgerichteten freiwilligen Kollektiverledigung führen dürfte. Daß die Möglichkeit solcher Eigenvorsorge in der weit überwiegenden Zahl der Fälle — auf die es zur rechtlichen Würdigung ankommt — aber entfällt oder ausgeschlossen wird, wenn nach den Beispielen der bayerischen Ärzteversorgung, nach dem sog. Tübinger System oder anderen Plänen Beiträge zwischen 7 und 10 % des Einkommens zur Pflichtversorgung zu entrichten sind, bedarf keiner weiteren Begründung. Von der *wenigstens effektiven Verdrängung* der freiwilligen Selbstversorgungsmöglichkeit der Berufsgenossen bei Einführung der Zwangsversorgung *muß daher bei allen weiteren*

[21] HansOLG, Beschl. v. 18. 4. 1952 — 1 U 138/51 —; *Löwenstein* JW 1884 S. 77 ff.; OLG Dresden JW 1905 S. 97; OLG Frankfurt JW 1916 S. 519; OLG Jena ThürBl. 64 S. 143; KG JW 1918 S. 271; OLG Breslau JW 1919 S. 458; HansOLG 1920 S. 717; *Friedländer* Komm. 7. RAO, 3. Aufl. S. 361 Anm. 12.

*Überlegungen unvermeidbar ausgegangen werden.* Daß die Zwangsversorgung *kein Verbot* der Selbstversorgung aufrichtet, trifft zwar zu, ist aus diesen tatsächlichen Gründen aber *rechtlich unerheblich.*

Mit einer solchen Exklusiv- oder Monopolwirkung kraft Verbandszwanges nun würde *jene Grenze überschritten* werden, innerhalb deren die Organisationsfürsorge überhaupt erst und gerade noch als eine *zweckentsprechende* Selbstverwaltungsaufgabe anerkannt werden darf. Fürsorge und Vorsorge der Zwangsorganisation verträgt sich mit dem Wesen ihrer eben auf den Stand des freien Berufs und seine öffentliche Funktion und Pflichtenstellung bezogenen Aufgaben *nur dann,* wenn sie für den einzelnen Berufsgenossen Charakter und Maß des *Zusätzlichen, Ergänzenden, Subsidiären* bewahrt und die der Eigenart des freien, d. h. des selbständigen Berufs adäquate *eigene Vorsorgeverantwortung* aus eigener Kraft des einzelnen weder rechtlich noch tatsächlich verdrängt. Und diese Subsidiarität der alleinzulässigen Kollektivfürsorge entfällt auch nicht dann, wenn der einzelne in seiner eigenen Vorsorgeverantwortung schuldhaft oder schuldlos versagte und de facto ausschließlich auf die Fürsorgeleistungen seiner Organisation sich angewiesen erweist.

Das Gesetz über die Zahnärztekammer Schleswig-Holstein vom 18. Dezember 1953 (GVOBl. S. 168) hat diese Gesetze der zulässigen Kammeraufgabe in konkreter Weise umschrieben, wenn es in seinem § 3 die Schaffung von „Fürsorge- und Versorgungs*möglichkeiten*“ vorsieht und Einrichtungen dieser Art jeden obligatorischen Charakter versagt. Die Folgerung[22], die herkömmliche Anerkennung der Fürsorgeaufgabe von Zwangsorganisationen, also eines bestimmten *Umfangs ihres zulässigen Wirkungskreises,* nötige *auch* zur *Zulassung des Zwangs* zu ihrer Realisierung, kann nur als *Fehlschluß* bezeichnet werden, da sie irrigerweise unter formaler Betrachtungsweise den sachlichen Aufgabenbereich mit dem Anwendungsbereich zulässigen Zwanges identifiziert und vor allem das Wesen des Angehörigen eines freien, d. h. selbständigen Berufs verkennt, in erster Linie selbst verantwortlicher Träger der Eigenvorsorge zu sein[23].

---

[22] So das HansOLG in seinem zitierten Beschluß vom 18. 4. 1952.

[23] Verfehlt daher auch das weitere Argument des HansOLG, aus der verfassungsrechtlichen Zulässigkeit des Organisationszwanges folge die Befugnis des Berufsstandes, „jene Daseinsfürsorge für notleidende Mitglieder zu treffen, die in der staatlichen Sozialpolitik ihr Vorbild hat und, wie die Sozialversicherung beweist, nicht ohne Zwang auskommen kann.“ Was der Beschluß anführt, um die Verantwortung des Berufsstandes für seine in Not geratenen Mitglieder als Ehrenpflicht und als Mittel der Gefahrenverhütung für die Allgemeinheit zu charakterisieren, kann insgesamt doch nur ihre Zugehörigkeit zum sachlichen Aufgabenbereich der Organisation, nicht die verdrängende, monopolisierende Anwendbarkeit des Beteiligungs- und Finanzierungszwanges legitimieren.

4. Die *Unzulässigkeit* der hier in Frage stehenden *Zwangsversorgung durch berufsständische Organisationen* erweist sich außerdem aus einem *anderen* Grunde, der mit der Zweckbegrenzung dieser Organisationen in Zusammenhang steht.

Wenn der Staat selbst — was die Ausgestaltung seiner gesetzlichen Sozialversicherung ohne weiteres erkennbar macht (vgl. A 1.) — die Ausdehnung seiner monopolisierenden Zwangssozialversicherung auf Selbständige, darunter also auch auf die Angehörigen der hier in Frage stehenden freien Berufe, ablehnt, die Vorsorge für sie also *nicht* als eine staatlich-öffentliche Aufgabe qualifiziert, deren Erfüllung er wahrnimmt und gar mit Zwang sanktioniert, so zählt eine solche Aufgabe aus diesem Grunde auch ihrem Wesen nach nicht zu denjenigen Zwecken, die den körperschaftlichen Zwangsorganisationen dieser Berufe aufgegeben sind. Berufsaufsicht, Funktionsbewahrung im Allgemeininteresse stellen die Kernaufgabe der Zwangsorganisation dar. Es hieße, ihren Umfang in einer diesen Kern sprengenden Weise ausweiten, sollte die jedem Selbständigen selbst obliegende Vorsorgeleistung, die der Staat — von jenen kleinen Gruppen der wirtschaftlich schwächsten Selbständigen abgesehen — den Selbständigen auch mit den Zwangsvorsorgeeinrichtungen seiner Sozialversicherung nicht abnimmt, mit Hilfe des Zwangs berufsständischer Korporierung vom einzelnen auf den Verband verlagert werden. Weder verlangt das Allgemeininteresse an Funktion und Funktionsbewahrung dieser freien Berufe eine solche Abbürdung, noch stellt sie, verglichen mit der staatlichen Entscheidung über die Grenzen der von ihm übernommenen und bereitgestellten Vorsorgeaufgabe, ein dieser adäquates Mittel dar.

Die staatlich geregelte Sozialversicherung ist organisatorisch, örtlich, spartenmäßig und beruflich ausgerichteten Versicherungsträgern zugewiesen und vorbehalten, die in der Wahrnehmung dieser ihrer öffentlichen Aufgabe nach dem Prinzip der Aufgabenspezialisierung der öffentlichen Verwaltung insgesamt kraft eines Monopols fungieren. Wenn daher überhaupt eine Ausweitung der Pflichtversorgung in Frage stünde, dann allenfalls auch nur unter entsprechender Expansion der Sozialversicherungsträger, nicht durch Preisgabe ihrer Monopolstellung und Anreicherung der beruflichen Zwangskorporationen mit ihnen wesensfremden, den Sozialversicherungsträgern aber wesenseigenen Funktionen. Daß ein solcher Vorgang im übrigen die gebotene Grenzziehung zwischen Staats- und Selbstverwaltung verletzt (vgl. unten C) und als Vorsorgeleistung lediglich für eine Gruppe bestimmter Selbständiger Gesichtspunkte des Gleichheitsgebotes außer acht läßt (vgl. unten D 3.), wird sich erweisen.

## C. Berufsständische Zwangsversorgung als unzulässige Ausweitung und Delegation staatlicher Sozialversicherung

1. Ihrem *Gegenstande* nach handelt es sich bei der den beruflichen Zwangskorporationen zugedachten Versorgungsaufgabe um eine Materie und eine Leistung, die der *Sozialversicherung* zuzurechnen ist. Dabei wird zwar nicht verkannt, daß das bestehende deutsche System der Sozialversicherung, mit Recht insoweit als Teilbereich des Arbeitsrechts charakterisiert, vorwiegend eine Einrichtung zum Schutz und Nutzen von Arbeit*nehmern* darstellt und sich insoweit von ausländischen Erscheinungen unterscheidet, die auch alle Selbständigen einbeziehen. Aber — von dieser *personellen Bereichsbegrenzung* abgesehen — ist sie, gegenständlich und nach ihrem Zweck betrachtet, eine Einrichtung „zur Vorsorge gegen die wirtschaftlichen Folgen von Alter, Schwäche und Wechselfällen des Lebens", wie Art. 161 WeimRV es formulierte, die ihren Teilnehmerkreis im wesentlichen kraft Gesetzes zwangsmäßig bestimmt, womit sowohl ihre Bestandsfähigkeit als auch — in der Heranziehung der Vorsorgebedürftigsten — ihr spezifisch sozialer Charakter gesichert und betont werden[24]. Unabhängig von der Frage, ob ihr überwiegend — oder wenigstens wirtschaftlich und konstruktiv — echte *Versicherungs*funktion oder der Auftrag einer Verwaltung *öffentlicher Fürsorge* innewohnt[25], ist sie jedenfalls durch jene zwei Umstände gekennzeichnet, die ebenso die den Zwangskorporationen zugedachte Versorgungsaufgabe kennzeichnen: Vorsorge gegen die auch mit der Sozialversicherung bekämpften Gefahren, und dies unter Zwangsbeteiligung. Eine solche Aufgabe dieser Art ihrer Erledigung kennt das deutsche Rechtssystem *nur in der Gestalt der Sozialversicherung,* so daß sie daher in der gedachten Weise ihrer Wahrnehmung durch berufliche Zwangskorporationen gegenständlich nur als Sozialversicherung bezeichnet werden kann. Ob damit etwa Wesenszüge vernachlässigt werden, die der Sozialversicherung im Sinne ihrer Gesetzgebung historisch oder sozialpolitisch zukommen — insbesondere eben das soziale Merkmal der Vorsorge für wirtschaftlich besonders Schwache und Vorsorgebedürftige —, kann nicht den Ausschlag geben angesichts der Tatsache, daß die

[24] L. *Richter,* Sozialversicherungsrecht (1931) S. 1 ff., 10, 11. — Mit gutem Recht zählt daher auch *Marbach,* Zur Frage der wirtschaftlichen Staatsintervention (1950) S. 31, 33, die Sozialversicherung — im Gegensatz zur sog. wirtschaftlichen Sozialpolitik — zu jenen Staatsaufgaben, die speziell einem Stand, nicht jedem Stand und nicht jedem Individuum, Existenzhilfe vermittelt, nämlich der Lohnarbeiterschaft und den Unselbständigerwerbenden.

[25] Vgl. hierzu: *Rohrbeck* und *Möller* in: Gegenwartsfragen sozialer Versicherung (1950) S. 17 ff., 74 ff.

Sozialversicherung ohnehin nur unter Zuhilfenahme auch wesentlich formaler Kategorien umgrenzt werden kann[26].

2. Die zwangsweise Einführung der gegenständlich der Sozialversicherung zuzurechnenden Versorgung von Angehörigen freier Berufe durch ihre Zwangskorporationen *würde eine Ausweitung der Sozialversicherung auf einen Kreis von Selbständigen bedeuten, der ihr nach geltendem allgemeinen Sozialversicherungsrecht nicht unterfällt.* Es ist ein rechtspolitisches Problem vielschichtiger Motivierungen, ob das deutsche Sozialversicherungsrecht de lege ferenda von seinen bisherigen Prinzipien abgehen und in den Kreis der Selbständigen eindringen sollte[27]. Tatsache ist jedenfalls, daß das geltende deutsche System der Sozialversicherung diesen Schritt *bisher nicht* getan hat und auch die begrenzte Einbeziehung gewisser arbeitnehmerähnlicher Selbständiger (Hausgewerbetreibender, Hauslehrer, gewisser Agenten, Artisten usw.) eine solche *Strukturveränderung* nicht darstellt.

*Sie* aber würde eintreten, wenn einzelne Gruppen freier Berufe einer materiell der Sozialversicherung zuzurechnenden Pflichtversorgung zwangsweise eingeordnet würden. Es ist schon fraglich — worüber später (unter D 3.) zu handeln sein wird —, ob der Gesetzgeber unter entsprechender Änderung seines Sozialversicherungsrechts ohne Verletzung von Verfassungsgrundsätzen eine derartige gruppenweise Ausweitung vorzunehmen vermöchte. Jedenfalls kommt es rechtlich *nicht* in Frage, daß der Staat — ob Bund oder Länder — durch gesetzliche Ermächtigung berufsständische Korporationen mit der Befugnis ausstattet, eine solche partielle Ausweitung der durch das Sozialversicherungsrecht abschließend umgrenzten Personenbreite der Sozialversicherung vorzunehmen. Auch wenn es zutrifft, daß „begrifflich jede staatliche Verwaltungstätigkeit auf Selbstverwaltungskörperschaften delegierbar" ist, wenn der Staat sich nur die notwendigen Aufsichtsmöglichkeiten vorbe-

---

[26] *Möller* in: Gegenwartsfragen sozialer Versicherung (1950) S. 78 ff. — *Möllers* umfassende Unterscheidungskriterien und Begriffsbestimmungen der Sozialversicherung verneinen zwar eine allseitig verbindliche Definitionsmöglichkeit, darunter (S. 75) auch mit Hilfe des Pflicht- oder Zwangscharakters der Sozialversicherung, da Zwangsversicherung (z. B. für Kraftfahrzeughalter, Güterfernverkehrsunternehmer usw.) in der Tat auch im Bereich der Privatversicherung vorkommt. Aber: Zwang und sozialer Versorgungszweck in der Kombination formaler und gegenständlicher Merkmale vermögen doch die hier entscheidenden Kriterien der Sozialversicherung abzugeben; ebenso *Rohrbeck*, zitiert bei *Möller* a. a. O. S. 77 Anm. 3.

[27] Hierzu z. B. *Möller* a. a. O. S. 82 ff.; *Dersch* ebenda S. 33 ff., 49 ff., der die Schutzbedürftigkeit des *abhängigen* Arbeitsverhältnisses als Wurzel der Sozialversicherung bezeichnet und ihre Gesetzgebung daher (zusammen mit dem Arbeitsrecht) ganz im Sinne des hier vertretenen Standpunktes der sozialen Schutzgesetzgebung im weitesten Sinne zuordnet, die den *Selbständigen nicht* erfaßt.

hält[28], da „sie ja auch in der Hand selbständiger Verwaltungseinheiten staatliche Verwaltung bleibt, der Staat sich also seiner notwendigen Funktionen nicht entäußert“, so setzt eine zulässige Delegation einer erst „kraft Ausweitung“ zur öffentlichen Aufgabe qualifizierbaren Sozialversicherungsfunktion voraus, daß der Staat als Stifter der Sozialversicherung eine solche Ausweitung auch im Rahmen seines eigenen Versicherungssystems vornimmt. *Daran aber gerade fehlt es.*

3. Ein treffendes Beispiel und ein Indiz für die sich selbst bescheidende Zurückhaltung des Gesetzgebers gegenüber seinen eigenen sozialen Versorgungsprinzipien, die seinem Sozialversicherungssystem zugrunde liegen, stellt die Regelung der *Altersversorgung des Handwerks* auf Grund des Reichsgesetzes vom 21. 12. 1938 (RGBl. I S. 1900)[29] dar. Sie hat jeden selbständigen Handwerksmeister zur Vorsorge für den Fall der Berufsunfähigkeit und des Alters sowie zugunsten seiner Hinterbliebenen im Wege des Versicherungszwanges verpflichtet, ihm zur Erfüllung dieser Pflicht aber die *freie Wahl* zwischen dem Anschluß an die Angestelltenversicherung, dem Abschluß eines privaten Lebensversicherungsvertrages oder einer Verbindung beider Wege (sog. „Halbversicherung“) gelassen. Die Ausweitung der Sozialversicherung in den Kreis der Selbständigen hinein hat also auf das Mittel unabdingbarer sozialer Pflichtversicherung ausdrücklich verzichtet, und dies in einer gesetzlichen Regelung der Pflichtvorsorge, die diese Aufgabe selbst als staatlich-öffentliche qualifizierte. Daß der Gesetzgeber selbst hier das Prinzip der Eigenverantwortlichkeit des Selbständigen nicht ausgeräumt und seine Sozialversicherung lediglich als geeignete Vorsorgemöglichkeit bereitgestellt hat, macht erkennbar, welche grundsätzlichen Rechtsbedenken der staatlichen Zulassung einer Sozialversicherung von Selbstverwaltungszwangsorganisationen für einzelne Gruppen freiberuflich Selbständiger im Wege stehen müssen.

4. Auch das im Grundsätzlichen schwerlich bestreitbare Argument, das dem Grundgesetz innewohnende *Freiheitsprinzip* gestatte die Delegation staatlich begründeter Pflichtbindungen auf mit Selbstverwaltungsbefugnissen ausgestattete berufsständische Körperschaften um so mehr, als die Verbandsverpflichtung die individuelle Freiheit ihrer Mitglieder in höherem Maße als die staatliche

---

[28] So *Erler* a. a. O. S. 28 unter Berufung auf Bay.VerfGH VRspr. Bd. 3 S. 651 ff.

[29] 1. Durchf.VO v. 15. 7. 1939 (RGBl. I S. 1255), 2. Durchf.VO v. 28. 10. 1939 (RGBl. I S. 2113), 3. Durchf.VO v. 20. 12. 1940 (RGBl. I S. 1671).

Verwaltung zu sichern vermöge[30], verschlägt gegenüber den hier erhobenen Bedenken nicht. Denn auch eine solche Delegation setzt für ihre verfassungsrechtliche Zulässigkeit voraus, daß eine staatlich begründete Pflichtbindung vorerst existiert oder jedenfalls zugleich *im Gesamtsystem* der überhaupt in Frage stehenden Pflichtenordnung (der Sozialversicherung nämlich) — und nicht nur für Gruppen der korporativ erfaßten freiberuflich Selbständigen — für alle vergleichbaren Selbständigen hergestellt wird. Das aber ist in der deutschen Sozialversicherung unstreitig nicht der Fall. Jeder prinzipielle Schritt der Ausweitung der Sozialversicherung auf den Kreis der Selbständigen würde in der Tat zugleich auch delegationsfähige Aufgabenbereiche der Sozialversicherung für berufsständige Selbstverwaltungskörper erschließen. Solange solche Schritte nicht getan sind, fehlt es auch an den erforderlichen Rechtsvoraussetzungen solcher Delegation.

5. Eine Delegation von Sozialversicherungsaufgaben auf berufsständische Zwangsorganisationen würde endlich eine unzulässige Beeinträchtigung der ebenfalls als Selbstverwaltung organisierten Institution der Sozialversicherung darstellen. Dabei mag noch unentschieden bleiben, ob die Sozialstaatklausel der Art. 20, 28 GG eine hinreichend präzise institutionelle Garantie bestimmter, vom Grundgesetz vorgefundener sozialer Institutionen, unter ihnen eben der Sozialversicherung, zum Inhalt hat[31], die beeinträchtigt wäre, wenn *neben* ihren Versicherungsträgern andere Pflichtversicherungsträger ins Leben gerufen würden. Denn jedenfalls bleibt zu bedenken, daß auch die juristischen Personen der Sozialversicherung einen Existenz- und Wirkungsbereichsschutz des Art. 19 Abs. III GG genießen[32], der in Frage gestellt würde, wenn der Staat durch Delegation an Selbstverwaltungsträger wesentlich anderer Zweckbestimmung sachlich jenen zugedachte und vorbehaltene Aufgaben überantwortete, nachdem er sie einmal (durch die erwogene „Ausweitung“ auf Selbständige) als solche der Sozialversicherung qualifiziert hat. Die Tatsache, daß die Träger der Sozialversicherung in zunehmendem Maße den Sozialpartnern überantwortet sind und sich vom Bild der auf den Staat bezogenen echten Selbstverwaltung zu entfernen scheinen[33] — was sich u. a. aus dem arbeitsrechtlichen Schutz-

[30] So E. R. *Huber* a. a. O. Bd. 1 S. 774, 775 zur Berufszugangskontrolle, ebenso S. 195 ff. zur Frage der Pflichtorganisationen überhaupt.

[31] Dafür: *Ipsen* ÖV 1952 S. 218.

[32] Hierauf hat allgemein *Erler* a. a. O. S. 26 hingewiesen.

[33] So W. *Weber*, Staats- und Selbstverwaltung in der Gegenwart (1953) S. 25, 80, 103 unter Hinweis auf das Gesetz über die Selbstverwaltung auf dem Gebiet der Sozialversicherung vom 22. 2. 1951/13. 8. 1952 (RGBl. 1951 I S. 124, 1952 I S. 427). — Die Sozialversicherung hat sich seit ihrer Begründung im Jahre 1883, als sie als eine Maßnahme des intervenierenden „Staatssozialismus“ erschien, über eine konstruktive Vereinigung von

charakter der Sozialversicherung erklärt und die Anders- und Fremdartigkeit einer Sozialversicherung von freiberuflich Selbständigen nur noch unterstreicht —, kann zwar nicht übersehen werden. An der Existenz- und Wirksamkeitsbereichs-Gewährleistung, damit der Spezialität und Exklusivität ihrer Aufgabenbestimmung, ändert sich dadurch nichts.

## D. Verfassungsrechtliche Fragen insbesondere

Daß eine Zwangsversorgung von Angehörigen freier Berufe mit den Zwangsmitteln ihrer korporativen Zusammenschlüsse rechtlich unzulässig ist, hat sich bereits aus den Gestaltungsgrundsätzen und Grenzbestimmungen der Institution der deutschen Sozialversicherung und der Zweckbegrenzung der freiberuflichen Korporierungen ergeben. Schon die institutionellen Eigenarten der Sozialversicherung und der berufsständischen Zwangsorganisation als solche stehen dem Plan und der Realisierung einer solchen Standeszwangsversorgung rechtlich entgegen. Ihre Beurteilung unmittelbar nach den Maßstäben und Schranken des geltenden Verfassungsrechts war zu dieser Erkenntnis noch nicht einmal erforderlich. Ihrer bedarf es indes, um alle insoweit berührten Verfassungsrechtsfragen zu klären.

1. Eine höchste verfassungsrechtliche Legitimation fände die erwogene Zwangsversorgung, wenn die *Sozialstaat-Erklärung des Grundgesetzes* (Art. 20, 28) und entsprechende oder gar weitergehende Verbürgungen der Landesverfassungen, die Art. 142 GG respektiert, ihre Einrichtung postulierten oder jedenfalls zuließen.

a) Um hierauf zu antworten, bedarf es keiner letzten Aufhellung der über die Tragweite und Funktion der Sozialstaat-Klausel bestehenden Meinungsverschiedenheiten[34]. Sie reichen von ihrer Deu-

---

Staatsintervention und sozialer Nächsthilfe zu jener Art öffentlicher Daseinsvorsorge entwickelt, die dem heutigen Staat kraft des Sozialstaat-Prinzips aufgegeben ist. Daß sich in der Organisation und Struktur der Sozialversicherung starke staats-sozialistische Züge ausgeprägt haben, sie andererseits heute der Wirksamkeit der Sozialpartner erschlossen wird, erklärt sich schließlich daraus, daß bei uns der „Dritte Stand" zu keinem Zeitpunkt „ganz über den Obrigkeitsstaat ... gesiegt hatte"; vgl. zu diesen Zusammenhängen: *Wieacker,* Das Sozialmodell der klassischen Privatrechtsgesetzbücher und die Entwicklung der modernen Gesellschaft (1953) S. 15, 16; *Vogel,* Bismarcks Arbeiterversicherung (1951) S. 151 ff.; *Vossler,* Bismarcks Sozialpolitik, Hist. Ztschr. Bd. 167 (1943) S. 336 ff.

[34] Vgl. hierüber zuletzt die Referate von *Forsthoff* und *Bachof* auf der Bonner Staatsrechtslehrertagung Oktober 1953 (im Druck als Heft 12 der VeröffVDStRL); Leitsätze der Referenten und Tagungsbericht (von *Ule*) in: DVBl. 1953 S. 751 ff.; ferner insges. *Klein* ZGesStWiss. Bd. 106 (1950) S. 398 ff.; *Scheuner,* Recht—Staat—Wirtschaft Bd. 3 (1951) S. 154; *Menger,* Der Begriff des sozialen Rechtsstaates im Bonner Grundgesetz, Recht und Staat Nr. 173 (1953); *Dürig,* JZ 1953 S. 194 ff.; *Fechner,* Freiheit und Zwang im sozialen Rechtsstaat, Recht und Staat Nr. 174 (1953); *Ipsen,* Über das

tung als einer nur vertagenden, auf die künftige Gesetzgebung unverbindlich und kompromißhaft verweisenden bloßen Deklamation bis hin zu einer allverbindlichen Staatszielbestimmung, deren Kraft der grundgesetzlichen Entscheidung für Bundesstaat, Demokratie und Rechtsstaat nicht nachzustehen brauche. Vom „substanzlosen Blankettbegriff", einer so genannten komplexen Abkürzungsformel, einem „Verfassungsgrundsatz ohne Aktualität", einem gesetzgeberischen Programmsatz bis jedenfalls zur verfassungsrechtlich verbindlichen Auslegungsrichtlinie oder zum verfassungsrechtlichen „Leitprinzip" reicht die Deutungsskala, der das *Bundesverfassungsgericht* bislang 1. einen Auslegungsmaßstab für Verfassung und Gesetzgebung, 2. eine verfassungsrechtliche Weisung an den Gesetzgeber zur Herstellung sozialer Ordnung und 3. offenbar auch eine verfassungsmäßige Rechtsverbürgung auf öffentliche Fürsorge entnommen hat[35]. Aber auch wenn anerkannt wird, daß Rechtsstaat und Sozialstaat in der Verschmelzung nicht als ein institutionell verwirklichter und realisierbarer Verfassungstypus bestehen können, daß der Rechtsstaat nicht zugunsten sozialstaatlicher Elemente verkürzt werden darf, folglich den Entfaltungsraum des Sozialstaates die Verwaltung und nicht die Verfassung bilde[36], so kann — um den höchstmöglichen Wirkungsgrad der Sozialstaat-Klausel anzudeuten — doch im Sinne einer Gesamtdeutung der Verfassung als Einheit schwerlich geleugnet werden, daß die rechtsstaatlichen und die Freiheitselemente der Verfassung so, wie etwa Art. 2, 3 Abs. III („Herkunft"), 14 und 15 GG dies verdeutlichen, unter sozialstaatlichen Verbindlichkeiten stehen und verstanden werden müssen, die für Legislative und Exekutive Ermächtigung und Auftrag zur Sozialgestaltung bedeuten, umgekehrt die Freiheit des einzelnen begrenzen[37].

b) In dieser *äußersten Inhaltsbestimmung der Sozialstaat-Klausel,* die ihrerseits selbst in der Tat „eine notwendig lapidare, die spezielle gesetzliche Regelung nicht ersetzende", damit an sich „unvollziehbare" Verfassungsnorm darstellt[38], die deshalb als solche auch kein konkretes soziales Teilhaberecht zu vermitteln oder zu gewähr-

Grundgesetz (1950) S. 14—23; *ders.,* ÖV 1952 S. 217 ff.; *ders.,* Gleichheit, in: *Neumann-Nipperdey-Scheuner,* Grundrechte Bd. II (1954), Abschnitt VII unter II mit Anm. 204 ff. (im Druck).

[35] Vgl. BVerfGE Bd. I S. 97 = ÖV 1952 S. 215 ff. mit Anm. von *Ipsen* S. 217 ff.

[36] So *Forsthoff,* Leitsätze II, IV, XV, a. a. O. S. 752, 753.

[37] *Ipsen,* Über das Grundgesetz a. a. O. S. 14 ff.; *Bachof,* Leitsatz 4, a. a. O. S. 753; *Scheuner,* Die staatliche Intervention im Bereich der Wirtschaft, Referat auf der Marburger Staatsrechtslehrertagung Oktober 1952, Manuskript S. 21, 22 mit Anm. 46—48 (im Druck in Veröff. VDStRL Heft 11 — 1954 —).

[38] *Forsthoff,* Leitsatz IX, a. a. O. S. 753.

leisten vermag, liegt daher, nun auf die hier aufgeworfene Fragestellung bezogen, auch kein auf Versorgung gerichteter Teilhabeanspruch des einzelnen — *weder generell* gegenüber dem Staat, soweit er über Art und Maß der öffentlichen Fürsorge hinausreicht, noch für Angehörige bestimmter Berufe gegenüber ihren Verbandszusammenschlüssen, *noch gar speziell* für die Angehörigen bestimmter öffentlich-rechtlich gebundener freier Berufe gegen ihre Zwangskorporation unter Berufung auf ihre Gemeinschaftsfunktion. Ebensowenig gestattet die Klausel eine die Zwangsversorgung als Verbandsaufgabe rechtfertigende *andersartige Zweckbestimmung* der Zwangskorporation, ihre *soziale Indienststellung* an sich, da damit einmal eine den Kern ihres Auftrages verändernde Gestaltwandlung verbunden wäre, zum anderen die Sozialstaat-Klausel keineswegs dazu bestimmt noch auch rechtlich geeignet ist, allen in ihrer Funktion spezifisch ausgerichteten öffentlichen Verwaltungsträgern eine zusätzliche Sozialfunktion zu überantworten[39].

c) Eine auf Darbietung einer Versorgung gerichtete Rechtsposition erwächst den freiberuflich Tätigen insbesondere auch nicht aus der durch die Sozialstaat-Klausel gebotenen Ausdeutung des Art. 1 Abs. I GG, der die Menschenwürde für unantastbar, ihre Achtung und ihren Schutz als Verpflichtung aller staatlichen Gewalt erklärt, oder des Art. 2 Abs. II GG, der das Recht auf Leben statuiert. Sicherlich wird und kann der Staat, wenn er dem Verlangen nach einem gewissen Maß sozialer Sicherheit, nach Schutz im Alter usw. entsprechen will, nicht auf intervenierende Eingriffe verzichten, ja, sogar zu ihnen ermächtigt sein. Mit gutem Recht ist die Pflicht des von ihr „erfaßten" einzelnen zur gesetzlichen Sozialversicherung als zum Inhalt der „verfassungsmäßigen Ordnung" gehörig und danach als mit Art. 2 GG vereinbar bezeichnet worden, obwohl das Grundgesetz einen solchen Vorbehalt zugunsten der öffentlichen Versicherungspflicht nicht ausdrücklich statuiert[40]. Auch wird etwa die moderne englische Vorsorgeverwaltung unter Berufung auf den gebotenen Schutz der „human dignity" begründet und gerecht-

---

[39] Das wird durchaus verkannt im Schriftsatz des Bundesministers des Innern vom 19. 7. 1953, Gesch.Z. 1146 A — 659 I/53 — im Verfassungsbeschwerdeverfahren gegen die Satzung der Versorgungsanstalt von Württemberg-Hohenzollern für Ärzte, Zahnärzte, Tierärzte und Dentisten, AZ. I BvR 203/53. Dort wird diese Zwangsversorgung schlicht als Realisierung des Sozialstaat-Programms für einen wichtigen Berufsstand legitimiert, womit unter völliger Ignorierung von Aufgabenbegrenzung und Zweckbestimmung der Zwangskorporation allen denkbaren, wenn nur sozial wohltätigen Zwangsmaßnahmen bedenkenlos Tür und Tor geöffnet wird. Von hier aus zum total planenden Versorgungsstaat ist dann nur noch ein Schritt — nicht mehr eine Entscheidung der Qualität, sondern der Quantität.

[40] E. R. *Huber*, Wirtschaftsverwaltungsrecht a. a. O. Bd. I S. 200, 201.

fertigt[41]. *Aber:* ein Teilhabeanspruch, ein „Recht auf eine Zuteilung bestimmter, das allgemeine Maß öffentlicher Fürsorge übersteigender Renten", einen „Anspruch auf ein Handeln des Gesetzgebers", „auf gesetzliche Regelung von Ansprüchen auf angemessene Versorgung durch den Staat"[42], entsprechend auf Aktivität seiner Zwangsorganisation, der er angehört, und Bereitstellung dazu erforderlicher gesetzlicher Ermächtigungen steht niemandem zu. Die Versorgungseinrichtungen der erwogenen Art sind also unter keinem dieser Gesichtspunkte der Sozialstaat-Klausel des Grundgesetzes aus irgendwelchen Teilhabe- oder Versorgungsansprüchen der daran etwa Interessierten zu rechtfertigen[43].

2. Aus verfassungsrechtlich zugesicherten Teilhabeansprüchen auf soziale Versorgung kann die erwogene Zwangsversorgung verfassungsrechtlich also nicht hergeleitet werden. Im Gegenteil: Das *freiheitliche Grundrechtssystem des Grundgesetzes* richtet seinerseits auch verfassungsrechtliche *Hindernisse* auf, die seiner Realisierung entgegenstehen.

a) *Art. 9 GG, der* Vereinigungs- und Koalitionsfreiheit gewährleistet, stellt zwar, wie dargelegt [oben B 2. a) b)], kein Hemmnis dar gegen die Zwangskorporierung von Angehörigen freier Berufe an sich, soweit sie das Mittel des Zwanges auf die Erfüllung des eigentlichen Verbandszweckes limitiert. Es fragt sich aber, ob Art. 9 GG dem Zwangsversorgungsplan nicht deshalb entgegensteht, weil *seine* Zielsetzung den Rahmen des Verbandszweckes verläßt.

aa) Einmal kraft öffentlichen Rechts als Zwangsverband organisiert, haben die berufsständischen Korporationen den Bereich der von Art. 9 Abs. I GG umfaßten Vereinigungen freier privatrechtlicher Gestaltung[44] verlassen. Daß Art. 9 Abs. I GG die jenseits

---

[41] *Scheuner,* Marburg-Referat, Manuskript S. 15 mit Anm. 34; *Mannheim,* Freedom, Power and democratic Planning (1950) S. 279 ff., insbes. S. 281.

[42] BVerfGE Bd. 1 S. 97 ff.

[43] Daß ein solches Interesse an staatlich verbriefter und gesicherter Versorgung auch — und gerade angesichts ihrer, von individueller Schuld oder menschlichem Versagen ganz unabhängigen, wiederholten Enttäuschung (Inflation, Währungszerfall, Kriegsfolgen usw.) — von denen heute zunehmend geltend gemacht wird, die nach ihrem gesellschaftlichen Standort, ihrer Moralität und ihrem Verantwortungsbewußtsein sich früher weit von solchen Ansprüchen entfernt wußten, hat seinen tieferen Grund in der bestehenden Gesamtstruktur unserer Wirtschafts- und Gesellschaftsordnung, die in der Anonymität ihrer Entscheidungen die Individualverantwortung ignoriert oder jedenfalls oft nicht honoriert. „Das ist der tiefere Grund der Zunahme des Versorgungsprinzips und der Zunahme seiner selbstverständlichen Inanspruchnahme", deren Rechtsverbürgung aber unser Verfassungssystem auch mit der Sozialstaat-Proklamation nicht näher getreten ist. Vgl. *Rittig,* Sozialversicherung und Sozialpolitik, in: Gegenwartsfragen sozialer Versicherung (1950) S. 110 ff.

[44] Über ihren Bereich und Begriff: *Ipsen* AöR Bd. 78 S. 312.

dieses Bereichs stehende öffentlich-rechtliche Zwangskorporierung im Rahmen überlieferter Zweckbestimmung trotz seiner Freiheitsverbürgung im Sinne eines „Fernbleiben-Dürfens" von Vereinigungen duldet, steht fest. Gleichwohl muß auch die Zwangskorporation des öffentlichen Rechts jedenfalls insoweit, als ihr Zweck oder ihre Tätigkeit gegen die verfassungsmäßige Ordnung i. S. des Art. 9 Abs. II gerichtet ist, jenen Schranken unterworfen bleiben, die auch der privatrechtlichen Vereinigungsfreiheit gleichermaßen durch Art. 9 Abs. II GG gesetzt sind. Denn wenn schon die freiwillig-privatrechtlich begründete Verbandshoheit hieran ihre Grenze findet, muß dies auch für den Wirkungsbereich der öffentlich- rechtlich begründeten Zwangsverbandshoheit gelten. Danach fragt sich also, ob die Aufnahme der Zwangsversorgung mit den Anforderungen der verfassungsmäßigen Ordnung im Einklang steht oder gegen sie gerichtet ist.

Wenn unter diesem Regulativ nicht die Rechtsordnung schlechthin, andererseits auch nicht nur das Objekt des „verfassungsfesten Minimum" i. S. des Art. 79 Abs. III GG verstanden werden kann, so ergreift es doch jedenfalls die dem Grundrechtsteil immanenten Prinzipien der Rechts-, Wirtschafts- und Sozialordnung, und unter ihnen auch die Sozialstaat-Proklamation[45]. Indem nun die Zwangsversorgung den Organisationszweck als solchen überschreitet, da sie mit ihrer Exklusiv- und Monopolwirkung gegenüber dem einzelnen Berufs- und Verbandsangehörigen nicht mehr zum Kern der Verbandsaufgabe „Berufsaufsicht" gehört (vgl. oben B 3.), stößt die Zwangsorganisation und das sie ermächtigende Gesetz in den Bereich der Freiheitssphäre des einzelnen vor, wie sie durch Art. 2 Abs. I GG grundsätzlich und damit als Element der verfassungsmäßigen Ordnung gegen Zwang geschützt ist[46]. Denn daß Art. 2 Abs. I GG mit dem Recht auf freie Entfaltung der Persönlichkeit auch ein *Grundrecht der Vertragsfreiheit* gewährt, diesem aber präjudiziert wird durch rechtlichen oder auch nur effektiven Ausschluß einer Selbstvorsorge durch privatrechtliche Gestaltung, kann schwerlich bestritten werden. „Diese durch Art. 2 Abs. I implicite anerkannte und gesicherte Vertragsfreiheit umfaßt grundsätzlich das Recht aller einzelnen, Verträge beliebigen Inhalts mit einem beliebigen Kreis von Partnern abzuschließen; einem allgemeinen Ge-

---

[45] Richtig: *Huber* a. a. O. Bd. I S. 662; *Scheuner*, Marburg-Referat Manuskript S. 21, 22 gegen *v. Mangoldt*, Komm. Anm. 2 zu Art. 2, S. 47; zu Art. 9 Abs. II versteht auch *v. Mangoldt* a. a. O. Anm. 3, S. 83, hierunter „die staatliche Grundordnung in ihrer durch das Grundgesetz oder das Gewohnheitsrecht bestimmten Form", wie sie etwa in Art. 18 GG (freiheitliche demokratische Grundordnung") umschrieben ist.

[46] Richtig: *Adler* a. a. O. S. 202—205.

setzesvorbehalt ist dieses Recht nicht unterworfen."[47] Ist diese Freiheit, was allein hier in Frage steht, auch ihrerseits nur zur Sicherung der verfassungsmäßigen Ordnung beschränkbar, gebietet und gestattet diese andererseits keine Erstreckung des Korporationszwanges auf das Gebiet der Versorgung von Angehörigen freier Berufe, so steht dieser Verbandsaufgabe schon das Hindernis des Art. 9 Abs. II rechtlich entgegen.

Daß auch andere Elemente der verfassungsmäßigen Ordnung (insbesondere das Gleichheitsprinzip des Art. 3 GG), die Art. 9 Abs. II GG auch für Zwangskorporationen respektiert wissen will, durch die Zwangsversorgung der Freiberuflichen verletzt werden, wird sich erweisen (unter 3.).

bb) Gleiches muß sich aus dem Recht der negativen Koalitionsfreiheit, das *Art. 9 Abs. III* gegenüber der Zwangsorganisierung zur Wahrung und Förderung der Arbeits- und Wirtschaftsbedingungen gewährleistet, schon deshalb ergeben, weil die Zwangsversorgung als ein legitimer Verbandszweck dieser Art *nicht* angesehen werden kann. Nachdem hierzu festgestellt worden ist (unter B 3.), daß das in der Tat nicht der Fall ist, daß die Zwangsversorgung vielmehr den durch potentiellen Zwang sanktionierten Aufgabenbereich der Korporation verläßt, *die Wahrung und Förderung der Arbeits- und Wirtschaftsbedingungen der Freiberuflichen ihrer Zwangsorganisation wesensfremd ist,* kann der zwangsweise „Versorgte" sich seinem Verband gegenüber *auch auf Art. 9 Abs. III GG berufen.* In diesem Fall darf der Betroffene mit dem Anspruch, von der Zwangsversorgung befreit zu bleiben, *umittelbar* eine Zweckübersdreitung der Verbandshoheit rügen, der er an sich — im zugelassenen Rahmen ihrer Zweckerfüllung — unterworfen ist. Von der Berufung auf Art. 9 Abs. I, II i. Verb. mit Art. 2 Abs. I GG [vgl. aa)] unterscheidet sich diese seine Abwehr durch die unmittelbare Bestreitung der Verbandszweckerfüllung, während dort die Grundrechtsbeeinträchtigung in einer Verletzung der verfassungsmäßigen Ordnung besteht.

b) Gegen diese Zwangsversorgung ist auch das Freiheitsrecht des *Art. 12 GG* ins Feld geführt worden, und zwar insoweit, als sich auch in ihm das allgemeine Persönlichkeitsrecht des Art. 2 GG entfalte[48]. Nun ist zwar nicht zu verkennen, daß auch das *Grundrecht der Berufsfreiheit* der öffentlich-rechtlichen Inpflichtnahme und Kontrolle der hier in Frage stehenden freien Berufe, und zu diesem Zweck auch der Zwangskorporierung ihrer Angehörigen nicht im Wege steht. Ihr Recht auf freie Berufs*ausbildung* und

---

[47] E. R. *Huber,* Wirtschaftsverwaltungsrecht a. a. O. Bd. I S. 388, 662 ff., Bd. II S. 302.

[48] Vgl. *Adler* a. a. O. S. 200 f.

freie Berufs*aufnahme* wird dadurch nicht beeinträchtigt, und die Freiheit ihrer Berufs*ausübung* kann, wie geschehen, durch Gesetz geregelt werden. In Frage steht lediglich, ob die Zwangsversorgung den Status dieser freien Berufe, damit ihr *„Berufsbild"*, entscheidend verändert und dieser Umbildung verfassungsrechtliche Bedenken entgegenstehen. Inwieweit kann, wie zu diesem Vorgang gefragt worden ist[49], ein solcher Prozeß partieller „Verbeamtung" eines freien, d. h. gegenüber der öffentlichen Gewalt von Subordination im Prinzip exemten Berufs mit Art. 12 GG vereinbart werden?

Das geltende — geschriebene und ungeschriebene — Recht kennt eine Vielzahl rechtlich bestimmter und geformter Berufsbilder im Gesamtbereich der gewerblichen und der nicht-gewerblichen freien Berufe, und Einwirkungen der Gesetzgebung, die ihr „Bild" verändern, finden vielfältig und häufig statt, ohne daß Zweifel an ihrer Verfassungsmäßigkeit auftreten können. Dies nämlich dann, wenn die Vorstellungen der Allgemeinheit über das fragliche Berufsbild vom Gesetz geregelt und seine Voraussetzungen fixiert werden[50]. Solche Regelungen gelten etwa dem Gang und der Art der Ausbildung oder — wo es an ihr fehlt — den Voraussetzungen der Sachkunde, Fachkunde oder Befähigung und der Anzeige ihrer Betätigung. Darum geht es hier aber nicht.

Die Zwangsversorgung berührt das Berufsbild der von ihr erfaßten Freiberuflichen in einem ihrem freien Beruf eigentümlichen *Wesenszug*, nämlich in der Freiheit der eigenwilligen und eigenverantwortlichen Selbstvorsorge. Die Grenze des *gerade nach Art. 12 GG* verfassungsrechtlich Zulässigen dürfte damit aber *noch nicht* überschritten sein. Das würde erst dann eintreten, wenn die in Frage stehenden privaten freien Berufe durch den Staat oder auf Grund seiner Gesetzgebung durch Selbstverwaltungsträger zugunsten ihrer künftig *rein öffentlich-rechtlichen Wahrnehmung monopolisiert* würden. Eine solche, den bisherigen Aufgabenbereich der Freiberuflichen in das Gebiet der *öffentlichen Verwaltung* unmittelbar einbeziehende Wirkung sollte *der Zwangsversorgung nicht* zugemessen werden, und sie dürfte auch selbst dann noch nicht eintreten, wenn ihre öffentliche Inpflichtnahme und Kontrolle über das bestehende Maß hinaus in einer Weise gesteigert würde, wie sie anderen — ebenfalls noch freien — Berufen in unterschiedlicher Art und Intensität eigentümlich ist[51]. Der durch die Zwangsversor-

[49] Von *Muthesius*, „Sicherheit" durch Staatszwang, Deutsche Versicherungszeitschrift 1954 Heft 1.

[50] Vgl. *Uber*, Freiheit des Berufs (1952) S. 91, 98 ff., auch zum Folgenden.

[51] Vgl. *Uber* a. a. O. S. 180 ff. für: Bezirksschornsteinfeger, Hebammen, Apotheker, Milchhandel; hierzu auch: E. R. *Huber*, Wirtschaftsverwaltungsrecht a. a. O. Bd. I S. 708, 723, 779, 790 ff.

gung eintretende Gestaltwandel der freien Berufe, der darin hervortretende Zug zur „Verbeamtung“, wird in seiner wesentlichen Bedeutung mit dieser Erkenntnis weder verkannt noch bagatellisiert. Nur wird aus dieser soziologischen Einsicht nicht auf die *gerade aus Art. 12 GG* abgeleitete verfassungsrechtliche Unzulässigkeit dieses Vorgangs geschlossen werden dürfen, so sehr mit ihm auch Wege eröffnet oder gar schon beschritten werden mögen, die zur unzulässigen staatlichen Berufsmonopolisierung führen könnten.

c) Das Grundrecht der *Eigentumsgewährleistung* des Art. 14 GG wird zu Lasten der von der Zwangsversorgung Erfaßten nur unter besonderen Voraussetzungen beeinträchtigt, wenn — was die Wirksamkeit des Enteignungsschutzes als einer Sicherung gegenüber *rechtmäßig* geforderter Aufopferung voraussetzt — unterstellt wird, daß ihre Einführung *auf gehöriger gesetzlicher Grundlage* stattfände und die Pflicht zur Beitragszahlung *rechtmäßig* begründet würde[52].

aa) Die *Verpflichtung zur Beitragszahlung,* d. h. zu Geldleistungen, stellt eine öffentlich-rechtliche Abgabenverpflichtung dar, die *nicht* auf staatliche oder delegierte *Enteignungshoheit,* sondern auf die insoweit begründete *Finanz*hoheit des Zwangsverbandes gegründet ist; „es handelt sich nicht um einen Enteignungstatbestand, sondern um einen abgabenrechtlichen Tatbestand“[53]. Denn wenn die Zwangsversorgung — was, wie wiederholt sei, in bezug auf die Schutzwirkung des Art. 14 GG unterstellt werden muß — ihrerseits *gesetzlich* begründet wird, macht sie den einzelnen Angehörigen der Zwangskorporation beitragspflichtig zugunsten des „Unternehmens“ Zwangsversorgung auf Grund der zu seiner Finanzierung verliehenen Beitragshoheit, die einen Ausfluß der Finanzhoheit darstellt. Die kraft ihrer geschuldeten Geldleistungen werden wie solche anderer Abgabenverpflichtungen auch dann nicht durch Art. 14 GG verwehrt, wenn sie — wie hier — einen beschränkten Kreis der an der Versorgung Teilnehmenden trifft. Da darin auch keine andersartige Inanspruchnahme zugunsten Dritter liegt — etwa des einen Korporationsangehörigen zugunsten eines anderen[54] —, die Versorgung vielmehr eine Verbandsangelegenheit *aller* Angehörigen der Korporation bedeuten würde, findet Art. 14 GG insoweit keine Anwendung.

---

[52] Daß eine aus rechtmäßiger Enteignung oder Aufopferung resultierende Entschädigung auch verlangt werden kann, wenn der hoheitliche Eingriff r e c h t s w i d r i g - schuldlos stattfand, hat jetzt der Plenarbeschluß BGHZ Bd. 6 S. 270 klargestellt.

[53] E. R. *Huber*, Wirtschaftsverwaltungsrecht a. a. O. Bd. II S. 21.

[54] Dem Vorgang der Investitionshilfe etwa vergleichbar, die dem Art. 14 unterfällt; *Ipsen* AöR Bd. 78 S. 317 ff.; zustimmend: E. R. *Huber* a. a. O. Bd. II S. 230 ff.

bb) Dieses Moment würde erst dann rechtserheblich, wenn — jedenfalls zeitweise, aber voraussichtlich erst künftig — die Einführung der Zwangsversorgung angesichts der Altersstruktur der Verbandsangehörigen zu einer *Abbürdung der „Altlast"* auf einen Kreis von jüngeren Berufsgenossen führen würde, die ihrerseits durch ihre Beitragsleistungen in ungleicher Weise zur Finanzierung der Versorgung beitrügen oder im eigenen späteren Versorgungsfall eine ungleich geringere Versorgung erhielten, als die Angehörigen der „Altlast" sie empfangen haben[55]. Hierin *kann* eine in ihren Rechtswirkungen dem Art. 14 GG entsprechende *Aufopferung* im Sinne einer vorübergehenden faktischen Inanspruchnahme des Privateigentums des Betroffenen liegen, die diesen zur Entschädigung berechtigt. Sie kommt für denjenigen *engeren* Kreis der Verbandsangehörigen in Betracht, die als Jüngere ungleich in Anspruch genommene Träger der „Altlast" sein würden, und die über ihre — nach Art. 14 GG nicht zu beanstandende — *allgemeine* Beitragsverpflichtung *hinaus* zu einem ungleich wirkenden, besonderen Opfer deshalb herangezogen werden, weil ihre Leistungen den Altlast-Angehörigen mehr als ihnen selbst zugute kommen, oder ihnen zur Verschaffung der gleichen Versorgung später ungleich höhere Lasten obliegen.

Hier liegt die Enteignungswirkung der *Altlast-Abbürdung* darin, daß ein Privater zugunsten eines anderen Privaten hoheitlich in ungleicher Weise in Anspruch genommen wird, was zu bewirken, die öffentliche Gewalt vom geltenden Rechtssystem gerade auf den Weg der Enteignung verwiesen wird. Erst dadurch sichert und „umgrenzt die Rechtsordnung diese hoheitliche Dispositionsbefugnis der öffentlichen Gewalt über die Güterverteilung und den Güterausgleich unter Privaten", und „so liegt im Rechtsinstitut der Enteignung zugleich eine Anerkennung und eine rechtsstaatliche Bändigung dieser staatlichen Dispositionsgewalt, die dem einen gibt, was sie dem anderen genommen hat"[56].

Die näheren *konkreten Voraussetzungen* für die Entstehung eines solchen dem Enteignungsanspruch entsprechenden *Aufopferungsanspruchs*[57] lassen sich nur unter Auswertung der im Einzelfall in Betracht kommenden Altersstruktur des Zwangsverbandes bestimmen.

---

[55] Diese Überlegungen spielen die entscheidende versicherungswirtschaftliche und versicherungsmathematische Rolle in der Frage der Bestandskraft dieser Versorgungspläne; vgl. etwa *Rey*, Bedenkliche Umlage-Versorgungskassen, Der Volkswirt 1953 Heft 12; *Michels*, ebenda 1953 Heft 6; *Sachs*, Deutsche Versicherungszeitschrift 1954 Heft 2; *Schulz*, Versicherungswirtschaft 1954 Heft 2; *Luzius*, Deutsche Versicherungszeitschrift 1954 Heft 2.

[56] *Ipsen* AöR Bd. 78 S. 302.

[57] Vgl. zuletzt: E. R. *Huber* a. a. O. Bd. II S. 36 ff.

Hier muß die Feststellung genügen, daß der erwogene Versorgungsplan zur Entstehung solcher Ansprüche führen *kann.*

cc) Entsprechendes gilt von der Schutzwirkung des Art. 14 Abs. III GG, falls die Einführung der Zwangsversorgung einzelne Berufsgenossen, die selbst durch Abschluß von Lebensversicherungsverträgen usw. Vorsorge unter langfristiger vertraglicher Bindung und Vorleistung für den Eintritt des Versorgungsfalles getroffen haben, zwingen würde, daraus erwachsene *Berechtigungen unter Verlusten* aufzugeben[58]. In Verbindung mit der Schutzwirkung des Art. 2 GG und dem ihm innewohnenden Vertragsfreiheitsrecht, das nicht nur Abschluß-, sondern auch Aufrechterhaltungs-Freiheit umfaßt, kann in der durch die Einführung der Zwangsversorgung liegenden effektiven Nötigung zur verlustbringenden Vertragspreisgabe ein Eingriff in die durch Art. 14 und den Aufopferungsgrundsatz geschützte Eigentums- und Vermögenssphäre liegen, die der Betroffene entschädigungslos zu dulden verfassungsrechtlich nicht verpflichtet ist. Auch hier würden die Voraussetzungen solcher Entschädigungsansprüche von den Umständen des Einzelfalles abhängen.

3. Die entscheidende Grundrechtsbeeinträchtigung der von der Zwangsversorgung Erfaßten droht aus der *Verletzung des Gleichheitssatzes.*

a) Die gesetzlich oder kraft gesetzlicher Delegation stattfindende Einführung der Zwangsversorgung stellt *materiell* zu Gunsten und zu Lasten der in der Zwangskorporation erfaßten Angehörigen einzelner freier Berufe, die nach *allgemeinem Sozialversicherungsrecht nicht* pflichtig und (regelmäßig auch) nicht teilnahmeberechtigt sind, eine sonst nur im Rahmen der Sozialversicherung bewirkte Zwangsversorgung her. Ob die korporative Zwangsversorgung und die der Sozialversicherung einander in ihren näheren Voraussetzungen, im Maß der Versorgung und der Beitragspflicht des Versorgten entsprechen oder nicht, ist für die Feststellung rechtlich unerheblich, daß jedenfalls mit Hilfe der Gesetzgebung ein Kreis, eine Gruppe einer Versorgung zugeführt wird, die das entsprechende allgemeine staatliche Versorgungsrecht der Sozialversicherung nicht erfaßt und deren Erfassung auch nicht den leitenden Prinzipien des geltenden Sozialversicherungssystems entspricht. Hat dieses doch sowohl den Gedanken einer *Gesamtversorgung aller* wie auch prinzipiell die Erwägung abgelehnt, seinem Zwangssystem Angehörige *freier Berufe,* also Selbständige, einzuordnen. Die geringen Ausnahmen hiervon, die arbeitnehmerähnlich Tätigen, die gleichwohl unbedingt zwangsversichert sind, stellen weder in ihrer soziologischen Position und Funktion noch in ihrer ökonomischen Lage Gruppen dar, die

---

[58] Vgl. *Adler* a. a. O. S. 204.

mit dem hier in Frage stehenden Kreis vergleichbar wären oder die Folgerung gestatteten, die erwogene korporative Zwangsversorgung bilde eine organische Fortwirkung und Ausgestaltung der bisher schon bestehenden Selbständigen-Sozialversicherung. Für die rechtliche Beurteilung erweist sich die korporative Zwangsversorgung freier Berufe damit als eine materiell der Sozialversicherung zugehörige, von ihrer gesetzlichen Allgemeinregelung aber im Strukturprinzip entscheidend abweichende Sonderzwangsversorgung einer besonderen Berufsgruppe von Selbständigen.

b) Daß das Gesetz im Einklang mit den Grundsätzen des geltenden Verfassungsrechts zur *allgemeinen* Zwangssozialversicherung berechtigt ist, ohne hierzu — von der Kompetenzvorschrift des Art. 74 Ziffer 12 GG ganz abgesehen — durch einen den Grundrechten beigefügten besonderen Gesetzesvorbehalt ermächtigt zu sein, steht außer Zweifel. Ob eine — ausländischen Beispielen entsprechende — Erstreckung der Sozialversicherung auf die *Gesamtbevölkerung* mit dem Grundgesetz in Einklang gebracht werden könnte oder seinen Freiheitsprinzipien widersprechen würde, steht hier nicht zur Erörterung. Jedenfalls würde eine solche „Gesamtverplanung" der Vorsorge ernste Verfassungszweifel aufwerfen. Hier berührt die erwogene korporative Zwangsversorgung in ihrer gegenständlich der sozialen Zwangsversorgung strukturfremden Gruppenlösung das auch den Gesetzgeber verpflichtende *Gleichheitsgebot* des Art. 3 GG. Dabei geht es nicht, was der wiederholten Klarstellung bedarf, um die für die Zwangsversorgung als Anknüpfung dienende Zwangskorporierung der öffentlich-rechtlich gebundenen freien Berufe an sich, deren Vereinbarkeit mit dem Grundgesetz hier insoweit ausdrücklich anerkannt werden konnte (oben B 2.), obwohl auch insoweit Grenzen der Gestaltung bestehen mögen[59].

[59] Der Bundesrat hat am 22. 1. 1954, 118. Sitzung, Bericht S. 20 A anläßlich der Beratung von drei Gesetzen über die Steuerberater, Wirtschaftsprüfer und Buchprüfer eine vorher vom Rechtsausschuß einstimmig angenommene Entschließung gefaßt, die in dieser Richtung Aufmerksamkeit verdient: „. . . Er weist darauf hin, daß . . . ein sehr ernstes verfassungspolitisches Problem aufgeworfen wird. Das Bestreben . . ., bestimmte Berufsgruppen in ständischer Form autonom zu organisieren und sie einer besonderen Berufs- und Ehrenordnung zu unterwerfen, führt im Ergebnis dazu, für weite Bereiche des beruflichen und wirtschaftlichen Lebens die allgemeine demokratisch-parlamentarische Ordnung durch eine ständische zu ersetzen. Die hiermit verbundene Einengung der Freiheit persönlicher Betätigung (Zwangsmitgliedschaft) ist in dieser Ausdehnung schwerlich mit der im übrigen angestrebten freiheitlichen Staats- und Wirtschaftsordnung vereinbar. Von dieser aber geht das Grundgesetz aus. Eine unmittelbare Gefahr dieser Entwürfe liegt darin, daß unter Berufung auf diese Vorlagen zahlreiche andere Berufsgruppen eine ‚Verkammerung' fordern."

Was die Vereinbarkeit mit dem Gleichheitssatz in Frage stellt, ist die mit Hilfe der wesentlich anderen Zwecken verhafteten Zwangskorporierung hergestellte oder erstrebte Zwangsversorgung einer Personengruppe unter Durchbrechung der in der Sozialversicherungsgesetzgebung aufgestellten Grenzprinzipien über Umfang und Anwendungsbereich staatlichen Versorgungszwanges.

c) Die *Wertung* eines gesetzgeberischen oder gesetzlich sanktionierten Normierungsvorgangs am *Maßstab des Gleichheitssatzes* setzt voraus, daß die Bindungskraft des Gleichheitssatzes gegenüber der Normsetzung existent und meßbar ist. Der Gleichheitssatz bindet heute anerkanntermaßen die Normsetzung in *allen* ihren Erscheinungsformen, auch die autonomer Körperschaften, damit auch die einer Zwangskorporation[60]. Meßbar wäre die fragliche Respektierung des Gleichheitssatzes durch ein die Zwangsversorgung einführendes Gesetz oder eine auf seiner Grundlage erlassene Rechtsverordnung oder Zwangskorporations-Satzung in erster Linie, wenn die Zwangsversorgungsregelung nach einem der in Art. 3 Abs. III GG „reflektierten" Merkmale differenzierte. Es erscheint vertretbar, anzunehmen, daß das in der Tat der Fall ist. Denn das in diesem Sinne erhebliche Kriterium der „Herkunft" kann, da es zutreffenderweise nicht nur lokal (= Heimat), sondern *ständisch-sozial* verstanden werden muß[61], die erwogene Zwangsversorgung als eine ungleich differenzierende Aktion qualifizieren, wenn in ihr eine *gerade an die sozialständische Zugehörigkeit zu den fraglichen freien Berufen* anknüpfende und nach ihr gruppierende ungleiche *Sonderbehandlung* gesehen wird. Die in Betracht kommenden freien Berufe sind in diesem Sinne sozial-ständisch gruppiert, was sich aus ihren Vorbildungs-Voraussetzungen, ihrer Aufgabe an sich, ihrer öffentlichen, durch Hoheitsaufsicht überwachten Funktion ergibt und in ihrer korporativen Zwangsorganisation sinnfälligen Ausdruck findet. Und da das allgemeine Sozialversicherungsrecht eine personelle Gruppierung und Umfangsbegrenzung des Versicherungszwangs *gerade in dieser sozial-ständischen Richtung nicht* kennt, sondern mit der Kennzeichnung der „Unselbständigkeit" des Arbeitnehmers und der wirtschaftlichen Schwäche der zwangsver-

---

[60] *Ipsen,* Gleichheit a. a. O. Abschnitt VI unter IV 4: „Unter Gleichheitsgebot stehen auch . . . Satzungen von Trägern mittelbarer Staatsverwaltung. . . . Soweit Rechtsnormen der Exekutive am Maßstab einer Delegationsnorm geprüft werden, enthebt die Feststellung der Vereinbarkeit mit dieser nicht der Notwendigkeit, die Exekutivnorm ihrerseits am Gleichheitssatz zu messen, da z. B. eine Rechtsverordnung, die auf gehöriger Ermächtigung beruht, ihrerseits in einer Art. 3 Abs. III GG widerstreitenden Weise differenzieren kann."

[61] So *Ipsen* a. a. O. Abschnitt VI unter II A e; ebenso *Scheuner,* Marburg-Referat a. a. O. Manuskript S. 22: „Untersagung klassenmäßiger Differenzierungen in Art. 3 Abs. III (‚Herkunft')".

sicherten arbeitnehmerähnlichen Selbständigen auf *ganz andere allgemeine Kriterien abstellt*, kann in der von der korporativen Zwangsversorgung gewählten Gruppierung der Pflichtigen nur eine gleichheitswidrige Sonderbehandlung nach ihrer „Herkunft" gesehen werden.

Ob die Regelung überdies im Sinne der anerkannten Ausdeutung des allgemeinen Gleichheitssatzes als „willkürlich und ohne zureichende sachliche Gründe" erfolgt anzusehen wäre, ob umgekehrt solche rechtfertigenden Gründe *für* die Zwangsversorgung vorgebracht werden könnten, ist gegenüber einem festgestellten Verstoß gegen Art. 3 Abs. III GG rechtlich unbeachtlich und darf *danach nicht mehr* in Frage gestellt oder erwogen werden. Denn: „Jedes richterliche Wort über die Willkürfreiheit, die Gerechtigkeit und Richtigkeit einer Regelung", die Art. 3 Abs. III GG widerspricht, „ist falsch und mit dem Grundgesetz nicht vereinbar . . . Der Richter kann eine nach Abs. II, III verwehrte Unterscheidung nicht seinerseits billigen", da Art. 3 Abs. III GG den allgemeinen Gleichheitssatz des Abs. I in seiner Wirkung verdrängt[62].

Dabei ist für die Wirksamkeit des konkretisierten Gleichheitssatzes des Art. 3 Abs. III GG rechtlich unerheblich, ob diese im Verhältnis zur allgemeinen sozialen Zwangsversorgung ungleiche Sonderbehandlung dieser freien Berufe als Bevorzugung *oder* Benachteiligung empfunden wird, da Art. 3 Abs. III GG die Sonderbehandlung *an sich*, das Handeln der Norm „außer der Reihe" schlechthin verbietet. Es ist eine Frage der Einstellung und der Lebensverhältnisse des einzelnen Zwangsversorgten, ob er in ihrer Einführung eine Rechts*beeinträchtigung* fühlt und unter Berufung auf den Gleichheitssatz ihre Rechtsverbindlichkeit für sich bestreitet *oder* umgekehrt sich bei ihr beruhigt, weil er die Sonderbehandlung *wohltätig* empfindet. Art. 3 Abs. III GG verbietet der Legislative Benachteiligung und Bevorzugung schlechthin, und es ist lediglich eine Frage der Interessenlage und des Rechtsschutzbedürfnisses im einzelnen, ob der Verstoß gegen den Gleichheitssatz gerügt wird oder nicht. Die Folge der Gleichheitsverletzung, die Verfassungswidrigkeit, damit die *Nichtigkeit* der getroffenen Regelung über die Zwangsversorgung, bildet eine objektive Auswirkung ihres verfassungswidrigen Inhalts.

d) Eine Verletzung des *allgemeinen Gleichheitssatzes* des Art. 3 Abs. I GG steht im übrigen in Frage, wenn der [unter c) dargelegte] annehmbare Verstoß gegen seine Konkretisierung verneint werden sollte. Das allgemeine Gleichheitsgebot als eine dem Gesetzgeber

[62] *Ipsen* a. a. O. Abschnitt VI unter IV 3 A.

obliegende „Handlungsnorm“[63] verpflichtet ihn, sich aller Willkür in seiner Regelung zu enthalten und ihr nur sachlich einleuchtende, dem Gesetzeszweck adäquate Motive zugrunde zu legen[64]. Aber auch diesem Gebot sachlich zugänglicher, willkürfreier Motivierung und Gestaltung ist die weitere Überlegung noch vorgeordnet, daß der Gleichheitssatz „in seinen entscheidenden Elementen (Gleichheitsinhalt, Bindungskraft) nicht isoliert aus sich selbst heraus verständlich ist und jeder Versuch seiner Deutung auf das Gesamtsystem der Verfassung abstellen muß. Das gilt für seine Elemente im einzelnen ebenso wie für seine Gesamtfunktion, und dies nicht nur, weil der Gleichheitssatz ein Grundrecht ist, sondern deshalb, weil kein Grundrecht — auch das der Freiheit nicht — so sehr in der Gesamtverschränkung der Verfassungsordnung steht wie eben das der Gleichheit“[65]. Daraus folgt, daß das den Gesetzgeber bindende allgemeine Gleichheitsgebot ihn verpflichtet, in jeder Normierung sich sozial-ständischer Differenzierungen zu enthalten, die sowohl im Sinne des demokratischen wie des Freiheitsprinzips, aber auch des vom Gesetzgeber im Sozialversicherungsrecht klar erkennbar gemachten und in Grenzen erfüllten Gebotes zur sozialen Gestaltung verwehrt sind. *Mit anderen Worten:* Wenn die geltende Verfassungsordnung und das geltende Sozialversicherungsrecht in seinen leitenden Maßstäben das Problem der Versorgung des einzelnen nicht (nach ausländischen Beispielen einer totalen Verplanung) für *alle* Berufstätigen unter Zwang normiert, sondern unter Respektierung der Freiheit und Eigenverantwortung des wirtschaftlich hinreichend starken Selbständigen auf Unselbständige gewisser Arbeitsentgeltbegrenzung (und wenige wirtschaftlich schwache Gruppen Selbständiger) beschränkt, so stellt die gesetzliche Zwangsversorgung einzelner Gruppen freier Berufstätiger eine dem vom Grundgesetz gewährleisteten und vom Sozialversicherungsrecht respektierten Freiheitsrecht und der gleichermaßen nur begrenzt legalisierten

[63] So treffend: *Forsthoff*, Ergänzende Bemerkungen zur Verfassungswidrigkeit des Investitionshilfegesetzes (zur Verfassungsbeschwerde 1 BvR 845/52) v. Februar 1954, S. 8—9, der die „Handlungsnorm“, die den Gesetzgeber bindet, von der weniger substantiierten „Kontrollnorm“ des prüfenden Richters unterschieden wissen will.

[64] BVerfGE Bd. 1 S. 141; BVerfGE Bd. 3 S. 135 ff. betont neuerlich hierzu, daß dem Gesetzgeber auch insoweit ein weiter Spielraum für die Betätigung seines Ermessens bleibt, deren Zweckmäßigkeit gerichtlicher Überprüfung verschlossen ist. Das Gericht könne „nur die Überschreitung gewisser äußerster Grenzen beanstanden; es kann dem Gesetzgeber erst dann entgegentreten, wenn für eine von ihm angeordnete Differenzierung zwischen verschiedenen Personengruppen sachlich einleuchtende Gründe schlechterdings nicht mehr erkennbar sind, so daß ihre Aufrechterhaltung einen Verstoß gegen das allgemeine Gerechtigkeitsempfinden darstellen würde.“

[65] *Ipsen* a. a. O. Abschnitt VII unter I; dort auch zum Folgenden.

kollektiven Sozialgestaltung widerstreitende Ungleichheit des Gesetzgebers dar.

Auch das immer wieder erneuerte Argument, die Einrichtung der Zwangsversorgung sei im Allgemeininteresse und zur Erfüllung einer Pflicht des Berufsstandes geboten, um eine geordnete, gesicherte und zuverlässige Tätigkeit und die Grundlage für eine Mindestexistenz des einzelnen Berufsangehörigen, damit ein geordnetes Gesundheitswesen, eine ordentliche Rechtspflege usw. zu gewährleisten[66], kann für die berufsständische Zwangsversorgung *nicht* das Prädikat einer sachgemäßen, dem Gesetzeszweck adäquaten Motivierung im Sinne des Gleichheitsgebotes für sich in Anspruch nehmen. Es mag zutreffen, daß auch eine Zwangsversorgung geeignet ist, die öffentlich-rechtliche Verpflichtung dieser freien Berufe zusätzlich zu sichern. Damit ist aber nichts Entscheidendes gewonnen zur Motivierung und Rechtfertigung gerade einer gesetzlichen *Sondersozialversicherung,* die verfassungsmäßig und im Gesamtsystem der allgemeinen Sozialversicherung strukturell als unverkennbar ungleich wirkende Sonderaktion erscheint. Der der Zwangsversorgungsregelung imputierte Zweck einer im öffentlichen Interesse liegenden Funktionssicherung des Berufsstandes ist *kein adäquates Motiv* für die mit ihr unvermeidbar verbundene Durchbrechung des vom allgemeinen Sozialversicherungsrecht respektierten Freiheitsprinzips zur eigenverantwortlichen Selbstversorgung der Selbständigen und der statuierten Selbstbeschränkung des unter Zwangsanwendung sozialgestaltenden Staates. Die Zwangsversorgung der freien Berufe würde eine *gruppenkollektivierende Sonderzwangsbehandlung* bedeuten, die die in der allgemeinen Zwangsversorgung der Sozialversicherung erkennbaren Gleichheitsmaßstäbe verletzt und daher mit Art. 3 Abs. I GG nicht vereinbar ist[67].

---

[66] Vgl. die Angaben bei *Adler* a. a. O. S. 203.

[67] Dabei muß die Erwägung, daß die Sozialversicherung erfahrungsgemäß der versicherungswirtschaftlichen und -mathematischen Stabilität und Selbstfinanzierung entbehrt und erhebliche Zuschußleistungen aus allgemeinen öffentlichen Mitteln bedarf, eine entsprechende Gewährsträgerschaft des Staates (gesetzlich ungedeckte Haushaltsvorbelastung!) für die berufsständische Zwangsversorgung daher voraussichtlich unvermeidbar sein würde (so u. a. *Muthesius* a. a. O., Deutsche Versicherungszeitschrift 1954 Heft 1), hier außer Betracht bleiben. Denn so sehr eine solche Inanspruchnahme von allgemeinen öffentlichen Mitteln durch einzelne Berufsstände eine Privilegierung, damit eine verfassungswidrige, ungleich wirkende Bevorzugung einzelner Gruppen bedeuten würde, fehlt es ansichts der bisherigen und der geplanten Ausgestaltungen der korporativen Zwangsversorgungseinrichtungen doch an der insoweit vorauszusetzenden Aktualität solcher Sondervergünstigungen. Wenn die Zwangsversorgungseinrichtungen sich in dieser Richtung entwickeln, würde allerdings auch hierin eine unzulässige Sonderbehandlung liegen.

4. Die *rechtliche Ausgestaltung* einer etwaigen gesetzlichen Ermächtigung zur Einführung und Regelung der Zwangsversorgung bedarf in zwei Richtungen näherer Prüfung.

a) Die erwogenen Pläne zur Zwangsversorgung stellen — z. T. anders als etwa die *gesetzliche* Regelung für das frühere Land Württemberg-Hohenzollern — auf die *Satzungsgewalt* der Zwangskorporationen ab und sehen (so etwa § 8 Abs. III Ziffer 3 des Landesgesetzes von Rheinland-Pfalz über die Kammern der Ärzte, Zahnärzte, Dentisten, Apotheker und Tierärzte vom 1. April 1953, GVOBl. S. 33) vor, daß die Regelung der Zwangsversorgung *durch die Satzung* bestimmt wird, während das Gesetz selbst sich auf wenige ermächtigende Formulierungen beschränkt. Nun kann zwar an sich den Inhalt autonomer Satzungen gegenständlich alles bilden, „was überhaupt als Gegenstand einer Rechtsnorm in Betracht kommt". Aber soweit, wie hier unvermeidlich, durch die Satzungen in den Grundrechtsbereich der Berufsgenossen eingegriffen wird, bedürfen sie nach allgemeinen „rechtsstaatlichen Grundsätzen der Ermächtigung durch ein formelles Gesetz; das Prinzip des Vorrangs oder Vorbehalts des Gesetzes gilt unbestrittenermaßen auch für die Autonomie"[68]. Obwohl in bezug auf die Limitierung, Präzision und Formerfordernisse solcher Ermächtigungen zum Erlaß von *Satzungen* die vom Grundgesetz (Art. 80) und entsprechend von vielen Landesverfassungen (z. B. Art. 70 VerfNRW) für die Delegation zum Erlaß von *Rechtsverordnungen* aufgestellten Anforderungen *nicht unmittelbar auch hier* anzuwenden sind, so muß doch jedenfalls aus allgemeinen, heute wieder stark betonten Grundsätzen der Rechtsstaatlichkeit und des Gesetzesvorbehalts gefolgert werden, daß *auch eine solche Satzungsermächtigung gewissen Mindestanforderungen* genügen muß, um wirksam zu sein. Jedenfalls kann eine *ganz allgemeine* „Auftragsumschreibung" — etwa des Inhalts, die Zwangskorporation dürfe durch Satzung eine Zwangsversorgung einführen — nicht als im Sinne dieser Anforderungen zulänglich angesehen werden. Wenn für die Delegationsbegrenzung von Rechtsverordnungen festgestellt worden ist: „Das Parlament soll sich seiner Verantwortung nicht dadurch entschlagen können, daß es einen Teil der Gesetzgebungsmacht der Regierung überträgt, ohne genau die Grenzen dieser übertragenen Kompetenz bedacht und bestimmt zu haben. Die Regierung andererseits soll nicht, gestützt auf unbestimmte Ermächtigungen zum Erlaß von Verordnungen, an die Stelle des Parlaments treten"[69], so gelten diese Erwägungen *im Prinzip* auch für die Grenzen einer Satzungsdele-

[68] Vgl. Hans *Peters*, HdbDStR Bd. II (1932) S. 266.
[69] So BVerfGE Bd. 1 S. 60, Bd. 2 S. 334.

gation. Von ihr müßte also, soll sie nicht schon aus formalrechtlichen Gründen rechtsunwirksam sein, verlangt werden, daß sie Inhalt, Zweck und Ausmaß der vorgesehenen Regelung hinreichend präzis umschreibt und sich nicht in einer allgemeinen Auftrags- oder Zweckerklärung erschöpft.

Selbst wenn also — was hier aus verschiedenen Gründen verneint werden mußte — eine Zwangsversorgung der gedachten Art materiell-rechtlich realisierbar erschiene, müßte ihre satzungsmäßige Regelung auf eine *Gesetzes*ermächtigung gestützt werden müssen, die ihrerseits den erfaßten Personenkreis, die Art der Versorgung, die Art der Finanzierung (insbesondere die Begrenzung der Beitragspflicht nach oben und unten) sowie die Ansprüche der zu Versorgenden hinreichend genau umschreibt.

b) Die rechtliche Ausgestaltung einer etwaigen gesetzlich oder kraft Gesetzes durch Satzung einzuführenden Zwangsversorgung begegnet im übrigen *materiell-rechtlich* einem ernsten Gültigkeitszweifel, wenn sie neben der korporativen Zwangsversorgung keinerlei andere Alternative offenläßt, sie also lediglich den Zwang zur Versorgung *dem Grunde nach* statuierte, die *Art der Versorgung* aber der freien Entschließung des Berufsgenossen überließe. Ohne angesichts der detaillierten Erörterungen über die Zulässigkeitsgrenzen einer Zwangsversorgung überhaupt (unter B, C, D 1.—3.) hier näher zu prüfen, ob jedenfalls die *Einführung einer Versorgungspflicht unter Freistellung der Versorgungsart*, also etwa nach den Gesichtspunkten der Handwerkerversorgung (vgl. C 3.), oder ob lediglich der im schleswig-holsteinischen Zahnärztekammergesetz vom 18. Dezember 1953, § 3 [vgl. A 4. d)] proklamierte Grundsatz materiellrechtlich zulässig wäre, muß hier wenigstens klargestellt werden, daß der *Ausschluß jeder Wahlmöglichkeit* in der Art der Versorgung an sich bereits einen *Verstoß gegen den Grundsatz von der Verhältnismäßigkeit des Mittels* darstellt.

„Ebensowenig wie der Gesetzgeber in der Wahl des ‚Ob' der Einschränkung frei ist, ist er es im ‚Wie' dieser Einschränkung. Wenn hierüber im Grundgesetz selbst auch nichts Ausdrückliches gesagt ist, so gilt doch auch für die Wahl der Mittel, die der Gesetzgeber für die Bewirkung der Einschränkung anwendet, der Grundsatz der Verhältnismäßigkeit. Dieser Grundsatz besagt: Das gewählte Mittel muß in einem vernünftigen Verhältnis zu dem angestrebten Zwecke stehen"[70].

[70] So H. *Krüger*, Grundgesetz und Kartellgesetzgebung (1950) S. 27; *Leibholz* DVBl. 1951 S. 195 unter Berufung auf die Schweizer Judikatur; *Ipsen* AöR Bd. 78 S. 314 ff.; nähere Begründung jetzt bei: *v. Krauß*, Der Grundsatz der Verhältnismäßigkeit in seiner Bedeutung für die Not-

Die Einführung einer Zwangsversorgung für freie Berufe stellt ein besonders geeignetes Beispiel dafür dar, daß die einer solchen Maßnahme zugedachte Zweckbestimmung — die im Allgemeininteresse liegende Existenzsicherung der einzelnen Berufsgenossen — keineswegs notwendig nur und gerade unter Anwendung eines *einzigen*, und dazu des *weitestgehenden* Zwangsmittels, nämlich der Zwangsversorgung durch die Zwangskorporation oder ihre Versorgungseinrichtung selbst, erreichbar ist. Dieser erstrebte Erfolg kann im Effekt unter Begründung einer Versorgungspflicht, gleichzeitig aber *unter Freistellung der selbst zu wählenden Versorgungsart* in durchaus zulänglicher Weise unter wesentlicher Milderung der angewendeten Zwangsmittel erzielt werden, so daß die Anwendung gerade des weitestgehenden nur als eine Verletzung des Grundsatzes von ihrer notwendig verhältnismäßigen Handhabung angesehen werden kann[71].

5. Es ist bereits (oben C 1.) dargelegt worden, daß es sich bei der Zwangsversorgung freier Berufe *gegenständlich* um eine Angelegenheit handelt, die im Sinne der deutschen Rechtssystematik nur der *Sozialversicherung* zugerechnet werden muß, da sie nach ihrem Zweck — Altersvorsorge — und ihrer Gestaltungsform — gesetzliche Zwangskollektivierung — den insoweit entscheidenden Merkmalen dieser Institution entspricht. Damit ist zugleich auch die Frage beantwortet, welcher *„Materie" im Sinne der Gesetzgebungskompetenzverteilungsregeln* des Grundgesetzes die Zwangsversorgung zugehört.

a) Sie gehört zur „Sozialversicherung" i. S. des Art. 74 Ziffer 12 GG, damit zum Bereich der *konkurrierenden* Gesetzgebungskompetenz. Das ist zwar vom Bundesrat bezweifelt worden in bezug auf die im Entwurf eines Bundesgesetzes über die Regelung der Beziehungen zwischen Ärzten, Zahnärzten und Krankenkassen (Kassen-

---

wendigkeit des Mittels im Verwaltungsrecht (ungedr.) Hamb.Diss. 1953. Dieser Grundsatz von der Verhältnismäßigkeit des Mittels, der — vom Polizei- und Verwaltungszwangsverfahrensrecht ausgehend — alle Gebiete der Exekutive erfaßt hat und heute mit Hilfe des Gleichheitsgebotes auch die Legislative bindet, muß als Bestandteil des Prinzips der Rechtsstaatlichkeit angesehen werden, dem das Grundgesetz verhaftet ist. Die Geltung dieses Grundsatzes steht heute außer Zweifel; vgl. etwa für die Gesetzgebung: *Jerusalem* SJZ 1950 Sp. 4, 5; *Krüger* DVBl. 1950 S. 628; BayerVerfGH VRspr. Bd. 2 S. 157 und BayerGVBl. 1949 S. 43; für seine Bedeutung als allgemeiner Rechtsgrundsatz: BayerVGH VGHE 64 S. 34; LG Hagen MDR 1949 S. 112; LG Kiel DV 1949 S. 188; OVG Münster MDR 1950 S. 443 = DVBl. 1950 S. 539.

71 Anregungen für die Ausgestaltung einer bei Versorgungszwang offenbleibenden freien Wahl der Versorgungsart sind vielfältig gegeben worden und denkbar; vgl. etwa: *Muthesius* a. a. O. 1954 Heft 1; *Tepe*, Ärztliche Mitteilungen 1954 Nr. 2 u. a.

arztrecht) vorgesehene Einfügung eines § 368 i Abs. 10 RVO[72]. Indes ist *nicht* ersichtlich, *aus welchen Gründen* die Zwangsversorgung *außerhalb* dieser Materie liegen soll.

Der Umstand, daß die Entwurfsregelung, wie dargelegt (vgl. oben B 4., C), die Strukturprinzipien der geltenden deutschen Sozialversicherung verläßt oder verletzt, nimmt ihr nicht den Charakter der gegenständlichen Zugehörigkeit zum Sozialversicherungsrecht. Auch ein Strafgesetz, das in verfassungswidriger Weise rückwirkende Strafandrohungen aufstellt, hört seiner Rechtswidrigkeit wegen nicht auf, zur Materie „Strafrecht" zu gehören. Die Frage der gegenständlichen Zugehörigkeit einer Regelung zu einer „Materie" i. S. der Kompetenzverteilung ist unabhängig davon zu beantworten, ob ihre Normierung verfassungsrechtlich zulässig ist oder nicht.

Auch die Tatsache, daß die Zwangsversorgung an die Zwangskorporierung anknüpft, diese eine standesorganisatorische Regelung des jeweiligen Berufsrechts darstellt und seine Normierung etwa für die Heilberufe — anders als die Rechtsanwaltschaft — der konkurrierenden Gesetzgebung zuzuzählen ist, die von den Ländern in Fragen des Standesorganisationsrechts wahrgenommen werden kann, weil sie durch Bundes- (oder kraft Art. 125 GG transformierte frühere Reichs-)regelung *nicht* gesperrt worden ist[73], gestattet keine andere Folgerung: die Zwangskorporierung, die gegenständlich insoweit *landes*gesetzlich angeordnet werden kann, stellt lediglich den *Anknüpfungspunkt* für die rechtliche Gestaltung der Zwangsversorgung dar, verwandelt diese aber nicht ihrem Gegenstande nach aus einer der Sozialversicherung zugehörigen Angelegenheit in eine solche der berufsständischen Organisation. Eine derartige Schlußfolgerung würde auch *nicht aus dem Gesichtspunkt des Sachzusammenhanges* gerechtfertigt sein, der solche Gebiete aus der Bundeskompetenz auszuscheiden gestattet, die mit den den Ländern zugewiesenen Materien in so notwendigem Zusammenhang stehen, daß ihre Regelung zwangsläufig auch die Regelung „einer von ihr sachlich nicht zu trennenden anderen Materie" durch das Land erfordert[74]. Denn es kann keine Rede davon sein, daß die Regelung der Zwangsorganisation etwa der Heilberufe durch die Länder mit Zwangsläufigkeit auch die Einführung ihrer Zwangsversorgung erforderte. Vielleicht könnte schon eher von einem notwendigen Sachzusammenhang zugunsten des Bundes auch in bezug

---

[72] Vgl. oben A 5 c); BR-Drucks. Nr. 434/1/52 v. 14. 11. 1952 unter I 1: die dort vorgesehene Invaliditäts-, Alters- und Hinterbliebenen-Versorgung werde von dem Begriff „Sozialversicherung" in Art. 74 Ziffer 12 GG nicht mehr umfaßt.

[73] So mit Recht: W. *Weber* ÖV 1952 S. 706.

[74] Vgl. das fast allgemein gebilligte Ergebnis zu A III der Weinheimer Tagung 1949 in: Bundesrecht und Bundesgesetzgebung (1950) S. 192.

auf die Heilberufe hinsichtlich der Zwangsversorgung wegen ihrer Zugehörigkeit zur Sozialversicherung mit der Folge gesprochen werden, daß auch die Zwangsorganisation selbst als Sache des Bundes anzusehen wäre.

Indes genügt hier die Feststellung, daß die Zwangsversorgung als in sich gegenständlich selbständige und andernorts nicht weiter sachverbundene Materie, und zwar solche der Sozialversicherung, dem Art. 74 Ziffer 12 GG unterfällt.

b) Da die Sozialversicherung aber im Sinne des Art. 72 Abs. I Objekt zulässiger bundesrechtlicher (oder kraft Art. 125 GG als Bundesrecht fortgeltender früherer reichsrechtlicher) Regelung geworden ist, sind die Länder insoweit in ihrer Kompetenz „gesperrt", so daß eine Zwangsversorgung durch *Landes*gesetzgebung *nicht* geregelt werden konnte und auch künftig nicht normiert werden könnte. Kompetent zu ihrer Einführung wäre allein der *Bundes*gesetzgeber. *Bereits ergangene landes*rechtliche Regelungen können im Hinblick auf Art. 72 Abs. I, 31 GG *nicht* als *rechtswirksam* angesehen werden.

## E. Ergebnisse

1. Zwangskorporierung öffentlich-rechtlich gebundener freier Berufe im Rahmen überlieferter Grenzen ist verfassungsrechtlich zulässig.

2. Berufsständische Zwangsversorgung solcher freien Berufe unter rechtlichem oder tatsächlichem Ausschluß eigener Selbstversorgung gehört nicht zu den Aufgaben der Zwangskorporation.

3. Berufsständische Zwangsversorgung der freien Berufe ist Sozialversicherung. Mit dem geltenden System der allgemeinen Sozialversicherung ist sie prinzipiell nicht vereinbar.

4. Eine Ausweitung des staatlichen Sozialversicherungszwanges auf die Angehörigen dieser freien Berufe ist den allgemeinen Sozialversicherungsträgern vorbehalten und darf nicht im Wege der Delegation zur Aufgabenveränderung der Zwangskorporation führen.

5. Die Sozialstaat-Klausel des Grundgesetzes rechtfertigt die berufsständische Zwangsversorgung nicht.

6. Negative Vereinigungs- und Koalitionsfreiheit stehen der berufsständischen Zwangsversorgung entgegen, das Recht der Berufsfreiheit dagegen nicht.

7. Die berufsständische Zwangsversorgung kann wegen der Altlastabbürdung und erzwungener Preisgabe von Rechten aus Selbstversorgung entschädigungspflichtige Enteignung und Aufopferung herbeiführen.

8. Die berufsständische Zwangsversorgung ist mit dem besonderen und dem allgemeinen Gleichheitssatz nicht vereinbar.

9. Berufsständische Zwangsversorgung ohne Wahlmöglichkeit der Selbstversorgung verletzt den Grundsatz von der Verhältnismäßigkeit des Mittels.

10. Als Gegenstand des Sozialversicherung stünde die gesetzliche Einführung der berufsständischen Zwangsversorgung nur dem Bund, nicht den Ländern zu.

# Berufsständische Versorgungseinrichtungen u. Grundgesetz

Rechtsgutachten von

Prof. Dr. Ulrich Scheuner, Bonn

## I. Bestehende Einrichtungen und vorliegende Entwürfe

### 1. Die Entwicklung bis 1945

Seit dem Ausgange des ersten Weltkrieges und der in seinem Gefolge aufgetretenen wirtschaftlichen Änderungen haben sich im Kreise der Angehörigen der freien Berufe Bestrebungen geltend gemacht, die auf die Schaffung von Formen einer kollektiven Altersversorgung hinauslaufen. Diese Tendenzen haben sich in der Regel mit anderen Forderungen verbunden, die eine Abwendung von dem Bilde des freien Berufes in sich schlossen, so wie es in der zweiten Hälfte des 19. Jahrhunderts rechtlich und sozial ausgeformt wurde. Die Stellung der freien Berufe, der Ärzte und Anwälte, der Apotheker und Notare, gründete sich auf den Gedanken ihrer Lösung aus staatlicher Eingliederung oder gar Beamtung; sie setzte sich ab von der reinen gewerblichen Tätigkeit durch die Unterordnung unter eine höhere Idee des Dienstes und unter die Anforderungen einer wissenschaftlichen Bildung und Berufsübung; sie ruhte aber, wie Rudolf von Gneist (Freie Advocatur 1867 S. 56) es ausgedrückt hat, auf dem „Element der freien Mitbewerbung“, d. h. der freien Konkurrenz innerhalb des Berufsstandes. Es gehört daher zu dem überkommenen Berufsbilde der freien Berufe, daß ihre Angehörigen zu den wirtschaftlich Selbständigen gehören, daß sie selbst für ihr wirtschaftliches Fortkommen wie für ihre Versorgung gegen Krankheit und Alter Sorge tragen, mag dies durch Ansammlung von Vermögen geschehen oder durch Eingehung privater Versicherungen. Die Stimmen der 20er Jahre, die eine Zwangspensionsversicherung der Anwälte anregten, sind meist zugleich für Beschränkungen in der Zulassung eingetreten, haben also auch nach anderen Seiten den Boden eines wirtschaftlich freien Berufsstandes aufgegeben. Vor allem ist damals bereits der Zusammenhang des Gedankens der Zwangsversorgung mit der Sozialversicherung erkannt worden. S. Feuchtwanger (Die freien Berufe 1922 S. 263 ff.), der eine Zwangsversicherung der Anwaltschaft fordert, vertrat die

Auffassung, daß die Anwaltschaft aus ihrer Tätigkeit im Dienste des Rechts einen Anspruch gegen den Staat habe, daß dieser einen Zuschuß zu dieser Versorgung leiste. Wie die Arbeitgeber in der allgemeinen Sozialversicherung, so schulde das Volk und für es der Staat dem Anwaltstande diese Leistung. Auch R. Finger (Die Sendung des Rechtsanwalts 1930 S. 140 ff.) fügte seiner Idee einer Zwangsversorgung das Moment eines Staatszuschusses ein.

In der Gesetzgebung hat nur Bayern während der Weimarer Zeit den Weg der Schaffung einer Zwangsversorgung betreten. Das Gesetz vom 16. 8. 1923 schuf für die Ärzte eine berufliche Pflichtversicherung in Gestalt der Bayerischen Versicherungskammer, die auch die Versorgung weiterer Berufe übernahm. Wenn in der Zeit der nationalsozialistischen Herrschaft die Reichsärzteordnung vom 13. 12. 1935 in § 46 Abs. 2 Satz 3 eine Grundlage für die Schaffung einer Versicherung für Ärzte durch Anforderungen der Reichsärztekammer schuf, so ist es wohl richtig, daß damit kein nationalsozialistisches Gedankengut zum Gesetz erhoben wurde,[1] aber es ist unverkennbar, daß diese Regelung von der andersgearteten Auffassung des Dritten Reiches vom Wesen der freien Berufe beeinflußt wurde. Sie wurden als gebundene Berufe einer strengen staatlichen Aufsicht und einer inneren Bindung und politischen Ausrichtung unterworfen, die sie tatsächlich in eine Abhängigkeit vom Staate versetzte. Die Einführung einer Zwangsaltersversorgung mochte mit dieser gewandelten Grundauffassung der wissenschaftlichen Berufe übereingehen, kann aber nicht ohne weiteres als Bestandteil des fortgeltenden Ärzterechtes angesehen werden.[2] Die bestehenden Einrichtungen über eine öffentlichrechtliche Zwangsversicherung werden vielmehr vom Boden des heutigen Rechtes, des Grundgesetzes und seiner wirtschaftsrechtlichen Normsetzungen, beurteilt werden müssen.[3]

### 2. Die Landesgesetzgebung seit 1945

In der Zeit nach 1945 ist in Württemberg-Hohenzollern eine Zwangsversorgung für Ärzte, Zahnärzte und Dentisten durch das Gesetz vom 2. 8. 1951 (RegBl. S. 83) über die Versorgungsanstalt für Ärzte, Zahnärzte und Dentisten geschaffen worden. Es bestehen Entwürfe für die Ausdehnung dieses Gesetzes auf das ganze jetzige

[1] In diesem Sinne auch OVG Münster vom 8. 8. 1951 ÖV 1952 S. 440.

[2] Das OVG Münster bejaht die Vereinbarkeit des § 46 Abs. 2 Satz 3 mit nicht zureichenden Gründen: Die Zulässigkeit von Zwangsmitgliedschaft deckt noch nicht eine Zwangsversorgung, und der Hinweis auf die Zulässigkeit ärztlicher Fürsorgeeinrichtungen betrifft wiederum eine andere Frage.

[3] *Adler* (Dt. Versicherungszeitschr. 9, 1953 S. 200 ff.) hält § 46 a.a.O. nicht mit Art. 2 Abs. 1 GG für vereinbar.

Staatsgebiet von Baden-Württemberg. Die Angehörigen dieser Berufe haben an die öffentlichrechtliche Anstalt Beiträge gestaffelt nach der Höhe ihres Einkommens zu leisten, die rund 7 % ihres Einkommens betragen sollen. Die Versorgungsleistungen werden in ihrer Höhe dem vorjährigen Beitragsaufkommen angepaßt und individuell in gewissem Umfang mit den Leistungen des einzelnen Teilnehmers in Beziehung gesetzt. Von einem Teilnehmer über die Durchschnittsabgabe geleistete Beiträge kommen ihm tatsächlich nicht zu Gute (§ 28 Abs. 4), wenn sie im Gesamten der Beitragszeit den Durchschnitt übersteigen.

Einige andere Staaten haben in ihren Gesetzen für die mit dem Gesundheitswesen verknüpften freien Berufe die Möglichkeit der Einführung von Zwangsversorgungseinrichtungen im Zusammenhang mit dem Kammerwesen vorgesehen. Das Gesetz des Landes Nordrhein-Westfalen vom 5. 2. 1952 (GVBl. S. 16) gestattet den Kammern für Ärzte, Apotheker, Tierärzte, Zahnärzte und Dentisten in § 5 g) Fürsorgeeinrichtungen, aber auch Versorgungseinrichtungen für die Kammerangehörigen und deren Familienmitglieder zu schaffen. Das Gesetz des Landes Rheinland-Pfalz vom 1. 4. 1953 (GVOBl. S. 33) gewährt den Kammern für die gleichen Berufe die Ermächtigung zur Regelung der Alters-, Invaliden- und Hinterbliebenenversorgung. Endlich erlaubt Schleswig-Holstein den Kammern der Ärzte, Zahnärzte und Apotheker und Tierärzte Fürsorge- und Versorgungseinrichtungen zu schaffen.

Andere Länder haben hingegen den Kammern nur die Befugnis zur Schaffung von Fürsorgeeinrichtungen erteilt. Das gilt für Hamburg (Ärztekammergesetz vom 28. 7. 1949 § 4) und Niedersachsen (Gesetz über die Standesvertretungen der Ärzte, Apotheker, Tierärzte, Zahnärzte und Dentisten vom 1. 12. 1950). Es bedarf keiner näheren Ausführung, daß Fürsorgeeinrichtungen in diesem Zusammenhang nur Veranstaltungen der Kammern darstellen, durch die unter Aufwendung begrenzter Mittel in besonderen Notfällen Beihilfen oder Renten ausgesetzt werden.

### 3. Entwurf einer bundesrechtlichen Regelung des Kassenarztrechts

Versorgungseinrichtungen mit Zwangscharakter sind in neuerer Zeit auch von kassenärztlichen oder kassenzahnärztlichen Vereinigungen geschaffen worden.[4] Im Zusammenhang hiermit steht der Entwurf einer Novelle zur Reichsversicherungsordnung über die Beziehungen zwischen den Ärzten und Zahnärzten zu den Krankenkassen; er weist in § 368 lit. i Abs. 10 die kassenärztlichen Vereinigungen an, unter Beachtung versicherungsmathematischer Grundsätze Bestimmungen aufzunehmen über „eine ausreichende auf die Dauer gesicherte Invaliditäts-, Alters- und Hinterbliebenenversorgung ihrer Mitglieder“. Dieser Entwurf wurde als Drucks. Nr. 3904 vom 26. 11. 1952 in der 1. Wahlperiode des Bundestags eingebracht. Im Bundesrat (96. Sitzung vom 21. 11. 1952 S. 552) wurde die Zuständigkeit des Bundes nach Art. 74 Ziff. 12 (Sozialversicherung) in Zweifel gezogen und es traten Bedenken gegen die Betrauung der kassenärztlichen Vereinigungen mit Versorgungsaufgaben hervor. Nachdem der Entwurf erneut als Drucks. Nr. 87 dem 2. Bundestag am 24. 11. 1953 zugeleitet worden war, nahm der Bundesrat in seiner 118. Sitzung vom 22. 1. 1954 (S. 13) nochmals kritisch zu dem Projekt Stellung. Es wurden Bedenken dagegen geäußert, ob nicht der Bund durch ein solches Gesetz die berufsständische Ordnung der freien Berufe untergrabe, deren Regelung Sache der Länder sei.

## II. Die Natur der berufsständischen Zwangsversorgung

### 4. Grenzen der berufsständischen Ordnung

Bei der Erörterung der innerhalb eines Berufsstandes aufgebauten Zwangsversorgung wird in der Regel davon ausgegangen, daß es sich hier um ein Element der berufsständischen Ordnung handele, so wie die Standesdisziplin, die Berufsfortbildung oder ähnliche Fragen. Auch die Gerichte, soweit sie sich mit diesem Problem in neuerer Zeit befaßt haben, neigen teilweise dieser Anschauung zu. Das OVG. Münster[4] führt eine Zwangsversorgung einfach auf ein „gesundes Standesbewußtsein“ zurück, rechnet sie also schlechthin zu den berufsständischen Aufgaben, die von den entsprechenden Organisationen übernommen werden können. Sorgfältiger hat bereits der bayerische VerfGH.[5] zwischen solchen Aufgaben der beruflichen Organisationen unterschieden, die in den Bereich der Berufsordnung fallen und wirtschaftlichen Zwecken und Aufgaben.

In der Tat liegt hier ein entscheidender Punkt für die Beurteilung einer beruflichen Alterszwangsversorgung. Das Wesen einer berufsständischen Organisation beschränkt sich in einer freien Wirtschaftsordnung notwendig auf einen begrenzten Kreis von beruflichen Fragen, zu denen die wirtschaftliche Sicherung des einzelnen Berufsangehörigen nicht gehört. Das wird im nächsten Abschnitt noch näher darzulegen sein. Es handelt sich in Wirklichkeit bei den Versorgungsregelungen im Zwangswege um Vorkehrungen, die auf dem Gebiete der Sozialversicherung liegen. Ich stimme mit Ipsen (Gut-

---

[4] ÖV 1952 S. 440.

[5] Urt. v. 20. 7. 1951 VerwRspr. 3 S. 261, 271. Vgl. ferner Urt. v. 7. 12. 1951 VerfGHE 4 Teil II S. 219.

achten C I) durchaus darin überein, daß wir hier eine Angelegenheit vor uns haben, die der Sozialversicherung zuzurechnen ist.[6]

### 5. Der Begriff der Sozialversicherung

Der Bereich der Sozialversicherung umfaßt heute diejenigen staatlichen Einrichtungen, durch die — unter Verwendung von selbständigen öffentlichrechtlichen Rechtsträgern, in der Regel Anstalten — für die sozial schwächeren Schichten ein Schutz gegen die Wechselfälle des Lebens und den Fortfall der Erwerbsfähigkeit durch Krankheit oder Alter dargeboten wird, dessen Ausmaß unter sozialen Rücksichten, ggf. unter zusätzlicher Hilfe des Staates d. h. der Allgemeinheit, bestimmt wird. Mag ursprünglich der Versicherungsgedanke, d. h. die Inbezugnahme von Leistung und Gegenleistung, stärker betont gewesen sein, in der Gegenwart und seit langem wird der Versicherungsgedanke mit seiner Abstufung der Leistungen der Versicherung nach den dargebrachten Beiträgen ergänzt, wo nicht verwandelt, durch die Idee der staatlichen Obsorge für die sozial Schwächeren d. h. durch den Versorgungsgedanken. Es kann hier dahingestellt bleiben, wieweit diese beiden Elemente, der Gedanke einer Versicherung d. h. einer Verlagerung des Risikos von Lebensvorgängen auf eine Vielfalt von Fällen und der der Fürsorge d. h. der aus Mitteln der Allgemeinheit gespeisten staatlichen sozialen Hilfe in der heutigen Gestaltung der deutschen Sozialversicherung sich ausprägen. Daß sie sich jedenfalls von einer bloßen Fürsorge abhebt, ist ohne weiteres anzuerkennen.[7] Die charakteristischen Merkmale der heutigen deutschen Sozialversicherung liegen in der Abstellung auf den Schutz bestimmter nach dem Gesichtspunkt sozialer Bedürftigkeit abgegrenzter Gruppen der Bevölkerung und in dem Gedanken einer allgemeinen Abdeckung gegen die Wechselfälle des Daseins, der Lebenssicherung. Aus Einzelmerkmalen wie der Zwangsmitgliedschaft oder der Beitragsbeteiligung von Arbeitgebern lassen sich, auch wenn man nicht der Meinung von Moeller[8] beipflichten kann, der die Sozialversicherung überhaupt nur positivrechtlich-organisatorisch abgrenzen möchte, keine

---

[6] Dieser Zusammenhang ist früher auch zutreffend bereits erkannt worden von *Feuchtwanger,* Die freien Berufe 1922 S. 266 ff. und *Finger,* Die Sendung des Rechtsanwalts 1930 S. 140.

[7] *Rohrbeck* in: Gegenwartsfragen sozialer Versicherung (Schriften der Hochschule für Arbeit, Politik und Wirtschaft, Wilhelmshaven) 1950 S. 18. Zur grundsätzlichen Unterscheidung der Sozialversicherung von der privatrechtlichen Versicherung unter der Zielsetzung des „Sozialen", des Verzichts auf die Gegenleistung, siehe Peter *Saxer,* Die AHV-Ausgleichskassen als neue Organisationsform der schweizerischen Sozialversicherung (Abhandlungen zum schweizerischen Recht Nr. 301) 1953 S. 30.

[8] *Moeller,* Gegenwartsfragen sozialer Versicherung 1950 S. 74 ff.

sicheren Anhaltspunkte gewinnen. Es sind jene beiden Punkte, Hilfe für die sozial Schwächeren und umfassende Risikosicherung, die entscheidend sind. In diesem Sinne hat sich auch der BGH. in zwei neueren Entscheidungen ausgesprochen.[9] Die Einzelheiten dieser Urteile betreffen freilich eine technische Definition der Sozialversicherung, nämlich die Begünstigung des Umstellungsverhältnisses der „Sozialversicherung“ gegenüber der privatrechtlichen Versicherung in § 23 UmstG. Aus dem Sinne dieser Vorschrift ergibt sich eine enge Umgrenzung des Begriffs der Sozialversicherung, die für andere Zusammenhänge nicht ohne weiteres maßgeblich sein kann. In den grundsätzlichen Feststellungen aber decken sich die Urteile mit den hier vertretenen Auffassungen. Der BGH. erkennt in beiden Entscheidungen an, daß zum Gebiet der Sozialversicherung nicht nur die Tätigkeit der eigens hierfür geschaffenen Sozialversicherungträger der Reichsversicherungsordnung gehören, sondern auch andere Einrichtungen, sogar privatrechtlicher Art, wenn sie der gleichen Aufgabe dienen und Ersatzfunktionen haben. Das letztere Merkmal der Ersatzfunktion kann hier als ein technischer Gesichtspunkt, der für die Auslegung des § 23 UmstG. herangezogen wurde, beiseitebleiben. Der BGH. definiert die Sozialversicherung dadurch, „daß sie ihre Fürsorge auf ganz bestimmte Bevölkerungsschichten richtet, die wegen ihrer wirtschaftlichen Schwäche zu eigener Fürsorge nicht fähig sind und die eine Sicherung gegen die Wechselfälle des Lebens am nötigsten haben“.[10]

Diese Merkmale treffen auf die berufsständische Zwangsversorgung durchaus zu. Daß es sich um eine Zwangsversicherung in öffentlichrechtlicher Form handelt, ist nicht entscheidend, sondern daß diese Versicherung aus Gründen der sozialen Schwäche dieser Gruppe geschaffen werden soll, weil sie sich selbst nicht aus eigener Kraft gegen die Wechselfälle des Lebens zu sichern imstande sein soll. Der Kreis der in die allgemeine Sozialversicherung einbezogenen Personen hat sich im Laufe der neueren Zeit immer mehr erweitert und hat nunmehr auch solche Gruppen einbezogen, die ein etwas höheres Einkommen erreichen und die teilweise auch nicht mehr zu den Unselbständigen im Arbeitsleben gehören, sondern wirtschaftlich selbständig sind, aber sozial stützungsbedürftig erscheinen.[11] Eben dieser Umstand liegt auch bei denjenigen freien Berufen nach Ansicht der Anhänger einer Zwangsversorgung vor, für die eine öffentlichrechtliche Altersversorgung angestrebt wird.

[9] BGH 4, 197 und 208.

[10] BGHZ 4 S. 203. Ähnlich spricht BGHZ 4 S. 217 von „Zugehörigkeit zu ganz bestimmten sozialen Bevölkerungsklassen“.

[11] Vgl. Schieckel, Gegenwartsprobleme der Sozialversicherung 1948 S. 94 f.

Das OVG. Münster[12] hat im Hinblick auf das ärztliche Versorgungswesen in Westfalen von der „Notwendigkeit sozialer Schutzmaßnahmen“ gesprochen. Der Bayerische VerfGH.[13] verweist darauf, die Ärzteversorgung sei geschaffen, um einen Berufsstand „vor dem Absinken in eine soziale Notlage zu schützen“. Wenn für einen freien Beruf eine Zwangsversorgung wegen seiner gesunkenen Leistungskraft und der Unfähigkeit vieler Mitglieder, sich aus Eigenem eine Versorgung zu schaffen, angestrebt wird, so gehört diese Einrichtung demnach zum Gebiete der Sozialversicherung.

### 6. Sozialisierung und Wohlfahrtsstaat

Daraus ergeben sich wichtige Folgerungen. Es kann dahingestellt bleiben, ob mit dem hier gezeichneten Bilde der Sozialversicherung im deutschen Recht eine ständige Erweiterung des Kreises der Versicherungspflichtigen auch über den Bereich sozialer Bedürftigkeit hinaus vereinbar ist. Jedenfalls würde die Einführung einer allgemeinen, das ganze Volk einschließenden Altersversorgung einen tiefen Engriff in das Ordnungsgefüge der Wirtschaft bedeuten, wie es — gewiß nur in einzelnen Grundzügen und Sätzen — das Grundgesetz festlegt. Nach dem Aufbau des Grundrechtsteiles des Grundgesetzes kann kein Zweifel sein, daß das Vorhandensein einer freien Wirtschaftsordnung vorausgesetzt wird und daß eine durchgängige Planung und Lenkung des wirtschaftlichen Lebens mit dem Grundgesetz nicht in Einklang stehen würde (vgl. Art. 2, 9, 12 usw.). Damit ist auch einer Entwicklung zum Wohlfahrtsstaat eine Grenze gezogen.[14]

---

12 ÖV 1952 S. 440.

13 VGHE 4 Teil II S. 239. Wo hingegen der Zweck der Versorgung wie bei den Redakteuren der war, ihnen gegenüber den Zeitungsverlegern eine Unabhängigkeit zu verschaffen, verneint der BGH das Vorliegen einer Sozialversicherung (BGHZ 4 S. 217/18).

14 Manche (z. B. *Nipperdey*, Recht — Staat — Wirtschaft Bd. 3 [1951] S. 228) nehmen geradezu an, das Grundgesetz lege in seinen Bestimmungen ein Wirtschaftssystem des freien Wettbewerbs fest. Ich folge dieser Auffassung nicht, aber die grundrechtlichen Bestimmungen des Grundgesetzes lassen klar erkennen, daß nach der Anschauung des Grundgesetzes ein Bereich persönlicher und wirtschaftlicher Freiheit unter allen Umständen gesichert bleiben und der Übergang zu einer umfassenden Lenkung und Planung des individuellen und wirtschaftlichen Lebens ausgeschlossen werden soll. Vgl. in diesem Sinne *Reinhardt* in Reinhardt-Scheuner, Verfassungsschutz des Eigentums 1954 S. 14; H. *Krüger* DVB 1951 S. 365 f.; *Menger*, Der Begriff des sozialen Rechtsstaates im Bonner Grundgesetz 1953: „Als Wohlfahrtsstaat, gleichgültig welcher Prägung, ist die Bundesrepublik nämlich nicht angelegt“. In der Wertung des Grundgesetzes kommt den Freiheitsrechten, die einen Grundbereich persönlicher, sozialer und wirtschaftlicher Freiheit sichern, ein Vorrang vor denjenigen Sachnormen zu, die diese Freiheiten einschränken. Es ist auf eine freiheitliche Sozial- und Wirtschaftsordnung hin ausgerichtet.

### 7. Die systematische Geschlossenheit der bundesrechtlichen Gesetzgebung zur Sozialversicherung

Wenn die Materie der Zwangsversorgung einzelner Bevölkerungsgruppen und Berufe in den Bereich der Sozialversicherung gehört, so fällt die Gesetzgebung darüber in den Bereich der konkurrierenden Bundeszuständigkeit nach Art. 74 Ziff. 12 GG. Wenn im Bundesrat die Auffassung geäußert worden ist (der Vertreter Niedersachsens Dr. Auerbach in der 96. Sitzung vom 21. 11. 1952 S. 552), die Versorgungsregelung in einem freien Berufe falle nicht unter den Begriff der Sozialversicherung, so beruht das, wie die Ausführungen des bayerischen Vertreters Dr. Seydel in der 118. Sitzung vom 22. 1. 1954 (S. 16) erkennen lassen, offenbar auf der Meinung, die gesetzliche Ordnung der freien Berufe gehöre zum kulturellen Bereiche, der den Ländern vorbehalten sei. Ich vermag dieser Anschauung nicht beizutreten. Die in das Gebiet der berufsständisch-kulturellen Angelegenheiten der freien Berufe fallenden Angelegenheiten sind diejenigen, die mit der Ordnung und Disziplin in diesen Berufen unmittelbar zusammenhängen, nicht aber ihre wirtschaftliche Existenz und die sozialen und wirtschaftlichen Fragen ihrer Erwerbstätigkeit. Ebensowenig wie zum spezifischen Berufsrecht der freien Berufe das allgemeine Recht der Vorsorge gegen gemeingefährliche Krankheiten oder das Heilmittelwesen gehört, zählt dazu das Arbeitsrecht der von den selbständigen Angehörigen freier Berufe beschäftigten Hilfspersonen, deren Sozialversicherung, aber auch die Einbeziehung der Mitglieder freier Berufe selbst in den Bereich der Sozialversicherung (Art. 74 Ziff. 12 und 19). Das Gebiet der Sozialversicherung, d. h. der umfassenden öffentlichen Vorsorge gegen die Wechselfälle des Lebens im Wege einer allgemeinen zwangsweisen Einrichtung unter sozialen Gesichtspunkten zugunsten sozial schwächerer Kreise fällt nicht in den Bereich der berufsständischen Ordnung.

An sich könnte es den Ländern gestattet sein, auf dem Gebiet der konkurrierenden Gesetzgebung ihrerseits, soweit der Bundesgesetzgeber noch keine Regelung getroffen hat, nach eigenem Ermessen ergänzende Vorschriften zu schaffen. Das Gebiet der Sozialversicherung stellt aber im deutschen Recht ein zusammenhängendes System dar, das in der Kodifikation der Reichsversicherungsordnung und anderen bundesrechtlichen Normen eine abschließende systematische Regelung erfahren hat. Daneben ist für landesrechtliche Eingriffe kein Raum mehr. Man muß sich gegenwärtig halten, daß jede Erweiterung des Kreises der Sozialversicherungspflichtigen — nicht zuletzt wegen der mehr oder weniger mit ihrer Einbeziehung verbundenen potentiellen Inanspruchnahme allgemeiner Steuermittel und der anderen damit verbundenen weitreichenden sozialen und einkommensmäßigen Folgen — im Bundesrecht von ausgedehnten Erörterungen begleitet zu sein pflegt, die zeigen, daß jeweils das Ganze des Sozialversicherungssystems als eine Einheit vor Augen steht. Wenn in neuerer Zeit auch Gruppen von wirtschaftlich Selbständigen in die Sozialversicherung einbezogen wurden, so beruhte das jeweils auf sorgsamen Überlegungen in diesem Gesamtrahmen. Für eine spezielle Gruppe, das Handwerk, hat der Gesetzgeber in dem Handwerkeraltersversorgungsgesetz vom 21. 12. 1938 eine besondere Regelung getroffen, die zwar die Handwerker einer Zwangsversicherung unterwirft, ihnen aber die freie Wahl läßt, statt des vorgesehenen Beitritts zur Angestelltenversicherung eine Lebensversicherung abzuschließen oder beide Arten der Sicherung zu verbinden.[15] Wenn hier der Gesetzgeber den Kreis der Versicherungspflichtigen in den Bereich der Selbständigen hinein erweitert hat, so hat er in wohlberechneter Weise die Eigenverantwortung des selbständig Wirtschaftenden nicht angetastet, sondern auch im System eines öffentlichrechtlichen Versicherungszwanges freie Gestaltungen der sozialen Sicherung offengelassen. Gerade dies Gesetz zeigt, daß jede Erweiterung des Kreises der Versicherungspflichtigen eine grundsätzliche Stellungnahme bedeutet, bei der jeweils besondere, der sozialen und wirtschaftlichen Sonderart des neu einbezogenen Kreises angepaßte Überlegungen angestellt werden müssen. Daraus aber erhellt, daß der Bundesgesetzgeber seit langer Zeit den Umkreis der Versicherungpflichtigen erschöpfend und abschließend geregelt hat. Würde es den Ländern freistehen, nach eigenem Gutdünken neue Berufskreise und Bevölkerungsgruppen jeweils sozialversicherungspflichtig zu machen, so würde nicht nur der ganze Aufbau des Sozialversicherungssystems beeinträchtigt und verwirrt, es würden auch einkommensmäßige, soziale und wirtschaftliche Folgen eintreten, die über die Zuständigkeit der Länder im Hinblick auf Art. 74 Ziff. 12 wie andere vom Bunde bereits abschließend geregelte Gebiete wie die Besteuerung des Einkommens und das Arbeitsrecht hinausgehen würden. In der Zuständigkeit der Länder zur Regelung des Berufsrechts der freien Berufe liegt eine solche Zuständigkeit, wie noch darzulegen sein wird, in keiner Weise.

### 8. Einwirkung einer Zwangsversorgung auf die wirtschaftliche Lage eines Berufes

Es wird meist übersehen, daß die Einführung einer Zwangsversorgung für einen Berufszweig sehr tiefgehende wirtschaftliche Eingriffe mit sich bringt, ganz im Unterschied etwa zu der Einfüh-

---

[15] Vgl. näher *Ipsen*, Gutachten C 3; *Adler*, Dt. Vers.Zeitschr. 1953 S. 204.

rung einer Verpflichtung einer Zwangsversicherung für isolierte und geringere Risiken. Wenn etwa der Kraftfahrer zum Eingehen einer Unfallversicherung oder der Fuhrunternehmer zu einer Transportversicherung rechtlich angehalten werden, so bedeutet das eine gewisse Unkostenerhöhung, aber keine Veränderung ihres ganzen wirtschaftlichen Status. Wenn aber in einem Berufe, dessen Durchschnittseinkommen wie das der Kassenärzte auf etwa 15 000 DM angegeben wird und der daher bei einer Normalfamilie von vier Köpfen im Höchstfall (unter Berücksichtigung der Mindestabzüge) 2700 DM Steuern oder 18 % voraussichtlich infolge der Absetzungsmöglichkeiten aber weniger zahlt, eine zusätzliche Belastung von 7 % jährlich hinzutritt, die bei einem höheren als durchschnittlichen Einkommen nicht durch entsprechende soziale Gegenleistungen aufgewogen werden, so kann man von solchen tiefgreifenden Einwirkungen auf die wirtschaftliche Lage des Einzelnen sprechen. Es macht das Wesen einer unter sozialen Gesichtspunkten stehenden Zwangsaltersversorgung aus, wie sie in den Vorschlägen vertreten werden, daß man von dem privatversicherungsrechtlichen Grundsatz des Entsprechungsverhältnisses von Leistung und Gegenleistung absieht, daß vielmehr soziale Gesichtspunkte den Ausschlag geben. Vor dieser Notwendigkeit, vom Gegenleistungsprinzip abzugehen, steht bekanntlich jede soziale Versorgung.[16] Sie muß die höheren Einkommensstufen höher belasten, um Mittel für die sozial Schwächeren zu gewinnen. Die Relation wird weiter verschoben, wenn man — wie in den Planungen beabsichtigt — vom Kapitaldeckungsprinzip absieht, und — abgesehen von der Bereitstellung eines gewissen Deckungsfonds — auf das Umlageprinzip zurückgreift. Hier wird den Mitgliedern des Berufsstandes, vorab den Jüngeren, eine Last in der Versorgung einer möglicherweise zahlenmäßig stärkeren Altersgeneration übertragen, die vielleicht bei der Annahme weiterer Zunahme der Berufsangehörigen tragbar, bei einer Abnahme aber erdrückend werden muß, oder aber in einer enttäuschenden Minderung der sozialen Leistungen enden wird.

Diese Einwirkungen auf die wirtschaftliche Lage des einzelnen Berufsangehörigen berühren, wie noch darzulegen sein wird, den Grundsatz der Gleichheit in doppelter Weise. Einmal kann die Gründung einer Zwangsversorgung für einen Berufsstand oder einen Teil desselben eine merkbare Ungleichheit herbeiführen. Es liegt im Wesen der Sozialversicherung als einer unter sozialen Gesichtspunkten stehenden Versorgung für wirtschaftlich Schwächere, daß die Last tunlichst auf breiteste Schultern gelegt wird. Tatsäch-

---

[16] Die maßgebenden Gesichtspunkte sind für die schweizerische allgemeine Altersversorgung auseinandergesetzt bei Peter *Saxer* a.a.O. S. 29 ff.

lich gewährt heute bereits die Allgemeinheit erhebliche Mittel zur Aufrechterhaltung des Systems. Wenn demgegenüber ein Berufsstand ohne diese Möglichkeit einer breiten Ausgleichung und ohne jede staatliche Förderung für sich selbst die Last tragen soll, so kann darin gegenüber der allgemeinen Sozialversicherung, die seine Mitglieder zugleich noch mit über die Steuer finanzieren, eine Benachteiligung liegen. Zum anderen aber können Ungleichheiten innerhalb des Berufsstandes entstehen, auf der einen Seite im Blick auf die aus der Notlage der Gegenwart erwachsene „Altlast", vor allem aber dadurch, daß die Versorgung landesrechtlich aufgebaut wird, also von vornherein auf einer zu schmalen und bei der wirtschaftlichen Ungleichheit der Länder nicht unbedenklichen Basis. Gerade dieser Gesichtspunkt eines breiten Ausgleichs spricht in besonderem Maße dagegen, daß Sozialversicherungszweige länderweise aufgebaut werden.

### 9. Strukturwidrigkeit einer Einbeziehung der freien Berufe in die soziale Versorgung

Auch wenn man eine solche Zwangsversorgung eines Berufes in den Rahmen eines Bundesgesetzes stellt, und damit einige der soeben erwähnten Bedenken entfallen, bleiben die Bedenken, ob nicht die Einbeziehung eines Kreises von Selbständigen in den Bereich einer besonderen Versicherungspflicht eine strukturwidrige Ausweitung des Sozialversicherungssystems darstellt. Soweit einzelne Gruppen wirtschaftlich Selbständiger bislang in die Sozialversicherung eingegliedert wurde, handelt es sich um Schichten mit geringem Einkommen. Die Einbeziehung der freien Berufe in das Gesamtsystem der deutschen Sozialversicherung, wenn auch in einer besonderen Form, würde eine grundsatzwidrige Aufgabe der Beschränkung des Sozialversicherungssystems auf wirtschaftlich Unselbständige bedeuten.

### 10. Rechtsformen der Einführung einer Zwangsversorgung

Grundsätzliche rechtliche Bedenken müssen vor allem gegen die Form erhoben werden, in der die Einführung einer Zwangsversorgung in manchen bestehenden Landesgesetzen sowie einzelnen Planungen vorgesehen ist. Hier wird nicht die Versorgung durch Gesetz eingeführt, sondern es wird — vgl. nordrhein-westfälisches Kammergesetz vom 5. 2. 1952 § 5 lit. g; rhein-pfälzisches Kammergesetz vom 1. 4. 1953 § 8 Ziff. 3; schleswig-holsteinische Gesetze vom 18. 12. 1953 — den Kammern für Ärzte, Zahnärzte usw. die Ermächtigung erteilt, solche Einrichtungen zu schaffen, indem die Errichtung von Versorgungseinrichtungen als Aufgabe der Kammern bezeichnet wird. Soweit diese Ermächtigung sich auf bloße Einrichtungen der Fürsorge beziehen, gehören sie zu dem herkömmlichen und nicht in das wirtschaftliche Gebiet übergreifenden Befugnissen derartiger berufsständischer Kammern. Anders steht es bei den Einrichtungen einer Altersversorgung d. h. der sozialen Versicherung oder Versorgung. Selbst wenn es statthaft wäre, daß die Länder derartige Einrichtungen für einzelne Berufsstände errichteten, so dürfte dies nicht in der Form einer unbestimmten Ermächtigung an eine öffentlichrechtliche Körperschaft geschehen. Bei der dargelegten außerordentlich großen Tragweite einer solchen Einrichtung für das ganze System der Sozialversicherung dürfte eine solche grundsätzliche Entscheidung überhaupt dem Gesetzgeber vorzubehalten sein. Es wäre schon zweifelhaft, ob sie dem Verordnungswege überlassen werden könnte. Körperschaften kann gewiß der Gesetzgeber eine Autonomie verleihen. Es versteht sich aber in einem Rechtsstaate von selbst, daß diese Autonomie begrenzt sein muß und keine grundsätzlichen Änderungen des Aufgabenbereichs und der Natur der betr. Körperschaft einschließen kann. Die Einführung einer Zwangsversorgung ändert das Wesen einer berufsständischen Kammer in grundlegender Weise ab, sie ist, wie darzulegen sein wird, mit ihrer Natur unvereinbar. Sie würde zudem, da die soziale Versorgung die Errichtung einer besonderen rechtsfähigen Anstalt voraussetzen dürfte, die Ermächtigung in sich schließen müssen, eine derartige Einrichtung zu schaffen. Ob die Subdelegation einer solchen Befugnis statthaft ist, bleibt zweifelhaft.

In der deutschen Rechtslehre ist bisher dem Grundsatz der rechtlichen Grenzen der den öffentlichen Körperschaften verliehenen Autonomie nur geringe Beachtung geschenkt worden, weil in der Regel der Staat an sich solche Rechtsetzungsbefugnisse in engen Grenzen hält. Ebenso aber, wie man heute für die Verordnungen aus dem Gedanken des Rechtsstaates die Forderung ableitet, daß sie nur in beschränktem Umfang zulässig sind,[17] so gilt das in erhöhtem Maße für die Zuweisung von autonomen Befugnissen für öffentliche Körperschaften oder Rechtsetzungsermächtigungen für öffentliche Anstalten. Dieser Grundsatz läßt sich aus dem Rechtsstaatsprinzip des Art. 20 GG. unter dem Ausblick auf die Bestimmung des Art. 80 GG. ableiten.[18] Rechtsetzungsbefugnisse dürfen solchen vom Staate errichteten Körperschaften und Anstalten nur

---

[17] Fr. *Klein* in: Die Übertragung rechtsetzender Gewalt im Rechtsstaat (Veröff. d. Instituts zur Förderung öffentl. Angelegenheiten 12) 1952 S. 58 ff.

[18] Zum rechtsstaatlichen Gebot der Beschränkung gesetzgeberischer Delegationen siehe Max *Imboden,* Das Gesetz als Garantie rechtsstaatlicher Verwaltung Basel 1954 S. 22 f., 43.

in beschränktem Rahmen und keinesfalls für grundsätzliche Entscheidungen von der Tragweite der Einführung einer Sozialversicherungspflicht für einen ganzen Berufszweig erteilt werden, die das gesamte System der Sozialversicherung berühren.[19] Die in den genannten Gesetzen den Kammern erteilten Ermächtigungen zur Einführung einer Altersversorgung sind demnach nicht als gültige Normen anzusehen.

## III. Die Stellung der freien Berufe und die Grenzen berufsständischer Ordnungen

### 11. Wesen und Stellung der freien Berufe

Es ist nunmehr die Frage zu untersuchen, ob die Einführung einer Zwangsaltersversorgung zum Bereich einer berufsständischen Ordnung gehört. Als Einführung einer Zwangsaltersversorgung wird hier eine Form der sozialen Sicherung bezeichnet, die auf dem Gedanken eines öffentlichrechtlichen Versicherungszwanges und einer Durchführung der Versicherung unter dem Gesichtspunkt nicht der privatrechtlichen Gegenleistung, sondern eines kollektiven Ausgleichs unter sozialen Gesichtspunkten beruht.

Die freien Berufe nehmen im wirtschaftlichen und sozialen Leben Deutschlands eine Stellung ein, die sie dem Kreise der auf der Grundlage der Selbstverantwortung und des Wettbewerbes tätigen wirtschaftlich Selbständigen zuweist. Nicht alle Berufszweige, die heute zu den freien Berufen zählen, sind zu allen Zeiten in dieser Stellung gewesen und auch heute noch finden sich Unterschiede. Es gehört indes zum Wesen des freien Berufes, daß er zwar wegen seiner Bedeutung für die Allgemeinheit unter einer vom Staate überwachten Berufsordnung steht und in bestimmten begrenzten Richtungen staatlicher Regelung unterliegt (Gebührenwesen, Ausbildung usw.), im übrigen aber sich in den Bereich einer freien Wirtschaftsordnung einfügt. Die besondere Natur dieser Berufe, ihre wissenschaftliche Grundlage und die ihnen anvertrauten Funktionen, die zum Teile auch öffentlicher Natur sind, schließen eine Zurechnung zum Gewerbe aus. Sie sind aber auf der anderen Seite engstens mit einer freien Wirtschaftsordnung verbunden und ein integrierender Teil derselben. „Das Notariat“, so führt Hans Marti in seiner Darstellung des freien Berufsnotariats des Kantons Bern

[19] Im Unterschied zur deutschen Lehre ist das Problem der grundsätzlichen Begrenzung auch der Übertragung gesetzgebender Gewalt auf innerstaatliche Verbände (im Wege der Autonomie oder der Ermächtigung) in der schweizerischen Lehre ausgebildet. Vgl. Peter *Schneider* in: Die Übertragung gesetzgebender Gewalt im Rechtsstaat 1952 S. 397 ff.

aus,[20] „ist ein Beruf und keine Beamtung. Der bernische Notar steht zum Kanton in keinem beamtenrechtlichen oder beamtenähnlichen Verhältnis. Er übt die ihm übertragenen Funktionen als Beruf aus, auf eigene Verantwortung und auf eigenes wirtschaftliches Risiko; er ist ausschließlich auf die Gebühren der Personen angewiesen, die seine Dienste in Anspruch nehmen; vom Staat erhält er für die Erfüllung seiner amtlichen Obliegenheiten keine Entschädigung."

## 12. Wirtschaftliche Eigenverantwortung als Wesenszug des freien Berufes

Aus den hier angeführten Zügen baut sich das Bild der freien Berufe und ihrer Stellung innerhalb der heutigen auf wirtschaftlicher Freiheit beruhenden Ordnung des wirtschaftlichen Lebens auf. Infolge ihrer erhöhten Bedeutung für die Allgemeinheit und der Betrauung mit öffentlichen und sogar gegebenenfalls amtlichen Funktionen stehen diese Berufe innerhalb einer vom Staate getroffenen und in der Ausführung meist einer gewissen Selbstverwaltung der Berufe überlassenen Regelung, die Ausbildung, Fähigkeit, Berufspflichten und Disziplin dieser Berufe sichert. Betreffen diese Vorkehrungen die Art der Berufsübung und gewisse Seiten der beruflichen Sorgfalt und Verfahrensweise, so gehören die freien Berufe nach ihrer wirtschaftlichen Seite durchaus dem Bereich der freien Wirtschaftstätigkeit selbständiger Personen an. Die Betätigung in einem freien Berufe trägt, in einem kleinen Rahmen, gewissermaßen unternehmerische Züge. Sie wird darum auch in solchen Berufen, in denen sich dem fachlich vorgebildeten Juristen oder Arzt usw. auch andere beamtete Laufbahnen erschließen, gerade von denjenigen Personen gewählt und bevorzugt, die ein hohes Maß von Selbständigkeit, Tatkraft und Zutrauen in die eigene Fähigkeit besitzen, durch selbständige Tätigkeit zu einer besseren und freieren Lebensgrundlage zu gelangen. Es kann nicht verkannt werden, daß in neuerer Zeit gelegentlich hier Verschiebungen insofern aufgetreten sind, als der freie Beruf auch von solchen Bewerbern gewählt wird, die in andere Zweige ihres Faches keine Aufnahme gefunden haben und nur wegen des leichteren Zugangs die Tätigkeit im freien Berufe anstreben. Man darf diese Seite des Problems nicht überschätzen. Für die Erscheinung der freien Berufe sind also die Momente der unternehmerischen Selbständigkeit, der Selbstverantwortung hinsichtlich des wirtschaftlichen Erfolges der Tätigkeit und der individuellen Berufsführung (ggf. im Zusammenschluß einer kleinen Gruppe sich ergänzender Berufszu-

[20] Festschrift „Notar u. Recht", 1953, Sonderdruck S. 11.

gehöriger) maßgebend. Das korporative Element beschränkt sich bei ihnen auf gewisse fachlich-standesmäßige Seiten der Berufsführung, ergreift aber nicht die wirtschaftliche Seite dieser Tätigkeiten, die ganz einer freien individuellen Tätigkeit zugeordnet bleibt.

Die freien Berufe weisen in ihrer seit etwa einem Jahrhundert feststehenden durch zahlreiche Gesetze des Reiches (Bundes) und der Länder immer wieder in diesem Sinne gestalteten Status ein bestimmtes herkömmliches Berufsbild auf. Es ist das Berufsbild von Berufsstellungen, die trotz gewisser Elemente öffentlicher Aufsicht entschieden zum Kreise der nichtbeamteten selbständigen Tätigkeiten gehören und die in ihrer ganzen Haltung und Einstellung in besonders nachdrücklicher Weise mit den Grundlagen einer freiheitlichen Wirtschafts- und Berufsordnung verknüpft sind. Die Bedeutung, die dem *Berufsbilde* für das heutige Wirtschaftsrecht, vor allem auch für die Auslegung des Art. 12 GG. zukommt, ist in der Rechtsprechung allgemein anerkannt.[21] In einem freiheitlichen Berufsrecht, wie es Art. 12 GG. für unser gegenwärtiges Verfassungsrecht bindend festlegt, können dem Berufsbilde einerseits herkömmliche Regulierungen und auch Beschränkungen entnommen werden, andererseits aber auch ebensowohl die Unzulässigkeit gegewisser Beschränkungen und Bindungen, für die nicht die in Art. 2 und 12 GG. gegebenen Voraussetzungen zur Begründung von Freiheitsbeschränkungen angeführt werden können.[22]

## 13. Widerspruch der Zwangsversorgung zum Berufsbild der freien Berufe

Das Berufsbild bildet jeweils in seiner ganzen Gestaltung eine aufeinander abgestimmte Ordnung, eine Gesamtregelung, deren Grundbestandteile miteinander zusammenhängen. Man kann daher nicht einen Baustein aus diesem Bau entfernen, ohne zugleich das Gesamtbild zu verändern. Das Bundesverfassungsrecht hat in seiner Entscheidung zum Berufsrecht des Schornsteinfegergewerbes[23] diesen Standpunkt nachdrücklich hervorgehoben. „Die Gesetzesbegrün-

---

[21] Zur Bedeutung des Berufsbildes vgl. *Friesenhahn* NJW 1949 S. 70; *Schierhölt* ÖV 1950 S. 69; *v. d. Heide* BB 1950 S. 84; *Uber*, Freiheit des Berufes 1952 S. 91/92. Aus der Rechtsprechung OVG Hamburg DVBl. 1951 S. 387; OLG Tübingen DVBl. 1950 S. 213; OVG Lüneburg Entsch. 5 S. 281; BGH, Gutachten in Wirtschaft und Wettbewerb 3, 1953 S. 62. Auch das Bundesverwaltungsgericht spricht in seinem Urteil v. 15. 12. 1953, wenn auch mit einem gewissen Vorbehalt, vom Berufsbilde (DVBl. 1954 S. 260).

[22] So vor allem BVerwG a.a.O. S. 259: „Denn nur dadurch, daß die Freiheit der Berufswahl als Grundrecht anerkannt ist, unterliegen die gesetzlichen Bestimmungen über die Berufsausübung den Schranken, die dem Gesetzgeber für die Einschränkung von Grundrechten gesetzt sind."

[23] BVerfGE 1 S. 272.

dung betont", so führt der Gerichtshof aus, „daß das Berufsrecht der Schornsteinfeger nur auf drei Grundlagen ruhen könne, nämlich ...; daß diese Regelung eine Gesamtregelung sei, die ihren Sinn und ihre Rechtfertigung verlieren würde, nähme man einen dieser Bestandteile heraus. Ist dem aber so, dann geht es nicht an, die aufeinander abgestimmte Ordnung der Altersgrenze und der Altersversorgung zu zerreißen. Wenn, wie hier, die Altersversorgung ein notwendiger Bestandteil des rechtlichen Berufsbildes ist, dann kann auch sie in einer Gesamtregelung für dieses Handwerk nach Art. 74 Ziff. 11 ihren Platz finden." Selbstverständlich bedeutet diese Auffassung nicht, daß der Gesetzgeber nicht in der Lage wäre, bei sich ändernden Verhältnissen auch überlieferte Formen und Rechtslagen neu zu gestalten und zu verändern. Aber die Stellungnahme des Bundesverfassungsgerichtes erinnert daran, daß in dieser Hinsicht — ganz abgesehen von den verfassungsrechtlichen Grenzen der Art. 2 und 12 GG. — auch insofern rechtliche Grenzen bestehen, als die einzelnen Züge eines Berufsbildes aufeinander abgestimmt sind, einen Gesamtzusammenhang aufweisen, der bei maßgeblicher Veränderung des einen Zuges auch eine Wandlung der anderen Elemente erfordert. Zum Wesen der freien Berufe in ihrer heutigen Erscheinung gehört, daß in ihnen der Einzelne sein wirtschaftliches Risiko trägt, daß er in unternehmerischer Form auch seine gesamte Lebenssicherung übernimmt. Die Einführung einer Zwangsaltersversorgung könnte nicht erfolgen, ohne diese gesamten Grundlagen der freien Berufe in Mitleidenschaft zu ziehen. Sie würde notwendig zurückwirken einmal auf das Zulassungswesen, zum anderen auf das Gebührenwesen und die Berufspflichten. Mit einer Zwangsversorgung wird auf die Dauer eine freie Zulassung, etwa auch älterer, bald der Versorgung anheimfallender Berufsmitglieder, kaum vereinbar bleiben. Es ist bezeichnend, daß die neuesten Bestrebungen im Arztrecht eine Verbindung der kassenärztlichen Vereinigungen mit der Versorgung herstellen wollen, auf diesem Wege also die zahlenmäßige Regulierung des Berufszuganges tatsächlich erreichen. Es bedarf keiner näheren Ausführung, daß eine Zwangsversorgung das Problem der Vergütung der freien Berufe aufwirft, insbesondere soweit hier feste staatliche Ordnungen bestehen. Die Neigung, auf diese Weise eine Abwälzung erhöhter Lasten zu suchen, wird zweifellos auftreten können. Endlich aber wird dadurch die ganze Frage der Berufsdisziplin in ein neues Licht gerückt. Wenn ein Arzt in einer Versorgungsanstalt ist, wird dann nicht etwa eine so schwerwiegende Maßnahme wie der Ausschluß aus dem Berufe noch viel gewichtiger, weil damit die Versorgung verloren geht? Oder andernfalls, entsteht dann nicht gerade hier ein augenfälliges Mißverhältnis von Leistung und Gegenleistung?

Es unterliegt keinem Zweifel, daß die Einführung einer Zwangsversorgung keine isolierte Maßnahme darstellen kann. Sie wird auf die Dauer, wie Werner Weber richtig ausführt (Gutachten zu II und V), das ganze Berufsrecht der freien Berufe im Sinne einer Verbeamtung und Verstaatlichung beeinflussen und in Mitleidenschaft ziehen. Eine berufsständische Zwangsversorgung ist nur für einen Beruf auf die Dauer durchzuführen, dessen Mitglieder mehr und mehr auf einen einheitlichen typisierten Berufsstatus, auch in wirtschaftlicher Hinsicht, zurückgeführt werden. Sonst würden, wie noch auszuführen sein wird, die Verstöße gegen den Grundsatz der Gleichheit bei einer unter sozialen d. h. kollektivierenden und egalisierenden Gesichtspunkten erfolgenden Versorgung zu augenfällig sein. In dem angeführten Urteil des BVerfG. war die Zwangsversorgung der Schornsteinfeger mit einer Zwangsaltersgrenze verknüpft und hatte ihren letzten Grund darin, daß es sich bei den Kaminkehrern nicht um ein Gewerbe handelt, das zu den freien Gewerben gehört, sondern infolge der öffentlichen Kehrbezirke um einen wesentlich durch öffentlichrechtliche Elemente bestimmten Beruf.[24] Das Bundesverfassungsgericht stellt damit ausdrücklich den selbständigen Gewerbebetrieb in Gegensatz, „den der Inhaber sich durch seine Arbeit, durch seine persönlichen Fähigkeiten und vor allem auch durch Einsatz seines eigenen Kapitals geschaffen hat, bei dem er das Unternehmerrisiko trägt".[25] In diesen Feststellungen des Gerichtes liegt im Grunde die Ablehnung einer Zwangsversorgung für alle diejenigen Berufe, die auf dem Boden einer freien gewerblichen oder freiberuflichen Tätigkeit erwachsen sind. Solange die Grundstruktur der freien Berufe erhalten bleibt — und sie ist weit über das Gewerberecht hinaus in Grundsätzen und Vorschriften unseres Rechtes verankert (freie Advokatur, Schutz des Persönlichkeitsrechts des Art. 1 und 2 GG durch freie Arztwahl) — würde daher die Einführung einer Zwangsaltersversorgung mit ihrem Berufsbild in Widerspruch stehen und mit dem bestehenden Rechte nicht in Übereinstimmung zu bringen sein.

### 14. Grenzen der Zuständigkeit berufsständischer Organisationen (Kammern)

Das Berufsbild erweist sich auch von Bedeutung für die Umgrenzung von Art und Umfang öffentlichrechtlicher Zwangsorganisationen eines Berufes. Es ist heute in Schrifttum und Recht-

[24] BVerfGE 1 S. 278.
[25] A.a.O. S. 277.

sprechung anerkannt, daß Art. 9 Abs. 3 GG sowohl die positive Vereinigungsfreiheit wie die negative Freiheit des Fernbleibens von Vereinigungen festlegt.[26] Diese Grundsätze beziehen sich freilich nur auf privatrechtliche Vereinigungen, die Errichtung öffentlichrechtlicher Körperschaften und Anstalten wird dadurch nicht berührt.[27] Schranken der öffentlichrechtlichen Organisation eines Berufes ergeben sich aber sowohl aus Art. 2 Abs. 1 GG, der Anerkennung freier wirtschaftlicher Betätigung, wie insbesondere aus Art. 12 Abs. 1 GG. Ist auf diese verfassungsrechtlichen Schranken auch erst später im Zusammenhang einzugehen, so kann hier doch bereits festgestellt werden, daß sie auch einer öffentlichrechtlichen Organisation von Berufen durch körperschaftliche oder anstaltliche Verbände der Selbstverwaltung oder Überwachung bestimmte Grenzen ziehen. Nur insoweit kann eine solche Zwangsorganisation für einen Beruf errichtet und mit Zuständigkeiten ausgestattet werden, als ein öffentliches Interesse vorliegt, eine öffentliche Aufgabe zu erfüllen ist, die sich aus dem Wesen des Berufes und seiner Bedeutung für die Allgemeinheit ergibt. Der Staat könnte nicht etwa eine Zwangskorporation der Berufsmusiker errichten, um die Pflege guter Musik zu fördern oder die Werbefachleiter organisieren, um eine gleichmäßige Verteilung der Aufträge auf sie herbeizuführen. In beiden Fällen würde die Verletzung der Art. 2 und 12 GG. offensichtlich sein. Öffentlichrechtliche Ordnungen bestimmter Berufe dürfen also nur in begrenztem Rahmen erfolgen, soweit dies mit der verfassungsmäßigen Ordnung vereinbar ist und soweit öffentliche Interessen es erfordern. Nur insoweit können auch die Aufgaben einer Berufsregelung öffentlichrechtlichen Zwangsorganisationen übertragen werden; denn durch die Errichtung solcher Organisationen kann niemals der Umkreis der dem Staate (oder von ihm geschaffenen Verbänden) erlaubten Eingriffe in die berufliche Freiheit erweitert werden.[28]

Der Umkreis der zulässigen staatlichen Beschränkungen eines Berufes und dementsprechend der Aufgaben einer für diesen Beruf geschaffenen Zwangsorganisation wird durch das herkömmliche Berufsbild maßgebend mitbestimmt. Auch hier sind selbstverständlich Entwicklungen und Änderungen möglich, aber zweifellos ergibt die bestehende Ordnung wichtige Hinweise auf das Vorhandensein und die bisherige Anerkennung öffentlicher Interessen,

---

[26] Vgl. E. R. *Huber,* Wirtschaftsverwaltungsrecht Bd. I. S. 198 ff.; W. *Weber* ÖV 1952 S. 705 ff.; *Ipsen* AÖR 78 S. 313.

[27] Vgl. hierzu insbes. Bay. VerfGH Entsch. 4 Teil 2 S. 242.

[28] Bayer. VerfGH VerwRspr. 4 S. 274: „Die Rechtslage kann keine andere und der Rechtsschutz des Staatsbürgers nicht geringer sein, wenn der Gesetzgeber eine öffentliche Körperschaft mit der Regelung der ärztlichen Berufspflichten beauftragt".

die eine Berufsregelung erfordern und erlauben. Unter diesem Gesichtspunkt läßt sich feststellen, daß die berufsständische Organisation in körperlich organisierten Kammern zum Bilde der freien Berufe gehört. Aber der Kreis der Aufgaben dieser Kammern ist auf die eigentlich berufsständischen Angelegenheiten, Überwachung der ordnungsgemäßen Erfüllung der Berufsaufgabe, Disziplin der Berufsangehörigen, Mitwirkung bei Zulassung zum Berufe und Ausbildung, allgemeine berufsständische Fragen, Schlichtung von Streitigkeiten der Angehörigen des Berufes untereinander, Förderung der Fortbildung beschränkt. Der Bayer. Verfassungsgerichtshof hat in seiner grundlegenden Entscheidung vom 20. 7. 1951 zur Tätigkeit der Ärztekammern ausgeführt:[29] „Die Berufsordnung hat die ärztlichen Pflichten lediglich unter dem Gesichtspunkt zu regeln, daß die Ärzte ihre Berufsaufgabe erfüllen, nämlich der Gesundheit des Einzelnen und des ganzen Volkes zu dienen, und sich dabei durch ihr Verhalten in und außer dem Berufe der Achtung, die der Beruf erfordert, würdig zu erweisen (Art. 4 Abs. 1—3 BAEG.). Die Aufgaben, die die ärztlichen Berufsvertretungen nach Art. 7 Abs. 1 a. a. O. wahrzunehmen haben, müssen sich im Rahmen des vom Berufsärztegesetzes (BAEG) verfolgten Zweckes halten, der von Art. 4 a. a. O. festgelegt ist. Soweit es sich dabei um die Wahrung der „beruflichen Belange der Ärzte“ handelt (Art. 7 Abs. 1 a. a. O.), ist dadurch die Wahrung der wirtschaftlichen Interessen des Ärztestandes als Selbstzweck ausgeschlossen. Mögen die Aufgaben der ärztlichen Berufsvertretungen auch zum Teil den wirtschaftlichen Belangen der Ärzteschaft förderlich sein, so ist doch der Zweck des BAEG. nicht auf eine solche Förderung gerichtet.“ Die Kammerorganisationen sind also in ihren Aufgaben auf einen ganz bestimmten und herkömmlich klar umgrenzten Kreis berufsständischer Aufgaben beschränkt. Wirtschaftliche Fragen gehören zu ihrem Tätigkeitsbereiche grundsätzlich nicht. In dieser Hinsicht gilt der Grundsatz der eigenen freien wirtschaftlichen Verantwortung des Berufsangehörgen.

### 15. Zwangsmitgliedschaft und Beiträge

Es folgt hieraus, daß den Kammerorganisationen der freien Berufe im Hinblick auf die besondere öffentliche Stellung und Funktion dieser Berufe für das Rechtsleben, die Volksgesundheit usw. bestimmte Aufgaben der Standesaufsicht und Berufsdisziplin sowie der allgemeinen Mitwirkung in Standesfragen (einschließlich Aus-

[29] VerwRspr. 4 S. 261, 271. Vgl. auch dort S. 273 und VerwRspr. 3 S. 658/59 (zur anwaltlichen Selbstverwaltung).

bildung und Zulassung), also eine Wahrnehmung bestimmter öffentlicher Bindungen dieser Berufe übertragen werden kann. Dagegen gehört nicht zu ihrem Bereiche die Vertretung wirtschaftlicher Interessen der einzelnen Berufsangehörigen wie des ganzen Berufsstandes, soweit letzteres über die mit der öffentlichen Stellung des Berufes verknüpfte allgemeine Entwicklung hinausgeht. Die wirtschaftlichen Fragen bleiben der Eigenverantwortung des einzelnen Angehörigen dieser Bereiche und Organisationen privatrechtlicher Art überlassen, zu denen sie sich zusammenfinden.[30] Eine Übernahme wirtschaftlicher Aufgaben ist auch deshalb für die Kammern nicht möglich, weil sie auf Zwangsmitgliedschaft beruhen und eine Ausdehnung ihrer Funktionen über den Bereich der öffentlichen Standesinteressen eine Einschränkung der individuellen wirtschaftlichen Entfaltungsmöglichkeit und der beruflichen Freiheit nach sich ziehen würde, die durch keine Notwendigkeit des öffentlichen Interesses begründet werden könnte, mit Art. 2 und 12 GG. also nicht in Einklang zu bringen wäre.[31]

Die gleichen Grenzen gelten für den Umfang, innerhalb dessen eine Zwangsmitgliedschaft der Berufsangehörigen eingeführt werden kann, und erst recht für die Erhebung von Beiträgen. Es bedarf keiner Ausführung, daß im deutschen Verwaltungsrecht Beiträge und Geldleistungen nur auf gesetzlicher Grundlage und nur für Zwecke erhoben werden dürfen, zu deren Verfolgung die Verwaltung ermächtigt ist. Mit der strengen verfassungsrechtlichen Sicherung des Rechtsstaates (Art. 20, 28 GG) werden die im deutschen Verwaltungsrecht aus älterer Zeit fortlebenden mit dem Rechtsstaatsgedanken unvereinbaren apokryphen Ermächtigungen zu „Anstaltsverordnungen“, „Anstaltsgewalt“ und „autonomen Satzungen einer sorgsamen rechtlichen Überprüfung zu unterziehen sein.[32] Die Erhebung von Beiträgen oder anderen Geldleistungen für Zwecke, die den erlaubten Bereich der Kammertätigkeit überschreiten, kann nicht rechtlich begründet sein. Soweit also Landesgesetze oder Bundesgesetze Kammerorganisationen der freien Berufe die Befugnis zur Einrichtung einer zwangsweisen Alters- und Hinterbliebenenversorgung erteilen und sie dadurch auch zur Erhebung entsprechender Geldleistungen ermächtigen, sind diese Bestimmungen verfassungswidrig und unwirksam. Es kann hier dahingestellt

---

[30] Bayer. VerfGH VerwRspr. 4 S. 272; *Redeker* DVBl. 1952 S. 240; *Ipsen,* Gutachten zu B 3 b.

[31] Vgl. Werner *Weber* OEV 1952 S. 708. Als unbegründet ist die Auffassung von *Erler,* Freiheit und Grenze berufsständischer Selbstverwaltung 1952 abzulehnen, daß das Grundgesetz berufsständischen Selbstverwaltungsorganisationen einen bestimmten Wirkungskreis gewährleiste.

[32] Vgl. M. *Imboden,* Das Gesetz als Garantie rechtsstaatlicher Verwaltung, Basel 1954 S. 17 ff.

bleiben, inwiefern auch bereits bestehende Einrichtungen, die sich auf entsprechende Ermächtigungen stützen, seit dem Inkrafttreten des Grundgesetzes der rechtlichen Grundlage entbehren. Die neuere Rechtsprechung des Bundesverwaltungsgerichtes geht in der Richtung, daß auch bestehende Beschränkungen der wirtschaftlichen und gewerblichen Freiheit nicht vor dem Grundgesetz bestehen können, wenn sie in unstatthafter Weise in die berufliche und wirtschaftliche Betätigungsfreiheit eingreifen und die in ihnen enthaltene Beschränkung nicht durch die Bedrohung von für den Bestand der Gemeinschaft notwendigen Rechtsgütern gerechtfertigt werden kann.[33] Die Einführung einer Zwangsversorgung gehört zu den wirtschaftlichen Angelegenheiten, sie greift tief in die Eigenverantwortung der Berufsangehörigen für ihre wirtschaftliche Existenz ein und fällt daher nicht in den Bereich der Aufgaben und der Selbstverwaltung der berufsständischen Kammern.

### 16. Zwangsausgleich nur als Maßnahme des Staates denkbar

Die Einführung einer solchen Versorgung kann auch nicht etwa als gestaltender Zwangsausgleich gerechtfertigt werden. Darunter sind Maßnahmen des Staates zu verstehen, die unter wirtschaftspolitischen oder sozialen Zwecksetzungen unter den Beteiligten eines Wirtschaftszweiges strukturelle oder regionale Unterschiede durch Ausgleichszahlungen zu vermindern oder zu beheben sucht (Frachtausgleich für ungünstig gelegene Betriebe, Preisstaffelungen usw.).[34] Auch solche wirtschaftlichen Maßnahmen liegen außerhalb der Kammerzuständigkeit, und sie können immer nur gewisse geringere Seiten der Erwerbstätigkeit berühren, nicht aber die Grundlagen der wirtschaftlichen Existenz wie dies bei einer Zwangsversorgung der Fall ist. Das Recht der freien Berufe kennt einen solchen Ausgleich im niedersächsischen Kammergesetz vom 1. 12. 1950 § 9 Abs. 1, wo ein „sozialer Ausgleich“ zwischen älteren und jüngeren in Apotheken tätigen pharmazeutischen Mitarbeitern und solchen mit und ohne Familie von der Apothekerkammer herbeigeführt werden kann. Es ist hier die Rechtsgültigkeit dieser Bestimmung nicht zu erörtern. Es handelt sich hier aber nur um einen begrenzten gehaltsmäßigen Ausgleich, der die wirtschaftlichen Berufsgrundlagen nicht berührt, und der sich möglicherweise aus der Fürsorgeaufgabe der Kammer rechtfertigen ließe. Solche Maßnahmen dürfen

---

[33] BVerwG in DVBl. 1954 S. 258.

[34] Zum Begriff des gestaltenden Ausgleichs siehe *Scheuner*, Veröffentl. d. DSTRL 11 S. 38 ff.

jedenfalls nicht die Eigenständigkeit des Einzelnen wahren und seine Entfaltung nicht hindern.[35]

## IV. Zwangsversorgung im Rahmen öffentlichrechtlicher Verbände

### 17. Zwangsversorgung als Einrichtung kassenärztlicher Vereinigungen

Erscheint die Betrauung von berufsständischen Selbstverwaltungsorganisationen mit Aufgaben der wirtschaftlichen Existenzsicherung und Zwangsversorgung unstatthaft, die in den Bereich der Sozialversicherung gehören, so könnten diese Aufgaben auch besonderen eigens hierfür errichteten Anstalten übertragen werden. Der inzwischen zurückgezogene Entwurf der Bundesregierung für das Kassenarztrecht sah eine andere Lösung vor, indem er den kassenärztlichen (kassenärztlichen) Vereinigungen die Einrichtung von Versorgungseinrichtungen übertragen wollte.

Daß die kassenärztlichen Zusammenschlüsse auf Grund der gegenwärtigen Rechtslage nicht berechtigt sind, derartige Versorgungseinrichtungen zu schaffen, hat Werner Weber in einem Gutachten[36] dargetan. Er hat darauf hingewiesen, daß gegenwärtig noch § 46 RÄO., der von der Rechtsprechung[37] für weiterhin gültig gehalten wird, die Aufgabe der Einrichtung einer Versicherung der Ärzte in kollektiver Form abschließend regelt und daher die kassenärztlichen Organisationen von diesem Gebiete ausschließt. Er betont ferner mit Recht, daß ebenso wie dies soeben für die Kammern der freien Berufe dargelegt wurde, auch den kassenärztlichen Vereinigungen eine beschränkte Zuständigkeit zur Vertretung der Ärzte

---

[35] Im Hinblick auf die außergewöhnlichen Verhältnisse des wirtschaftlichen Aufbaus nach dem Krieg hat das Investitionshilfegesetz v. 7. 1. 1952 eine besondere Form des gestaltenden Ausgleichs in Form einer Kreditlenkung vorgenommen. Es handelte sich bei dieser Maßnahme nicht um eine Enteignung (so *Ipsen* AOER 78 S. 317 ff.), weil der Aufbringungspflichtige für seinen Betrag Wertpapiere erhielt, und ebensowenig um eine Abgabe (so *Forsthoff*, Rechtsgutachten 1952 S. 11 ff.) weil die aufgebrachten Mittel nicht dem Bunde oder den Ländern zuflossen. Es lag vielmehr eine Maßnahme der Wirtschaftslenkung vor (E. R. *Huber*, Wirtschaftsverwaltungsrecht Bd. 2 S. 230 ff.), bei der der erhobenen Zwangsabgabe ein Gegenwert gegenüberstand, so daß in der Tat nur eine Kapitallenkung erfolgte (vgl. *Scheuner*, Veröff. d. VerDSTRL 11 S. 39. Ähnlich auch BVerfG, NJW 1954 S. 1235). Das Gericht betont dabei, daß die Zulässigkeit der Abgabe angenommen werden kann, weil sie die Eigenständigkeit der Pflichtigen Betriebe nicht berührt und bei ihr Leistung und Gegenleistung einander entsprechen. Bei der geplanten Sozialversorgung treffen diese beiden Momente nicht zu.

[36] Die Errichtung von Fürsorgeeinrichtungen (Versorgungskassen) durch die Bezirksstellen der kassenärztlichen Vereinigungen in rechtlicher Beurteilung (Versicherungswirtschaft 1953 Sonderbeilage).

[37] OVG Münster ÖV 1952 S. 440.

als öffentliche Aufgabe zugewiesen ist und sie diese nicht aus eigener Machtvollkommenheit erweitern oder kraft Landesrechts auf Gegenstände erweitern können, die ihrem Aufgabengebiet fremd sind und die im Sozialversicherungsrecht seitens des Bundes abschließend und systematisch geregelt sind. Die kassenärztlichen Zusammenschlüsse aber sind in ihrer Aufgabe nach geltendem Recht auf die Sicherung der kassenärztlichen Versorgung der Bevölkerung und die Abrechnung zwischen Krankenkassen und Ärzten beschränkt.

## 18. Die Aufgaben der kassenärztlichen Vereinigungen

Bedenken müssen aber auch gegen eine Erweiterung der Aufgaben dieser Vereinigungen auf die Übernahme einer Versorgung der Kassenärzte durch Bundesgesetz bestehen. Die beiden Aufgaben, kassenärztliche Versorgung der Bevölkerung und Zwangsversorgung der Kassenärzte, gehen nicht so einfach zusammen, wie der Entwurf Drucksache Nr. 87/1953 anzunehmen scheint. Wenn die Versorgung der Ärzte durch Einbehaltung von Anteilen der Einnahmen der Kassenärzte durch die Vereinigungen sichergestellt werden soll, so kann es dahin kommen, daß bei dem vorauszusehenden versicherungsrechtlichen Ungenügen des Umlageverfahrens — das offenbar gewählt werden soll — die Vereinigungen anstatt den Kassenärzten eine gesicherte Einnahme zu bieten, in wachsendem Maße diese Einnahmen zugunsten der Versorgung kürzen müssen. Das würde auch die Versorgung der Bevölkerung gefährden können. Sollte aber die Ansammlung von Deckungskapitalien beabsichtigt sein, so sind die kassenärztlichen Vereinigungen nicht geeignet, deren Anlage und Verwaltung zu übernehmen.

Es kommt hinzu, daß die Doppelaufgabe auch den Aufbau der kassenärztlichen Organisation beeinträchtigen würde. Diese Organisation kann sowohl die Form einer Bundeskörperschaft mit regionalen Gliederungen wie die von Landeskörperschaften annehmen. (Art. 87 Abs. 3 GG.[38]) Wird diesen Körperschaften aber eine soziale Versorgung d. h. ein Gebiet der Sozialversicherung übertragen, so müssen die entsprechenden Einrichtungen, sofern ihr Zuständigkeitsgebiet sich nicht über das eines Landes hinaus erstreckt, als Landeskörperschaften gemäß Art. 87 Abs. 2 GG. ausgestaltet werden.[39]

---

[38] Vgl. das Gutachten von *Peters* über verfassungsrechtliche Fragen des Entwurfes eines Gesetzes über die Regelung der Beziehungen zwischen Ärzten, Zahnärzten und Krankenkassen (Kassenarztrecht) (1953) S. 4 ff.

[39] *Peters* lehnt die Anwendung des Art. 87 Abs. 2 (S. 4) ab, weil die kassenärztlichen Vereinigungen keine Sozialversicherungsträger seien. § 368 lit. i des Entwurfes würde sie aber zu solchen machen und damit Art. 87 Abs. 2 insoweit unterstellen.

## 19. Sachlich nicht begründete Differenzierungen

Vor allem aber würde eine solche Erweiterung der Aufgaben der kassenärztlichen Vereinigungen rechtliche Bedenken vom Gesichtspunkt des Gleichheitssatzes (Art. 3 GG.) hervorrufen. Abgesehen davon, daß der Gleichheitssatz bei einer auf eine Berufsgruppe begrenzten Versicherung verletzt wird, und daß die Art der beabsichtigten Umlageversicherung durch ungleiche Belastung älterer und jüngerer Jahrgänge sowie größerer und kleinerer Berufseinkommen die Gleichheit außer Acht läßt, wird noch eine besondere Ungleichheit hier dadurch hervorgerufen, daß ein Unterschied zwischen denjenigen Ärzten entstände, die von den Kassen zugelassen sind und den anderen Ärzten. Eine solche Spaltung innerhalb desselben Berufsstandes hervorzurufen, bedeutet in besonderem Maße die Einführung einer ungleichen Behandlung. Zugleich aber wird auch Art. 12 GG. verletzt. Denn indem der Zugang zur Kassenpraxis dann mit der gleichzeitigen Unterwerfung unter ein Zwangsversorgungssystem verbunden wird, das der freie Arzt nicht anzunehmen braucht, wird der Zugang zu den Kassen Beschränkungen unterworfen, die mit der Berufsfreiheit des Art. 12 Abs. 1 GG. nicht vereinbar sind. Es würde eine Voraussetzung für die Zulassung zu den Krankenkassen in Gestalt des Beitritts zur Zwangsversorgung aufgestellt, das nicht dem Schutze eines Beschränkungen des Art. 12 Abs. 1 gestattenden Rechtsgutes dient. Damit würde tatsächlich der Zugang zur Zulassung zu den Kassen von einer Bedingung abhängig gemacht, die mit dem Rechtsgut der Volksgesundheit und der guten ärztlichen Versorgung der Bevölkerung nicht zusammenhängt und die daher als unzulässiger Eingriff in die berufliche Freiheit erscheinen muß.

## 20. Selbständige öffentlichrechtliche Körperschaften oder Anstalten als Träger der Zwangsversorgung

Selbst wenn der Gesetzgeber den Weg beschreiten würde, die Versorgungseinrichtungen für Ärzte — ohne Differenzierung und Diskriminierung zwischen freien Ärzten und Kassenärzten — ohne Anlehnung an Kammern oder ärztliche Vereinigungen als rechtswidrige öffentliche Anstalt oder Körperschaft einzurichten, würden verfassungsrechtliche Bedenken entstehen. Organisatorisch steht es dem Bundesgesetzgeber frei, eine Erweiterung der Sozialversicherung anzuordnen und besonderen Körperschaften oder Anstalten zu übertragen, die bei regionaler Wirksamkeit Landeseinrichtungen sein müßten. Aber sachlich würden sich verfassungsrechtliche Bedenken erheben, die im folgenden Abschnitt zusammenfassend untersucht werden sollen.

## V. Zwangsversorgung und grundrechtliche Sicherungen

### 21. Freiheitsrechte und verfassungsrechliche Sachentscheidungen

Sind im Vorhergehenden rechtliche Bedenken gegen die Einführung einer Zwangsversorgung der freien Berufe erörtert worden, soweit sie sich aus dem Gesichtspunkt der bundesrechtlichen Regelung und der Einheit des Sozialversicherungssystems, den Grenzen der Befugnisse berufsständischer oder kassenärztlicher Organisationen und den Bestimmungen über die Ermächtigung selbständiger Körperschaften zur Rechtsetzung ergaben, so sind in diesem letzten Abschnitt nun die verfassungsrechtlichen Grundsätze zu untersuchen, die ganz allgemein rechtliche Schranken gegen die Einführung eines Zwangsversorgungssystems selbständiger Berufe, auch wenn sie in der Form selbständiger öffentlichrechtlicher Körperschaften oder Anstalten erfolgt, sprechen. Diese rechtlichen Gesichtspunkte ergeben sich nicht aus speziellen Gegebenheiten eines einzelnen Sachbereiches oder organisatorischen Begrenzungen, sie werden vielmehr aus den grundlegenden verfassungsrechtlichen Sachentscheidungen abgeleitet, mit denen im Grundrechtsteil der Verfassungsgesetzgeber den Eingriffen in eine freiheitliche Wirtschaftsordnung ganz bestimmte Grenzen gezogen hat.

Es ist allerdings heute als herrschende Lehre anzusehen, daß in den Vorschriften des Grundrechtsteiles des Grundgesetzes keine gesetzliche Entscheidung für ein bestimmtes Wirtschaftssystem, insbesondere etwa für das der sozialen Marktwirtschaft d. h. ein System des freien Wettbewerbes getroffen worden ist.[40] Die gegenteilige Meinung, daß doch eine Ordnung im Sinne der Marktwirtschaft, insbesondere in Art. 2 GG. festgelegt sei,[41] hat das Bundesverfassungsgericht in seinem Urteil zur Investitionshilfe abgelehnt.[42] Damit ist aber nicht etwa ausgesprochen, daß der Grundgesetzgeber *keine* wirtschaftlichen Entscheidungen gefällt habe. Er hat vielmehr ganz bestimmte grundlegende Prinzipien bindend in einzelnen Grundrechten festgelegt, die zusammengenommen gewisse Festlegungen ergeben.

Es erscheint an dieser Stelle notwendig, eine kurze Bemerkung zur Auslegungsmethode des Grundgesetzes einzufügen. Die herkömmliche Anschauung versteht die Grundrechte allein als Freiheitsrechte, vor allem im negativen gegen den Staat gerichteten

---

[40] Ich darf auf die Anführungen bei E. R. *Huber*, Wirtschaftsverwaltungsrecht Bd. 1 S. 30; *Scheuner*, Veröff. d. VDSTRL 11 S. 19 ff. hinweisen.

[41] So neuerdings *Nipperdey*, Die soziale Marktwirtschaft in der Verfassung der Bundesrepublik 1954 S. 3, 6.

[42] NJW 1954 S. 1235.

Sinne. Zweifellos haben die überlieferten Freiheitsrechte diese Bedeutung einer Sicherung individueller Rechte. Aber es kann nicht übersehen werden, daß sehr oft mit dem individuellen Recht sich die Gewährleistung eines bestimmten rechtlichen Instituts verbindet, daß sich zugleich in diesen Freiheitsrechten Garantien rechtlicher Einrichtungen finden. So wird in Art. 14 die Einrichtung des Eigentums gesichert, in Art. 5 die der freien Presse als einer zugleich für die demokratische Verfassung grundlegenden Institution. Darüber hinaus aber finden wir in den Grundrechten noch eine andere Kategorie verfassungsrechtlicher Rechtssätze, die wir Sachentscheidungen oder verfassungsrechtliche Leitsätze nennen können. Sie enthalten bestimmte objektive Festsetzungen von Staatszielen, Grundsätzen oder auch bloßen Richtlinien für den Gesetzgeber, die jeweils für den ganzen Staat eine bestimmte sachliche Richtung als maßgeblich festlegen. Hier mag etwa auf die Festlegung gegen den Angriffskrieg in Art. 26, die Festlegung des Gewaltenteilungsgrundsatzes in Art. 20 oder die Aufstellung schulpolitischer Normen in Art. 7 verwiesen werden.

Unter diesen Sachentscheidungen finden sich einmal gewisse oberste Verfassungsgrundsätze wie Rechtsstaat und Gewaltenteilung, zum anderen einfache Entscheidungen für ein bestimmtes Sachgebiet, die hier grundlegende Festlegung für das wirtschaftliche, religiöse, soziale oder kulturelle Leben enthalten. Hier sind nur die wirtschaftlichen Festsetzungen von Bedeutung. Sie sind in den Artikeln 2, 3, 9, 12, 14, 15 und 20 GG. enthalten.[43] Ohne in Einzelheiten einzutreten, kann festgestellt werden, daß diese Vorschriften zwar nicht ein bestimmtes Wirtschaftssystem maßgebend festlegen, wohl aber zusammengenommen doch wesentliche Grundlagen einer freiheitlichen Wirtschaftsordnung in sich schließen. Mit der Sicherung der persönlichen Freiheit wirtschaftlicher Betätigung (Art. 2) und einer freiheitlichen Berufsordnung (Art. 12) verbindet sich ein Schutz des Eigentums, der zwar durch die Zulassung eines Gebietes der Sozialisierung eingeschränkt ist, aber dank der durchgängigen Forderung einer Entschädigung für Enteignungen oder Sozialisierungen doch einen Grundpfeiler einer auf individuellen Besitz und persönliche Dispositionsbefugnis gegründeten Ordnung darstellt.

Solche inhaltlichen Verfassungsentscheidungen, die bindendes objektives Recht darstellen, finden wir in Art. 2 GG., der nicht etwa nur die menschlich-persönliche Freiheit sichert,[44] sondern auch den

---

[43] Ich verweise auf meine Ausführungen VDSTRL 11 S. 56 ff., und Verfassungsschutz des Eigentums 1954 S. 71 ff.

[44] *Peters,* Festschrift für Rudolf Laun 1933 S. 673 f.

Schutz der wirtschaftlichen Betätigung einschließt.[45] Er schließt deswegen gewisse objektive Grundentscheidungen einer freien Wirtschaftsordnung ein, die durch die berufliche Freiheit des Art. 12 noch verstärkt werden.[46]

Über der Hervorhebung der subjektiven Rechte, die in den Grundrechten gewährt und geschützt sind, wird bisweilen die nicht selten ebenso große Bedeutung jener objektiven Sachfestsetzungen übersehen, die in den Grundrechtsnormen enthalten sind. Die nachfolgenden Untersuchungen stellen ganz wesentlich auf diese objektiven Prinzipien ab. Das enthebt der Notwendigkeit, jeweils im einzelnen auf die Frage der verletzten subjektiven Rechte bei der Einführung der Zwangsversorgung einzutreten. Die rechtliche Wirkung der Verletzung einer solchen Sachentscheidung der Verfassung ist aber die gleiche wie bei jedem Verstoß gegen materielle Vorschriften der Verfassung. Entgegenstehende Vorschriften sind unwirksam.

### 22. Sicherung der wirtschaftlichen Freiheit

Auf dem Gebiete der wirtschaftlichen Gestaltung stellt die in Art. 2 Abs. 1 GG. niedergelegte Entscheidung eines der wichtigsten verfassungsrechtlichen Gebote dar. In Art. 2 GG. wird das Recht der persönlichen Entfaltung gewährleistet. Es ist schon hervorgehoben worden, daß diese Bestimmung nicht nur auf eine allgemeine Betonung menschlich-persönlicher Werte abzielt, sondern auch auf das Gebiet der wirtschaftlichen Betätigung zu beziehen ist.[47] Art. 2 Abs. 1 GG. legt ein Recht des Individuums (auch der juristischen Personen) auf freie wirtschaftliche Betätigung innerhalb der verfassungsmäßigen Schranken fest. Als objektiver Rechtssatz bedeutet Art. 2 Abs. 1 den Ausspruch, des Grundgesetzes für eine freie wirtschaftliche Ordnung, die dem einzelnen eine selbständige wirtschaftliche Aktivität und Verantwortung beläßt. Damit ist nicht ein Bekenntnis zu einem bestimmten Wirtschaftssystem, wohl aber eine rechtlich verbindliche Entscheidung für eine bestimmte Richtung und Grundtendenz der wirtschaftlichen Entwicklung getroffen, und insoweit sind wesentliche rechtliche Schranken gezogen. Man kann die Tragweite dieser Grundentscheidung in einer Reihe von Folgerungen ausdrücken. In Art. 2 Abs. 1 findet sich impliziert die Anerkennung der Vertragsfreiheit[48] wie auch die der Berufs-

---

[45] So E. R. *Huber,* Wirtschaftsverwaltungsrecht Bd. 1 S. 660 ff.; *Nipperdey* a.a.O. S. 7 ff.

[46] Vgl. *Huber* a.a.O. Bd. 1 S. 666 ff., 676 ff., Bd. 2 S. 215 ff.

[47] So vor allem auch die Rechtsprechung: OVG Lüneburg DVBl. 1953, S. 478; BGH Gutachten in DVBl. 1953 S. 472.

[48] Vgl. *Nipperdey* a.a.O. S. 822.

freiheit, welch letztere dann das Grundgesetz aber noch im besonderen in Art. 12 ausgestaltet hat.[49] Umgekehrt wird durch Art. 2 Abs. 1 ausgeschlossen ein System zentralisierter und geschlossener Planwirtschaft, ebenso überhaupt wie staatliche Eingriffe, die den Kern der vom Grundgesetz vorausgesetzten Ordnung eines auf individueller Entfaltungsfreiheit aufgebauten Wirtschaftsleben beeinträchtigen (Art. 19 Abs. 2 GG.). Nipperdey zieht — und diese Folgerung ist unabhängig von seiner hier nicht angenommenen Auffassung, Art. 2 Abs. 1 GG. lege das System der sozialen Marktwirtschaft bindend fest — aus Art. 2 Abs. 1 GG. die Folgerung, daß hier gewissermaßen ein Prinzip der Subsidiarität ausgesprochen sei: Staatseingriffe gegenüber der freien Entfaltung bedürfen einer besonderen Rechtfertigung.[50]

Man kann diesen letzteren Gedanken durch einen Ausblick auf den Eigentumsschutz erläutern. Auch hier steht neben der Sicherung der subjektiven Eigentumsrechte und der Gewähr des Eigentums als Institution der objektive Verfassungssatz, der die Eigentumsordnung in ihrer privatrechtlichen Gestaltung zu einem Grundbestandteil der wirtschaftlich-sozialen Ordnungsvorstellung erhebt.[51] Dieser objektive Leitgedanke schließt — zumal die Verfassung selbst in Art. 15 GG. die Aufnahme eines sozialisierten Sektors des Eigentums in die bestehende Ordnung für möglich erklärt — Änderungen des Eigentums, insbesondere eine mit den sich wandelnden Bedürfnissen Hand in Hand gehende Festlegung der Eigentumsschranken keineswegs aus. Aber sie legt doch in klarer Form die privatrechtliche Ordnung des Eigentums als einen vom Grundgesetz vorausgesetzten und gesicherten normativen Bestand fest. Reinhardt[52] hat hier in einprägsamer Wendung von dem Gedanken der „Privatnützigkeit" gesprochen, den das Grundgesetz als Prinzip angenommen hat, und in dem die Anerkennung der privaten Initiative und des privaten Interessenausgleichs beschlossen liegt. Ein verwandter Gedanke hat in Art. 2 Abs. 1 als objektives Prinzip Anerkennung gefunden, in dem hier die private Selbständigkeit und Selbstverantwortung als eine Grundlage des persönlichen und damit auch des wirtschaftlichen Lebens festgelegt wird. Von diesem Leitprinzip her ist der Gesetzgeber gebunden, bei seinen wirtschaftlichen Maßnahmen die individuelle Selbständigkeit zu beachten. Das schließt — insbesondere im Zusammenhang der alsbald zu erör-

---

[49] *Hamann*, Rechtsstaat und Wirtschaftslenkung 1953 S. 63, 67.

[50] *Nipperdey* a.a.O. S. 22; *Geiger* in: Unternehmerforderungen an eine neue Wirtschafts- und Finanzverfassung 1954 S. 92 f.

[51] Ich verweise auf meine Darlegungen in *Reinhardt-Scheuner*, Verfassungsschutz des Eigentums 1954 S. 70.

[52] *Reinhardt-Scheuner*, Verfassungsschutz des Eigentums 1954 S. 12 ff.

ternden Schranken des Art. 2 Abs. 1 GG. — Beschränkungen der individuellen Betätigung nicht aus, aber es führt zu dem Grundsatz, daß solche Beschränkungen nicht willkürlich und unbeschränkt vorgenommen werden dürfen, sondern nur insoweit, als sie sich auf öffentliche Notwendigkeiten oder die Achtung vor anderen Rechtsgütern berufen können. Es bedarf also jeweils für wirtschaftliche Beschränkungen, die das Prinzip der wirtschaftlichen Selbständigkeit beeinträchtigen, eines besonderen Anlasses und sie dürfen nicht so weit gehen, das Prinzip selbst in seinem Wesensgehalt zu verletzen.

Art. 2 Abs. 1 GG. selbst weist auf die Gesichtspunkte hin, aus denen sich Beschränkungen ergeben können. Von den dort genannten Momenten kommt das Sittengesetz hier nicht in Frage. Auch der Gesichtspunkt des Schutzes der „Rechte anderer“ berührt unsere Frage nicht, auch dann nicht, wenn man einer weithin geteilten Ansicht zufolge darunter nicht bloß private Rechte und Interessen, sondern die Wahrung des Allgemeininteresses besonders unter polizeilichen Gesichtspunkten erblicken will.[53] Was unter der „verfassungsmäßigen Ordnung“ im Sinne des Art. 2 Abs. 1 GG. zu verstehen ist, ist nicht unbestritten. Richtiger Ansicht nach wird doch darunter weder lediglich die „freiheitliche demokratische Ordnung“ im Sinne des Verfassungsschutzes,[54] noch etwa die gesamte Rechtsordnung[55] zu begreifen sein, sondern vielmehr die wesentlichen verfassungsrechtlichen Grundsätze vor allem auch in wirtschaftlich-sozialer Hinsicht.[56] Die verfassungsmäßige Ordnung schließt — besonders im Hinblick auf das später zu erörternde Sozialstaatsprinzip der Art. 20, 28 GG. — Begrenzungen individueller Freiheit um der Gesamtheit und um sozialer Gesichtspunkte willen ein. Aber sie ändert nichts daran, daß in Art. 2, 9, 12 und 14 GG. eine grundlegende Entscheidung zugunsten einer Sphäre privater Freiheit getroffen worden ist, die nicht durch aus dem Rahmen der gesamten Rechtsordnung fallende Eingriffe des Gesetzgebers beeinträchtigt werden darf. Hier liegt der für unseren Zusammenhang entscheidende Gesichtspunkt. Es kann dahingestellt bleiben, ob die Einfüh-

[53] Zur weiteren Auslegung der „Rechte anderer“ vgl. Bad. VGH DVBl. 1951 S. 635; OVG Lüneburg Entsch. 5 S. 412; A. A. *Dürig* AÖR 79 S. 64, der dafür seinerseits dem Begriff „verfassungsmäßige Ordnung“ eine unhaltbare Ausdehnung gibt, die das gesamte Polizeirecht umfaßt. Zu eng dagegen BGH Gutachten in DVBl. 1953 S. 474; *Hamann*, Rechtsstaat und Wirtschaftslenkung 1953 S. 64.

[54] So fälschlich *Naumann* JZ 1951 S. 426 und wiederum das BGH in dem Gutachten a.a.O. S. 64.

[55] So *v. Mangoldt*, Kommentar S. 38.

[56] Wie hier die heute herrschende Meinung: *Ballerstedt* ÖV 1951 S. 160; *Nipperdey* BB 1951 S. 494; *Huber*, Wirtschaftsverwaltungsrecht Bd. 1 S. 662; *Ipsen*, Gutachten D 2 a).

rung einer allgemeinen Volksversorgung für Alter und Invalidität mit der gekennzeichneten Grundentscheidung der Verfassung vereinbar wäre. Jedenfalls nicht vereinbar sind Ausdehnungen der Sozialversicherung über den heute gesetzlich umrissenen Bereich hinaus auf Gruppen wirtschaftlich Selbständiger, deren Selbstverantwortung und wirtschaftliche Freiheit im übrigen bestehen bleiben soll und die nicht etwa — wie dies für einzelne kleinere Gruppen heute in die Sozialversicherung Einbezogener gilt, — sozial und einkommensmäßig sich der Lage der wirtschaftlich Unselbständigen weitgehend genähert haben, die sogar selbst in erheblichem Maße als Arbeitgeber auftreten und deren Berufsbild durchaus unternehmerische Züge trägt, wie das bei den freien Berufen der Fall ist. In einer solchen Einbeziehung dieser Berufe, deren ganzer Charakter auf Selbstverantwortung und individuelle Unabhängigkeit gegründet ist, in ein System der kollektiven Zwangsversorgung, liegt ein Abgehen von einer Grundentscheidung des Art. 2 Abs. 1 GG., für das keine hinreichende Notwendigkeit aufgewiesen werden kann.

### 23. Die freiheitliche Berufsordnung

Eine ergänzende und verwandte Feststellung läßt sich auch aus Art. 12 GG. gewinnen. Die Auslegung dieses Artikels leidet seit langem darunter, daß er — auch die Rechtsprechung des Bundesverwaltungsgerichts ist leider dieser Linie gefolgt — nur als eine verfassungsrechtliche Bekräftigung der Gewerbefreiheit verstanden wird. Diese Ausdeutung, auf die hier nicht des Näheren eingegangen werden kann, verkennt einmal, daß Art. 12 Abs. 1 keineswegs nur eine einfache Übernahme gewerberechtlicher Begriffe beinhaltet, da er auch die Ausbildung und den Arbeitsplatz, also die unselbständige Arbeit in seinen Kreis einbezieht. Es geht also nicht an, die Auslegung dieses Artikels, wie dies neuerdings das Bundesverwaltungsgericht getan hat,[57] auf den gewerberechtlichen Begriffsgegensatz Berufszulassung — Berufsausübung zu bringen und die Bedeutung der verfassungsmäßigen Gesamtordnung des Grundgesetzes, das gewisse wirtschaftslenkende Maßnahmen vorsieht und voraussetzt, außer Acht zu lassen. Auf der anderen Seite aber bleibt diese Auslegung hinter der wirklichen Tragweite des Art. 12, die auch gerade für die Arbeitswelt und den Zugang zu den Ausbildungsstätten eine freiheitliche Ordnung — im Zusammenhang mit Art. 3 und 9 Abs. 3 festlegt — sichern will, weit zurück. Es geht in Art. 12 GG. gar nicht in erster Linie um die völlige Freiheit des Zugangs zum Berufe, sondern um die Aufrechterhaltung einer

---

[57] Vgl. die Urteile DVBl. 1954 S. 258, 360 und 501 = ÖV 1954 S. 277, 532.

freiheitlichen Berufsordnung als Ganzes, in der selbständige Berufe nicht in abhängige ohne vorliegende öffentliche Notwendigkeit verwandelt werden können und in der Freizügigkeit, Berufswechsel und Aufstieg des Arbeiters auch nicht durch Kollektivvereinbarungen oder privatrechtliche Abreden beschränkt werden darf.

Es bedarf keiner weiteren Ausführung, daß in dieser Sachentscheidung der Verfassung für ein freiheitliches Berufsbild die freien Berufe einen wichtigen Platz einnehmen und daß es — sofern nicht überwiegende Gründe des öffentlichen Interesses[58] angeführt werden können — als eine Beeinträchtigung des Wesensgehaltes von Art. 12 Abs. 1 GG. erscheinen muß, wenn das Berufsbild dieser Berufe durch die Einführung einer kollektiven Zwangsversorgung in seinen Grundlagen umgestaltet wird. Das gilt auch gerade von der geplanten Einführung einer solchen Regelung nur für Kassenärzte. Damit würde auch der Grundsatz des freien Berufszuganges verletzt. Denn wenn tatsächlich heute die Mehrzahl der Ärzte auf den Zugang zur Kassenpraxis angewiesen ist, so wäre es mit der Freiheit der Berufswahl nicht vereinbar, diesen Zugang mit der Einbeziehung in eine Zwangsversorgung zu verbinden, die von den kassenärztlichen Vereinigungen eingerichtet werden soll.

### 24. Der Sozialstaatsgedanke

Unter den Prinzipien der verfassungsmäßigen Ordnung im Sinne des Art. 2 Abs. 1 GG. nimmt der in Art. 20, 28 GG. ausgeprägte Gedanke des Sozialstaats einen wichtigen Platz ein. Auf ihn haben sich auch Stellungnahmen berufen, die hieraus die Zulässigkeit der Einführung einer Zwangsversorgung trotz ihres Widerspruches zum Wesen und zu der Stellung der freien Berufe ableiten wollten.[59] Diese Ansicht verkennt aber die Tragweite des Art. 20. Zwar ist es unrichtig, in dem Prinzip des sozialen Rechtsstaates nicht eine verfassungsrechtliche Sachentscheidung, einen bindenden Leitsatz des Grundgesetzes anzuerkennen, sondern in ihm nur eine rechtlich unvollziehbare Vorstellung oder doch jedenfalls nur eine Anweisung an die Verwaltung sehen zu wollen, wie dies Forsthoff[60] versucht hat. Im Rahmen des Grundgesetzes ist der Grundsatz des sozi-

[58] Solche fordert das BundesverwG für einen Eingriff in die Berufsfreiheit DVBl. 1954 S. 502 = ÖV 1954 S. 533. Vgl. ebenso *Ipsen*, Das Verbot des Massengütertransportes im Straßenverkehr, Gutachten 1954, S. 24 f. Zum „interesse pubblico", das die Existenz einer berufsständischen Ordnung als Ganzes in ihren Einzelheiten (Beiträge) rechtfertigen muß, vgl. Schweiz. BGE 78 I 409 (415) und dazu Hans *Huber*, Ztschr. d. Bernischen Juristenvereins 90 (1954) S. 198 f.

[59] Näheres über eine solche Stellungnahme des Bundesmin. d. Innern siehe *Ipsen*, Gutachten zu D 1 c.

[60] Veröff. der VDStRL 12 Leitsätze 8—15.

alen Rechtsstaates zu einem verbindlichen Rechtssatz erhoben, der vor allem für die Ablehnung einer rein individualistischen Auslegung heranzuziehen ist, aber auch Schranken grundrechtlicher Freiheiten zu begründen vermag.[61] Nicht aber lassen sich aus diesem Gedanken unmittelbare soziale Ansprüche ableiten[62] oder kann er verwendet werden, um Eingriffe in den Wesensgehalt der freiheitlichen Grundrechtsbestimmungen, vor allem auch des Art. 2 zu rechtfertigen. Wenn die freien Berufe nach rechtlichem Herkommen und ihrer ganzen bestehenden Rechtsstellung in den Kreis der selbständigen eigenverantwortlichen Berufe eingeordnet sind, so kann auch der Hinweis auf die Forderung des sozialen Rechtsstaates nicht rechtfertigen, in dies Berufsbild wesensfremde und der wirtschaftlich-sozialen Systematik des bestehenden Rechts fremde Elemente einer Zwangsversorgung einzufügen. Für diese bedürfte es vielmehr des besonderen Nachweises überwiegender öffentlicher Interessen, als welche die Notlage einzelner Gruppen von Berufsangehörigen oder bestimmter Kreise älterer Berufszugehöriger nicht ausreichen kann.

### 25. Der Gleichheitssatz

Zu den durch die geplante Zwangsversorgung beeinträchtigten Grundrechten gehört ferner der Gleichheitssatz. Ipsen[63] hat auf einen ersten maßgebenden Gesichtspunkt hingewiesen, durch den der Gleichheitssatz berührt erscheint: Die Einrichtung einer Sondersozialversicherung neben der allgemeinen Versicherung für eine Berufsgruppe, die durchaus nach sozialer Lage (Selbständigkeit) und Einkommenshöhe außerhalb des Kreises der Sozialversicherung in ihrer heutigen systematischen Struktur liegt, stellt — gleichviel ob damit eine Bevorzugung oder eine Benachteiligung jener besonderen Berufsgruppe verbunden ist — eine ungleiche Behandlung dar. Nun ist es gewiß zutreffend, daß nicht jede im Interesse einer bestimmten Gruppe oder eines Berufszweiges erlassene gesetzliche Maßnahme den Gleichheitssatz verläßt.[64] Voraussetzung für jede Differenzierung muß aber sein, daß sie auf sachlichen und ausreichenden Gesichtspunkten beruht. Solche Gründe werden vielfach eine Sonderbehandlung z. B. in steuerlicher Hinsicht oder im Rahmen der Schaffung besonderer Berufspflichten stützen können. Gegenüber einem in sich völlig geschlossenen und sowohl in seiner inneren

[61] Ich verweise auf meine näheren Darlegungen Veröff. VerDStRL 11 S. 20.

[62] So mit Recht *Ipsen,* Gutachten zu D 1 c; *Fechner,* Freiheit und Zwang im sozialen Rechtsstaat 1953 S. 7; BVerfG 1 S. 97 (105).

[63] Gutachten zu D 3 c und d.

[64] Ferner ders. in „Verbot des Massengütertransportes" a.a.O. S. 30.

Struktur wie seiner Gesamtausdehnung nach genau erwogenen System, wie es das der deutschen Sozialversicherung ist, werden aber ganz besondere sachliche Interessen notwendig sein, um eine Sonderzwangsversicherung eines bestimmten Berufszweiges zu begründen. Art. 3 Abs. 3 bezeichnet ganz allgemein Differenzierungen der „Herkunft" nach d. h. ständisch-soziale d. h. klassenmäßige Unterscheidungen als unstatthaft.[65] Wenn die soziale Lage der Angehörigen der freien Berufe keine Veranlassung gegeben hat, sie in die allgemeine Sozialversicherung einzubeziehen, so wird es ganz besonderer Umstände bedürfen, um bei einer besonderen Zwangsversicherung für sie zu begründen, daß es sich nicht um eine „klassenmäßige" Differenzierung handelt.

Ich sehe dabei davon ab, daß sich erhebliche Ungleichheiten voraussichtlich bei jeder Durchführung solcher Zwangsversorgungen ergeben. Während die allgemeine Sozialversicherung gegen Alter und Invalidität mit erheblichen Zuschüssen aus allgemeinen Steuermitteln rechnen kann, würde eine ärztliche Zwangsversorgung entweder doch auf staatliche Hilfe zurückgreifen müssen, oder für die Angehörigen des Berufes eine erhöhte Belastung bedeuten, zumal mit der Versorgung heute die Übernahme einer größeren „Altlast" d. h. einer bedeutenderen Zahl älterer Berufsangehöriger zu rechnen ist, die keine entsprechenden Gegenleistungen für die erwartete Versorgung mehr erbringen können.

Die Einführung einer Zwangsversorgung für einen bestimmten Berufsstand widerstreitet den allgemeinen sozialpolitischen Erwägungen, auf denen das System der Sozialversicherung aufgebaut ist. Wenn dort die beruflich Selbständigen — von gewissen in Einkommen und sozialer Lage den Unselbständigen nahestehenden Gruppen abgesehen — von der sozialen Versicherung freigelassen sind, so können ständische Interessen eines Berufszweiges — wenn

---

[65] Vgl. meine Bemerkung Veröff. d. VDStRL 11 S. 22. Zur Gefahr, die gruppen- und klassenmäßige Unterscheidungen im wirtschaftlichen Felde mit sich bringen, jetzt auch *Marti*, Les dérogations à la liberté du commerce" et de l'industrie (Extrait du Recueil „La liberté du commerce" Genf 1954 S. 5/6: „Le principe de l'égalité devant la loi, tel qu'il est consacré par les constitutions modernes de caractère démocratique et libéral, exige cependant que tous les hommes soient, d'une maniere générale, traités d'égale facon et que seules des différences considérables puissent justifier un traitement inégal; on veut par la éviter que certains groupes de citoyens ne puissent se mettre en bénéfice d'un droit spécial. Or c'est précisement à la création de tels droits spéciaux qu'aboutissent les interventions économiques de l'Etat: le vigneron, le fabricant d'horlogerie ou de cigares, le laitier sont tous soumis à un droit spécial valable seulement pour leurs branches respectives. L'un peut agrandir son entreprise, alors que l'autre n'y est pas autorisé, l'un peut choisir librement des fournisseurs, tandis que l'autre doit s'en tenir à ceux qu'on lui impose etc. L'idée de l'égalité devant la loi s'affaiblit."

man die angeführten Gesichtspunkte für eine Zwangsversorgung als solche Interessen anerkennen will — den Charakter der Sonderbehandlung nicht aufheben.

Vollends unzulässig aber erscheint der Gedanke, im Zusammenhang mit dem Kassenrecht nur die Kassenärzte dem Versorgungszwang zu unterwerfen. Eine solche Aufspaltung eines Berufsstandes in einen sozialversicherten Teil und einen selbständigen Sektor ist mit den sozialpolitischen Grundgedanken des deutschen Sozialversicherungssystems nicht vereinbar, es sei denn, man würde offen anerkennen, daß der kassenärztliche Stand aufgehört hat, wirtschaftlich zu den freien Berufen d. h. den eigenverantwortlich Tätigen zu gehören.

Nur an Hand konkreter Vorlagen wäre endlich zu beurteilen inwieweit im einzelnen eine Zwangsversorgung auch dadurch gegen den Gleichheitssatz verstoßen könnte, daß sie über das bei jeder kollektiven Einrichtung unvermeidliche Maß an Typisierung und Ausgleich hinaus denjenigen Ärzten besondere Opfer durch ein Mißverhältnis zwischen Leistung und Gegenleistung auferlegte, die als Jüngere hohe Aufwendungen für die ältere Generation zu machen hätten, ohne sicher zu sein, künftig entsprechende Leistungen noch zu erhalten, oder die als Berufsangehörige mit höherem Einkommen und daher höheren Beitragsleistungen von vornherein im sozialen Interesse benachteiligt sein würden.

Auch im heutigen sozialen Staate, und gerade in ihm, muß der Gedanke der Gleichheit wirksam sein. „So müssen alle Leistungen des modernen Sozialstaates", hat Giacometti gesagt, „an die Einzelnen vom Grundsatz der Gleichheit beherrscht sein".[66] Es entspricht diesem Gedanken einer Unzulässigkeit klassenmäßiger Unterscheidungen gerade auch im wirtschaftlich-sozialen Bereiche, wenn die schweizerische Praxis als willkürliche d. h. sachlicher Gründe entbehrende Differenzierungen behandelt hat die besondere (nachteilige) Behandlung von Großunternehmungen des Detailhandels (Warenhäuser) im Umsatzsteuerrecht (BGE. 61 I 342 und 77 I 183) oder die Differenzierung zwischen Wasserwerken privatrechtlicher Form und solchen mit kantonaler Verleihung (BGE. 68 I 30).

### 26. Schutz des Eigentums und der Vermögensrechte

Die Durchführung einer Zwangsversorgung der vorgesehenen Art wird endlich möglicherweise auch die Frage des Eigentumsschutzes aufwerfen. Im einzelnen hängt das freilich von der näheren Ausgestaltung des Versicherungssystems ab; daher können hier nur einige allgemeine Gesichtspunkte berührt werden.

Eine auf das Umlageverfahren gegründete Versicherung würde voraussichtlich die jüngeren Berufsangehörigen zu besonderen

[66] *Fleiner-Giacometti*, Schweizerisches Bundesstaatsrecht 1949 S. 406.

Leistungen zugunsten der ohne entsprechende Beitragszahlungen in die Versicherung eintretenden Berufsangehörigen der älteren Jahrgänge verpflichten. Sie würden insoweit dem Staate eine ihm im Rahmen der sozialen Fürsorge oder auch des Ausgleichs für erlittene Währungsverluste obliegenden Aufgaben übernehmen und insoweit durch gesetzliche Bestimmungen genötigt sein, eine Last zu tragen, deren Übernahme auf die Allgemeinheit vom Grundsatz der Gleichheit gefordert wird. Gesetzliche Bestimmungen dieser Art würden zwar nicht ohne weiteres unter den Gesichtspunkt der Enteignung im engeren Sinn fallen, sofern sie keine Rechte entziehen oder Zahlungen ohne Gegenwert einfordern,[67] sie würden aber durch Auferlegung von Lasten des Staates auf private Schultern jedenfalls den Gesichtspunkt der Aufopferung erfüllen können. Die gesetzlichen Bestimmungen, die die Einforderung solcher Beträge gestatteten, würden als direkte oder indirekte Eingriffe des Staates in die Rechtssphäre der Betroffenen zu gelten haben, die ihnen eine Sonderlast aufbürden und würden demgemäß entweder unmittelbar als enteignende Sonderverpflichtung oder doch als Aufopferung zugunsten des Staates erscheinen.

### 27. Grundsatz der Verhältnismäßigkeit

Bei der Einführung einer Alterszwangsversorgung für einen freien Beruf handelt es sich, wie im Vorstehenden dargelegt wurde, um eine Beschränkung der wirtschaftlichen Freiheit, die besonderer Rechtfertigung bedarf. Für eine derartige Einschränkung der verfassungsrechtlichen Freiheit der wirtschaftlichen Betätigung gilt aber als ein allgemeines rechtliches Prinzip der Grundsatz der Verhältnismäßigkeit des Mittels. Nur solche Eingriffe und Beschränkungen des Staates erscheinen begründet und nur in dem Umfange, als sie notwendig sind und nicht durch andere, weniger einschneidende Maßnahmen ersetzt werden können.[68] Dieser Grundsatz ist keineswegs auf das Verwaltungsrecht beschränkt, sondern findet als eine Auswirkung des Gleichheitsgrundsatzes heute auch für den Gesetzgeber Anwendung.[69]

[67] Vgl. zum Enteignungsbegriff BGHZ 6 S. 278.

[68] Zur Geltung des Satzes im Verwaltungsrecht siehe *Drews-Wacke*, Allgemeines Polizeirecht 6. Aufl. 1952 S. 77 ff.

[69] So mit Recht *Leibholz* DVBl. 1951 S. 195; *Ipsen* AÖR 78 S. 314 Anm. 46; für das schweizerische Recht siehe *Marti*, Die Handels- und Gewerbefreiheit nach den neuen Wirtschaftsartikeln 1950 S. 108: „Der Grundsatz der Verhältnismäßigkeit richtet sich an den Gesetzgeber und an die rechtsanwendende Behörde". Siehe aus der Rechtsprechung des schweiz. Bundesgerichts zur Gültigkeit eines Dekrets eines kantonalen Großrats BGE 65 I 65 (72): „L'autorité n'a pas le droit de s'arrêter à une solution qui rend particulièrement difficile l'exercice d'une profession alors qu'une solution plus libérale permettrait aussi bien d'atteindre le résultat désiré."

Die Anwendung dieses allgemeinen Rechtsgrundsatzes würde, selbst bei Bejahung eines überwiegenden öffentlichen Interesses an der Schaffung einer Sicherung der Berufsangehörigen bestimmter freier Berufe für ihr Alter, es erfordern, daß hierfür nicht nur eine einzige Form der Vorsorge, nämlich der öffentlichrechtliche Zwangsverband oder eine von ihm geschaffene Einrichtung bereitgestellt, sondern es dem Ermessen des Einzelnen überlassen würde, durch andere geeignete und nachweisbare Mittel, insbesondere durch Eingehung einer privaten Versicherung, das gleiche Resultat in einer wesentlich weniger in die private Eigenverantwortung eingreifende Weise zu erreichen. Mindestens würde die Forderung dahin gehen, daß neben der öffentlichrechtlichen Zwangsversorgung die Möglichkeit einer solchen Vorsorge durch eigene Initiative anerkannt und erhalten bliebe.

## VI. Ergebnisse

1. Die Einführung einer unter sozialen Gesichtspunkten stehenden Alterszwangsversorgung für einen Beruf ist eine zum Bereich der Sozialversicherung gehörende Maßnahme, da sie auf die wirtschaftliche Schwäche der Versorgten und ihre Sicherung gegen die Wechselfälle des Lebens abstellt.

Angesichts der geschlossenen und erschöpfenden Regelung des Sozialversicherungsrechts durch den Bund bleibt den Ländern keine konkurrierende Zuständigkeit nach Art. 74 Ziff. 12 GG. mehr. Die Länder können weder selbst Einrichtungen der Sozialversicherung schaffen noch Korporationen ihres Bereiches dazu ermächtigen.

2. Mit dem in sich abgewogenen System der Sozialversicherung steht die Errichtung von Sozialversicherungseinrichtungen für einen bestimmten Beruf oder gar nur einen Teil desselben (Kassenärzte) nicht in Übereinstimmung.

3. Der Gedanke des Rechtsstaates und der daraus folgende Grundsatz der Beschränkung von Rechtsetzungsdelegationen steht der Übertragung der Befugnis zur Einführung einer Zwangsversorgung als Sozialversicherungszweig für einen einzelnen Berufsstand an öffentliche Körperschaften oder Anstalten entgegen.

4. Die bestehende Ordnung der freien Berufe ergibt das Berufsbild der Selbständigkeit und der Eigenverantwortung für das eigene wirtschaftliche Fortkommen. Hiermit ist die Einrichtung einer unter sozialen Ausgleichsgesichtspunkten stehenden Altersversorgung nicht in Übereinstimmung.

5. Berufsständischen Korporationen darf im Rahmen ihrer im Hinblick auf Art. 12 Abs. 1 GG. begrenzten Zuständigkeiten, die sich

nur auf Berufspflichten, Disziplin und Fürsorge für Notfälle beziehen, eine Befugnis zur Schaffung von Einrichtungen der Zwangsversorgung nicht übertragen werden.

6. Auch die kassenärztlichen Zusammenschlüsse sind nach geltendem Bundesrecht in ihren Aufgaben auf die kassenärztliche Versorgung der Bevölkerung und die Abrechnung zwischen Ärzten und Krankenkassen beschränkt und demnach nicht befähigt, Einrichtungen der Zwangsversorgung ins Leben zu rufen. Die Betrauung dieser Organisationen mit einer Zwangsversorgung würde ihre Aufgabe einer Vertretung der Ärzte gegenüber den Krankenkassen und einer Abführung der Erträge der ärztlichen Tätigkeit an den einzelnen Arzt widersprechen.

7. Die Einführung einer Zwangsversorgung der freien Berufe verstößt gegen die in Art. 2 Abs. 1 GG. festgelegte objektive Sachentscheidung zugunsten einer Wirtschaftsordnung der freien individuellen Entfaltung und der Selbständigkeit.

8. Sie beeinträchtigt ferner die in Art. 12 Abs. 1 niedergelegte freiheitliche Berufsordnung, vor allem bei einer Verbindung von Zwangsversorgung und Kassenarztverhältnis.

9. Sie verletzt ferner den Grundsatz der Gleichheit, indem sie eine Sonderbehandlung für eine Berufsgruppe oder einen Teil derselben schafft, für die sachliche Gründe nicht bestehen.

10. Sie könnte möglicherweise auch gegen den Eigentumsschutz durch Einführung von Sonderbelastungen gewisser Kreise von Berufsangehörigen verstoßen.

11. Sie verletzt endlich den auch für den Gesetzgeber gültigen Satz von der Verhältnismäßigkeit der anzuwendenden Mittel.

# Das Tübinger Verteilungsverfahren zur Versorgung der Ärzteschaft

Von Prof. Dr. Hans Münzner, Göttingen

## I.

Die folgenden Ausführungen beziehen sich nicht allgemein auf Honorarverteilungsverfahren zur Versorgung der Ärzteschaft, sondern lediglich auf jenen Versorgungsplan, der bei der im August 1951 für das Land Württemberg-Hohenzollern eingerichteten Versorgungsanstalt für Ärzte, Zahnärzte, Tierärzte und Dentisten eingeführt und unter den Bezeichnungen „Tübinger Verteilungsverfahren" oder „Tübinger Versorgungsplan" bekannt geworden ist.

Gegen dieses Verfahren, das in ähnlicher Weise auch in anderen Ländern des westdeutschen Bundesgebietes geplant ist, sind vom juristischen, wirtschaftspolitischen und versicherungsmathematischen Standpunkt aus zahlreiche Bedenken geltend gemacht worden. Wir wollen hier jedoch unsere Aufmerksamkeit nur auf die Beziehungen richten, die bei diesem Versorgungsplan zwischen Versorgungsabgaben und Versorgungsleistungen bestehen. Dabei sollen diese Beziehungen grundsätzlich erörtert und die bisher am meisten diskutierte Frage, ob die Höhe der im Augenblick erhobenen Versorgungsabgabe auch ausreichend ist, um die anfänglich gewährten Versorgungsleistungen auf die Dauer aufrecht erhalten zu können, nur gestreift werden.

## II.

Beim Tübinger Versorgungsplan ist man zur Berechnung der Versorgungsabgabe zunächst von folgenden mittleren Versorgungsleistungen ausgegangen. Bei mindestens 80%iger Arbeitsunfähigkeit wird eine Invalidenrente von monatlich 300,— DM gezahlt. Die monatliche Witwenrente beträgt 200,— DM und die monatliche Waisenrente 50,— DM. Dazu kommt ein Sterbegeld von 2000,— DM. Nach Vollendung des 70. Lebensjahres ist eine Altersrente von ebenfalls 300,— DM im Monat vorgesehen, die jedoch nur dann gezahlt werden soll, wenn der zu versorgende Arzt seine Kassenpraxis aufgibt. Die ganze Versorgungseinrichtung ist im wesentlichen nur für Kassenärzte gedacht.

Die für diese Versorgungsleistungen vom einzelnen aktiven Arzt zu entrichtende Versorgungsabgabe wird — und das ist der Kern des Tübinger Verfahrens — nach den gesamten Versorgungsansprüchen bemessen, die bei den genannten Leistungen im Beharrungszustand des zu versorgenden Personenkreises zu erwarten sind.

Vom Beharrungszustand eines Personenkreises wird dann gesprochen, wenn sich die jeweils vorhandene Anzahl der Aktiven, Invaliden, Witwen und Waisen nicht mehr wesentlich ändert. Wenn die Sterblichkeit und die Invalidisierung konstant bleiben und zum jeweiligen Aktivenbestand jährlich gerade so viele jüngere Mitglieder hinzukommen, wie durch Tod und Invalidität ausscheiden — Wanderungen wollen wir hier nicht annehmen —, so streben die Anzahlen der zu versorgenden Invalidenrentner, Altersrentner, Witwen und Waisen, sowie die Anzahl der Todesfälle, bei denen ein Sterbegeld zu zahlen ist, allmählich bestimmten Grenzwerten zu, die näherungsweise nach etwa 40 Jahren erreicht werden. Damit bleiben von da ab auch die jährlich fälligen Versorgungsansprüche bis auf kleinere Schwankungen konstant, wenn die Höhe der Einzelleistungen sich nicht ändert. Diese Versorgungsansprüche geben nun beim Tübinger Verteilungsverfahren die Grundlage ab, nach denen von vornherein die Versorgungsabgabe berechnet wird.

Um die Höhe der Versorgungsabgabe im konkreten Fall zu erhalten, ist es also erforderlich, die zu erwartenden Versorgungsansprüche im Beharrungszustand zu schätzen, was nur mit Hilfe versicherungstechnischer Rechnungsgrundlagen möglich ist. Die sich so ergebende gesamte Versorgungsabgabe wird auf das gegenwärtige Gesamtkasseneinkommen der zu versorgenden Ärzteschaft bezogen. Von jedem aktiven Arzt wird sodann der gleiche Prozentsatz seines Kasseneinkommens als Versorgungsbeitrag erhoben. Größere Unterschiede in den einzelnen Einkommensverhältnissen werden durch Sonderregelungen ausgeglichen.

Zunächst soll nicht darauf eingegangen werden, daß man den einmal so festgelegten Prozentsatz des Kasseneinkommens für die Versorgungsabgabe beibehalten und bei sich ändernden Einkommensverhältnissen oder unvorhergesehenen Bestandsentwicklungen die Versorgungsleistungen nachkorrigieren will, sondern es soll fürs erste nur der Fall betrachtet werden, daß die Einkommensverhältnisse konstant bleiben und die Bestandsentwicklung rechnungsmäßig, d. h. entsprechend den zur Schätzung des Beharrungszustandes benutzten versicherungstechnischen Rechnungsgrundlagen verläuft. Nur so läßt sich unmittelbar die wahre Bedeutung des Verteilungsverfahrens erkennen. Eine Beurteilung seiner Anpassungsfähigkeit an die jeweiligen Einkommensverhältnisse und die damit verbundenen Auswirkungen bei einer Geldentwertung erfolgt später.

## III.

Es soll nun untersucht werden, welche Stellung das Tübinger Verteilungsverfahren innerhalb der anderen bekannten Beitragsverfahren einnimmt. Zu diesem Zweck werden die unter genau den gleichen Annahmen berechneten Beitragsleistungen des Umlageverfahrens, des Individualbeitragsverfahrens und des Verfahrens des technischen Durchschnittsbeitrags einander gegenübergestellt.

Als Ausgangsgesamtheit wird eine Gesamtheit von aktiven Ärzten mit der Altersverteilung der männlichen Kassenärzte von Württemberg-Hohenzollern nach dem Stand des Jahres 1952 angenommen. Jeder durch Tod, Invalidität und Erreichung der Altersgrenze ausscheidende aktive Arzt werde durch einen neueintretenden vom mittleren Lebensalter von 35 Jahren ersetzt. Im Ausgangszeitpunkt seien keine Rentenempfänger vorhanden.

Als Rechnungsgrundlagen werden der Gegenwart angeglichene Sterbe- und Invalidentafeln verwendet. Die üblichen Invalidisierungswahrscheinlichkeiten werden auf $^2/_3$ herabgesetzt, um den Besonderheiten der Berufsgruppe Rechnung zu tragen. Der benutzte Rechnungszinsfuß beträgt 3 %, Verwaltungskosten werden nicht berücksichtigt.

Als Versorgungsleistungen werden die bereits angegebenen verwendet, nur mit dem Unterschied, daß die Altersrente in jedem Fall nach Vollendung des 70. Lebensjahres gezahlt wird.

Die Ergebnisse des Vergleichs sind aus folgender Tabelle und Figur zu ersehen. Die angegebenen Beträge bedeuten volle DM und geben den auf den einzelnen Aktiven fallenden Anteil an.

Die steigende Kurve stellt die jeweils zu erwartenden Versorgungsansprüche bezogen auf den einzelnen Aktiven dar, also gerade den Umlagebeitrag. Sie zeigt die bekannte Tatsache, daß das Umlageverfahren zu unerträglich hohen Beiträgen führt, weil hierbei auf das Ansparen eines Deckungsstocks verzichtet wird, ohne dessen Zinsertrag auf die Dauer keine zumutbaren Beitragsleistungen möglich sind. Die fallende Kurve bedeutet den durchschnittlichen Individualbeitrag, dessen anfängliche Höhe von den großen Einzelbeiträgen der älteren Ärzte herrührt.

| Jahr | Umlage-beitrag | Individual-beitrag |
|---|---|---|
| 0 | — | 2906 |
| 5 | 550 | 2040 |
| 10 | 993 | 1635 |
| 15 | 1313 | 1459 |
| 20 | 1598 | 1355 |
| 25 | 1976 | 1268 |
| 30 | 2307 | 1231 |
| 35 | 2419 | 1231 |
| 40 | 2395 | 1231 |
| 45 | 2321 | 1231 |
| 50 | 2249 | 1231 |
| 55 | 2248 | 1231 |
| 60 | 2331 | 1231 |

Individualbeitrag im Beharrungszustand

JB = 1231

Umlagebeitrag im Beharrungszustand (identisch mit Versorgungsabgabe ohne Deckungsstock)

UB = $V_1$ = 2330 = 1,89 JB

Techn. Durchschnittsbeitrag (ewiger Neuzugang) (identisch mit Versorgunsabgabe mit Deckungsstock)

DB(ew) = $V_2$ = 1580 = 1,28 JB

Techn. Durchschnittsbeitrag (Neuzugang in den ersten zwanzig Jahren)

DB(20) = 1790 = 1,45 JB

Tübinger Versorgungsabgabe (netto)

V = 1000

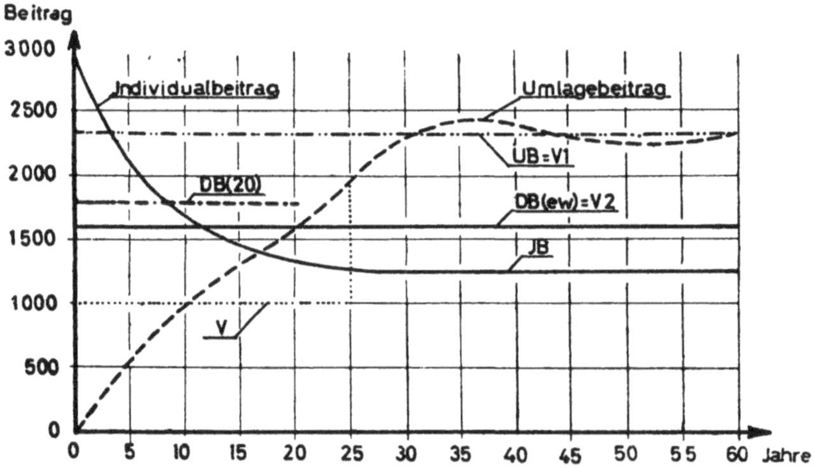


Ferner ist in der Figur der technische Durchschnittsbeitrag eingezeichnet, der sich bei der Berücksichtigung eines Neuzuganges in den ersten zwanzig Jahren ergibt. Dieser, vom Bundesaufsichtsamt zugelassenen Beitragsberechnung ist der hier um 200 DM niedriger liegende Durchschnittsbeitrag gegenübergestellt, den man bei Berücksichtigung eines ewigen Neuzugangs erhält.

## IV.

Wie ordnet sich nun unter diesen Beitragsleistungen die Versorgungsabgabe des Tübinger Verfahrens ein, wenn die Schätzung der im Beharrungszustand zu erwartenden Versorgungsansprüche unter genau den gleichen Annahmen erfolgt, die der Berechnung der verschiedenen anderen Beitragsformen zugrunde gelegt worden sind?

Diese Versorgungsabgabe — in der Figur mit $V_1$ bezeichnet — ist definitionsgemäß gleich dem Umlagebeitrag UB im Beharrungszustand, also — wenn man an dieser Definition festhält — viel zu hoch.

Läßt man, wie ursprünglich vorgesehen, die dabei vor dem Beharrungszustand erzielten Überschüsse nur bis zu einem nicht allzu hohen Schwankungsfond — ursprünglich hat man an das Dreifache des jährlichen Beitragsaufkommens gedacht — zum Ausgleich von Unregelmäßigkeiten anwachsen und verteilt dessen Zinsen sowie alle weiteren Überschüsse gleich wieder, so ergibt sich genau das Umlageverfahren.

Verzichtet man auf diese, versicherungstechnisch abwegige Aufteilung der Überschüsse und Zinsen, sondern sammelt sie an, so entsteht ein sehr großer Deckungsstock — etwa das 14fache des jährlichen Beitragsaufkommens —, dessen Zinsen von vornherein unter Annahme eines rechnungsmäßigen Verlaufes zur Verminderung der Versorgungsabgabe eingerechnet werden können. Mit dieser Handhabung, die bereits von einem Teil der Anhänger des Tübinger Verteilungsverfahrens als die bessere erkannt worden ist, entfernt man sich zwar von der Gefahr, ein Umlageverfahren zu erhalten, man erhält aber als Versorgungsabgabe — in der Tabelle und Figur mit $V_2$ (Versorgungsabgabe mit Deckungsstock) bezeichnet — genau den technischen Durchschnittsbeitrag, der sich bei Berücksichtigung eines ewigen Neuzugangs ergibt.

Würde dieser im Rahmen des Verteilungsverfahrens wohl vernünftigste Weg beschritten werden, so käme man immer noch zu einem recht bedenklichen Verfahren. Die Berücksichtigung eines ewigen Neuzugangs beteiligt auch bei rechnungsmäßigem Verlauf alle in Zukunft neu eintretenden Ärzte an der Tilgung der Schuld, die durch die Versorgung der Ärzte des Ausgangsbestandes entstanden ist, und zwar beträgt diese Belastung bei den zugrunde gelegten Annahmen für jeden neu eintretenden Arzt mit einem Eintrittsalter von 35 Jahren jährlich etwa 350 DM (kapitalisiert 6500 DM). Auch kann man auf so lange Sicht keine einigermaßen sicheren Annahmen über den Neuzugang machen. Die Beseitigung auch dieser Unzulänglichkeiten des Tübinger Verteilungsplans oder wenigstens ihre Herabsetzung auf ein erträgliches Maß kann zu nichts anderem führen als zu dem technischen Durchschnittsbeitrag, bei dem ein Neuzugang für nur eine beschränkte Anzahl von Jahren berücksichtigt wird, also gerade zu der in der Gruppenversicherung üblichen Beitragsform.

Es sei hier ausdrücklich betont, daß die absolute Höhe der verschiedenen Beitragsleistungen für den vorstehenden Vergleich keine nennenswerte Bedeutung hat, da zunächst nur das Verhalten der einzelnen Verfahren zueinander interessiert. Die gewonnenen Vergleichsergebnisse sind weitgehend unabhängig von den gewählten Rechnungsgrundlagen, der angenommenen Art des Neuzugangs und den anderen Bedingungen. Auch die Versorgungsleistungen können noch in mannigfacher Art variiert werden, ohne daß sich diese Ergebnisse wesentlich ändern würden. Selbst wenn die Rechnungsgrundlagen verwendet worden wären, die der Schätzung der in Württemberg-Hohenzollern eingeführten Versorgungsabgabe von 7 % des Kasseneinkommens implizit zugrunde liegen, hätte sich kein anderes Bild ergeben, nur die absolute Höhe der einzelnen Beitragsleistungen wäre niedriger geworden.

## V.

Es erhebt sich nun die Frage, ob die eben festgestellten grundsätzlichen Unzulänglichkeiten des Verteilungsverfahrens vielleicht durch Vorteile aufgehoben werden, die erst bei sich ändernden Einkommensverhältnissen zur Geltung kommen.

Wie schon erwähnt, ist beim Tübinger Versorgungsplan vorgesehen, den einmal ermittelten Prozentsatz des Kasseneinkommens für die Versorgungsabgabe möglichst unverändert beizubehalten und die einzelnen Versorgungsleistungen den jeweiligen Beitragsaufkommen anzupassen, wobei sowohl ohne als auch mit Deckungsstock vorgegangen werden kann. Bei ungünstiger Bestands- oder Einkommensentwicklung ist diese Möglichkeit allerdings beschränkt, da man die Renten nicht beliebig weit senken kann, ohne den Zweck der Versorgung zu verfehlen. Die Beziehungen zwischen Versorgungsabgabe und Leistungen sind hier dieselben wie beim Umlageverfahren, nur mit dem Unterschied, daß sich die Versorgungsleistungen nach dem Beitragsaufkommen richten, während sonst das Umgekehrte der Fall ist.

Mit der Anpassung der Versorgungsleistungen an das proportional zum Kasseneinkommen erhobene Beitragsaufkommen glauben einige Anhänger des Tübinger Systems eine währungsunabhängige Versorgung geschaffen zu haben, da sie annehmen, daß der Realwert des Kasseneinkommens ungefähr gleich bleibt. Aber selbst bei Gültigkeit dieser Annahme ist die Währungsunabhängigkeit nur beim reinen Umlageverfahren vorhanden, also mit dem schwerwiegenden Nachteil auf die Dauer zu hoher und für die kommende Generation ungerechter Versorgungsabgaben verbunden. Setzt man jedoch die Versorgungsabgabe durch Ansammlung eines Deckungsstocks auf eine erträgliche Höhe herab, dann bedeutet das Festhalten am Realwert der Leistungen ein Abgleiten ins Umlageverfahren.

Zur quantitativen Untersuchung der Auswirkung einer schleichenden Geldentwertung auf die Beitragsleistungen sind die früheren Berechnungen nochmals unter der zusätzlichen Annahme durchgeführt worden, daß der Nennwert des Geldes jährlich um 1 % des zum Ausgangszeitpunkt gültigen Nennwerts, den wir als Realwert betrachten wollen, steigt. Es gelte also die Gleichung:

Nennwert des Geldes zur Zeit t = Realwert × (1 + 0,01 t). Die Ergebnisse sind aus folgender Tabelle und Figur zu ersehen. Dabei bedeuten die angegebenen Beträge die jeweiligen Nennwerte in vollen DM. Der Umlagebeitrag UB(t) ist wiederum identisch mit dem auf den einzelnen Aktiven entfallenden Anteil L(t) der zur Zeit t fälligen Versorgungsleistungen.

| Jahr | UB(t) = L(t) | RL(t) |
|---|---|---|
| 0 | — | |
| 5 | 572 | |
| 10 | 1082 | |
| 15 | 1497 | |
| 20 | 1902 | |
| 25 | 2450 | |
| 30 | 2976 | 2806 |
| 35 | 3241 | 2888 |
| 40 | 3329 | 2969 |
| 45 | 3342 | 3050 |
| 50 | 3351 | 3132 |
| 55 | 3462 | 3213 |
| 60 | 3706 | 3295 |

Versorgungsabgabe (ohne Deckungsstock)

$$V_1(t) = 2330\,(1 + 0{,}01t)$$

Versorgungsabgabe (mit Deckungsstock)

$$V_2(t) = 1580\,(1 + 0{,}01t)$$

Tübinger Versorgungsabgabe (netto)

$$V(t) = 1000\,(1 + 0{,}01t)$$

Maximaler Deckungsstock

$$F_{28} = 23570$$

Reduzierte Leistungen

$$RL(t) = iF_{28} + (i + 1)\,V_2\,(t-1) = 707 + 1627{,}4\,(1 + 0{,}01\,[t-1])$$

Die steigende Kurve bedeutet den Nennwert UB(t) des Umlagebeitrags. Der Nennwert der nach dem Tübinger Verteilungsverfahren berechneten Versorgungsabgabe wird, wenn man auf Bildung eines Deckungsstocks verzichtet, durch die Gerade $V_1(t)$, und, wenn man einen Deckungsstock ansammelt, durch die Gerade $V_2(t)$ dargestellt. Da die erstgenannte Handhabung dem Umlageverfahren entspricht, ist hier Währungsunabhängigkeit vorhanden.

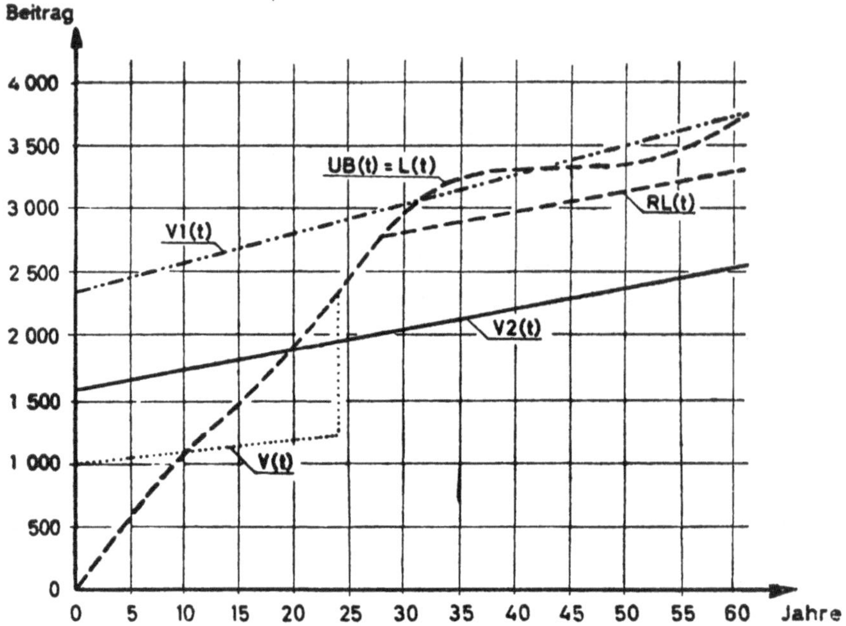


Bei Bildung eines Deckungsstocks gibt es verschiedene Möglichkeiten. Man kann den Deckungsstock, der bei rechnungsmäßigem Verlauf nach 28 Jahren sein Maximum erreicht, in der maximalen Höhe von 23 570,— DM beibehalten und seine Zinsen zusammen mit den aufkommenden Beiträgen für die fälligen Versorgungsleistungen verwenden. Dann muß man diese Leistungen vom 28. Jahr ab reduzieren. Den Nennwert dieser reduzierten Versorgungsleistungen gibt die Gerade RL(t) an, die nun an Stelle der durch die Kurve UB(t) dargestellten Versorgungsleistungen tritt. Unter Versorgungsleistungen ist wieder der auf den einzelnen Aktiven entfallende Anteil der fälligen Versorgungsleistungen zu verstehen. Man beachte, daß die Kurve UB(t), wenn man von den Schwankungen absieht, stärker ansteigt, als die Gerade RL(t). Die Bedeutung des Deckungsstocks wird immer geringer, bis man schließlich ins Umlageverfahren gerät, bei dem hier allerdings nur etwa zwei Drittel der ursprünglich vorgesehenen Versorgungsleistungen gewährt werden können.

Eine zweite Möglichkeit besteht darin, an den vollen Leistungen solange festzuhalten, bis der Deckungsstock aufgebraucht ist. Dann gelangt man sprunghaft ins Umlageverfahren.

Im Fall einer schleichenden Geldentwertung ergibt sich also auch bei Ansammlung eines Deckungsstocks das Umlageverfahren, wenn man nicht von vornherein — das wäre eine dritte Möglichkeit — die Versorgungsabgabe stärker anwachsen läßt als der Nominalwert des Geldes steigt, d. h., wenn man die Gerade $V_2(t)$ durch eine zur Geraden $V_1(t)$ parallele Gerade ersetzt. Diese Handhabung bedeutet aber, daß der für die Versorgungsabgabe erforderliche Prozentsatz des Einkommens steigt, und ist daher nicht brauchbar.

Auf die Verwendung von Punktwerten und Leistungszahlen soll hier bei diesen grundsätzlichen Erörterungen nicht eingegangen werden, obwohl die vorgesehene Handhabung der letzteren recht bedenklich ist, da man ihre nicht unerhebliche Auswirkung auf die Versorgungsabgabe nicht berücksichtigt hat.

## VI.

Die bisherigen Untersuchungen haben eine Reihe von Unzulänglichkeiten des Tübinger Verteilungsverfahrens aufgezeigt, obwohl dabei vorausgesetzt worden war, daß die für die Berechnung der Versorgungsabgabe angenommene Bestandsentwicklung auch tatsächlich eingetreten wäre. Die genannten Mängel verstärken sich, wenn die Versorgungsabgaben zu niedrig bemessen werden.

Eine Beurteilung der Höhe der Versorgungsabgabe zur Einhaltung eines bestimmten Versorgungsplanes läßt sich nicht ebenso eindeutig abgeben, wie die vorhergehende Beurteilung des Verfahrens selbst. Sie ist naturgemäß abhängig vom Grade der Vorsicht, die man bei der Wahl der Rechnungsgrundlagen und bei den Annahmen über den Neuzugang als notwendig erachtet.

Der Teil der Versorgungsabgabe, der bei der Tübinger Versorgungsanstalt zur Erfüllung der genannten Versorgungsleistungen zur Verfügung steht, beträgt zur Zeit etwa 1000 DM. Er ist in den Figuren durch die punktierten Linien gekennzeichnet. Bei Gültigkeit der benutzten Rechnungsgrundlagen würde dieser Betrag bei konstant bleibenden Einkommensverhältnissen nur 25 Jahre und bei der angenommenen schleichenden Geldentwertung nur 24 Jahre ausreichen, bis der Sprung ins Umlageverfahren erfolgt. Wird die Altersrente nur bei Aufgabe der Kassenpraxis gezahlt, so erhöhen sich diese Zahlen um 5—6 Jahre.

Es soll keineswegs behauptet werden, daß die hier beobachtete Vorsicht bei der Wahl der Rechnungsgrundlagen unbedingt nötig ist. Aber selbst bei weniger sorgfältig gewählten Rechnungsgrundlagen würde sich an den gefundenen Ergebnissen grundsätzlich nichts ändern, da es m. E. unwesentlich ist, ob die unvermeidlichen Sprünge ins Umlageverfahren einige Jahre früher oder später eintreten.

## VII.

Abschließend seien die wichtigsten Ergebnisse folgendermaßen zusammengefaßt:

Wird die Versorgungsabgabe nach den im Beharrungszustand zu erwartenden Versorgungsansprüchen berechnet und, wie ursprünglich vorgesehen, kein Deckungsstock, sondern nur ein kleiner Ausgleichsstock gebildet, so entspricht dies dem Umlageverfahren mit allen seinen Nachteilen.

Wird ein Deckungsstock angesammelt, dessen Notwendigkeit immer mehr erkannt zu werden scheint, und werden seine Zinsen von vornherein bei der Ermittlung der Versorgungsabgabe eingerechnet, so erhält man genau den technischen Durchschnittsbeitrag, der sich bei Berücksichtigung eines ewigen Neuzugangs ergibt und damit ebenfalls eine höchst bedenkliche Versicherungsform.

Die Unzulänglichkeiten des Verteilungsverfahrens werden durch die jährlich neue Festsetzung der Versorgungsleistungen nach den Beitragsaufkommen nicht aufgehoben und verstärken sich bei ungünstiger Entwicklung von Bestand und Neuzugang.

Die Währungsunabhängigkeit ist nur bei Verzicht auf einen Deckungsstock, d. h. nur beim reinen Umlageverfahren vorhanden.

Das in Württemberg-Hohenzollern zunächst festgesetzte Verhältnis von Versorgungsleistungen und Versorgungsabgabe kann auf die Dauer nicht aufrechterhalten werden. Nach Verbrauch der vorerst noch aufkommenden Überschüsse wird die Versorgungsabgabe plötzlich auf den Umlagebeitrag erhöht werden müssen.

Will man die Unzulänglichkeiten des Tübinger Verteilungsverfahrens beseitigen, so kommt man zum Verfahren des technischen Durchschnittsbeitrags, bei der ein Neuzugang für eine beschränkte Anzahl von Jahren berücksichtigt wird, also zu dem in der Gruppenversicherung üblichen Verfahren.

## Diskussionsbeitrag zum Vortrag Prof. Münzner

**Prof. Dr. Karl Freudenberg**, Berlin:

Von den Kurven, die in Herrn Prof. Münzners graphischer Darstellung eingezeichnet sind, ist V von allen biologischen Annahmen unabhängig. Alle anderen Kurven hingegen sind in ihrer Lage von solchen Annahmen abhängig. Über seine Annahmen hat Herr Prof. Münzner nun wenig mitgeteilt, nämlich nur, daß er die von ihm als üblich bezeichneten Invalidisierungswahrscheinlichkeiten auf zwei Drittel herabgesetzt hat. Aber auch mit dieser Reduktion bleiben die aus der Sozialversicherung stammenden Invalidisierungswahrscheinlichkeiten, wie die Erfahrung zeigt, für einen freien akademischen Beruf noch weitaus zu hoch. Entsprechendes dürfte für die Sterbewahrscheinlichkeiten der Invaliden gelten, die nach den üblichen Unterlagen niedriger sind als nach den tatsächlichen Verhältnissen bei Invaliden aus dem ärztlichen oder einem verwandten Berufe. Über die quasibiologischen Grundlagen, also Anteil der Verheirateten in den einzelnen Altersklassen, Altersunterschied zwischen den Ehegatten, Zahl und Alter der Kinder, hat Prof. Münzner nichts gesagt. Auch durch diese Rechnungsgrundlagen können sich die Kurven verschieben. Jenseits des Grenzalters, das für die Ärzte mit 70 Jahren angesetzt ist, wird die Rente auch bei weitem nicht von allen in Anspruch genommen; viele Ärzte ziehen es vor, noch etliche Jahre länger ihre Kassenpraxis fortzuführen. Allerdings ist dies für Zukunftsberechnungen ein unsicherer Faktor, da vielleicht bei Besserung der wirtschaftlichen Lage und entsprechender Ersparnisbildung mehr Ärzte geneigt sein werden, schon mit 70 Jahren auf die Kassenpraxis zu verzichten. Eine — im großen ganzen untergeordnete — Frage ist es auch noch, ob man das Vorhandensein weiblicher Personen unter den Versicherten bei Ärzten und ähnlichen Berufen ebenso in seiner Auswirkung einschätzen darf, wie es bei Berechnungen für Pensionskassen gemacht zu werden pflegt.

Die Berücksichtigung aller dieser Einwände würde vermutlich alle Kurven außer V herunterdrücken, dabei aber an ihren Proportionen untereinander wahrscheinlich nicht viel ändern; hingegen ist die Anfangslage von V unveränderlich, die anderen Kurven würden also näher an V heranrücken, und V könnte deshalb länger als nach der Graphik in seiner Anfangslage bleiben und würde entsprechend später dann nur zu dem niedriger zu bemessenden Umlagebeitrag ansteigen.

# B. Rechtsfragen der Transportversicherung

## Die Eigenarten der Transportversicherung

Von Professor Dr. jur. v. Gierke, Göttingen

Zum Thema darf ich im wesentlichen auf meine Ausführungen in der Festschrift für Herbert Kraus verweisen. Ich beschränke mich darauf, einige wesentliche Punkte herauszugreifen. Hier sei jedoch die vor kurzem erschienene Schrift von Hellauer erwähnt, die Wesen und Entwicklung der Transportversicherung seit Lloyds in ansprechender Weise darstellt. Die betriebswirtschaftliche Betrachtung hätte gewisse Vorschriften und Grundsätze des Versicherungsrechts einbeziehen können. Damit wäre die Einheit der versicherungswissenschaftlichen Disziplinen gewahrt worden. Weder der Volkswirt noch der Betriebswirt können auf die rechtliche Betrachtung verzichten, wie umgekehrt die rechtliche Behandlung praktischer Probleme des Versicherungswesens durch volks- und betriebswirtschaftliche Anschauungen bereichert wird. Der Wirtschaftler muß die gesetzlichen Fakten berücksichtigen, gewissermaßen auf ihnen aufbauen, um zu der von ihm erstrebten Lösung zu gelangen. Wenn er nicht die gesetzlichen Bestimmungen beachtet — was im Kreise der Anwesenden selbstverständlich geschieht —, bewegt er sich allzu leicht in abstrakten Spekulationen. Gleichermaßen dürfte der Jurist nicht völlig von der wirtschaftlichen Blickrichtung absehen, will er lebensnahe Regelungen finden und stützen. Aus dieser Erkenntnis wurde eine versicherungswissenschaftliche Lehre und Forschung geboren, einst vom Göttinger Seminar eines Lexis ausgehend, welches Versicherungsrecht, Versicherungswesen und Versicherungsmathematik umfaßt, an den verschiedenen deutschen Hochschulen inzwischen weitergetragen und nun in unserer Arbeitsgemeinschaft aus der Vereinigung der einzelnen Disziplinen gehegt und gepflegt in Verbindung mit der Versicherungspraxis.

Die Eigenart der Transportversicherung ergibt sich zunächst aus ihren Betriebsformen. Dabei hat der Umfang des Risikos maßgeblichen Einfluß gehabt. Transporte erfolgen bekanntlich zu Wasser (See und Binnengewässer), zu Lande und durch die Luft. Ihrer Versicherung liegt typisch eine Gesamtgefahr, die der Beförderung zugrunde, also eine Zusammenfassung der unterschiedlichen Gefahren zu einer Gesamtheit (Universalität). Das hat Bedeutung für die Beweislast. Die Transportversicherung stellt sich als eine Einheitsversicherung von Rechts wegen und im Zweifel dar. Dieser Grundsatz wird durch den Ausschluß bestimmter Gefahren eingeschränkt. Ausgeschlossen sind heute auch der Schutz von Personen sowie im allgemeinen die aus dem Transport von Gütern entstehenden Haftpflichten. Für diese Beförderungsgefahren sind die Zweige der Unfall- und Haftpflichtversicherung zuständig, es sei denn, gewisse Haftpflichtschäden sind durch Rechtsordnung oder Versicherungspraxis in die Transportversicherung eingebettet. Ihrem Wesen nach stellt die Transportversicherung nunmehr eine Sachversicherung dar. Sie gewährt selbständigen Versicherungsschutz gegen die Gefahren, welche Transportmitteln oder Transportgütern unmittelbar durch die Beförderung drohen.

Aus der Technik des Versicherungsschutzes ergeben sich dann verschiedene Arten von Transportversicherungen. Aus der Seeversicherung hat sich erstmalig die Prämienversicherung entwickelt, wobei private Versicherungs-Vereine auf Gegenseitigkeit jedoch ganz in den Hintergrund treten. Auch der Einzelversicherer, in der Seeversicherung einst die Regel, wurde durch die Aktiengesellschaft verdrängt. Diese Betriebsform erklärt sich aus einer anderen Eigenart der Transportversicherung. Die Versicherungsnehmer sind in großer Anzahl Kaufleute oder sonstige Gewerbetreibende. Dieser gewerbliche Kundenkreis prägt den privatwirtschaftlichen Betriebscharakter, d. h. das Geschäft wird gewerblich betrieben, und es werden die Risiken, von gelegentlichen Mitversicherungsverträgen abgesehen, von Gesellschaften planmäßig übernommen. Die Größe des Risikos enthält ein spekulatives Moment, drängt aber nach Aktiengesellschaften. Außerdem sind Zusammenschlüsse der Versicherer zu beobachten, die zu eigenartigen Betriebsformen führen, so in Deutschland zu Pools, die besonders schwere Risiken gemeinschaftlich übernehmen.

Weitere Kennzeichen der Transportversicherung sind ihr internationaler Zug und die Kurzfristigkeit der Verträge. Sie wird beherrscht vom Beförderungsverkehr und hat daher die Tendenz einer Ausbreitung über die staatlichen Grenzen. Letzteres fällt Gegenseitigkeitsvereinen schwer, weshalb die Versicherungsnehmer aus Gewerbekreisen auch die Aktiengesellschaften vorziehen. Sie möchten sich des weiteren lieber gewerblichen Betriebsformen anvertrauen, weil die Risiken meist auf nicht lange Dauer abgestellt sind. Ein Blick auf die deutschen öffentlichen Versicherungsanstalten, die ihr Geschäft allmählich in allen Sparten mit Ausnahme der Transportversicherung aufnehmen konnten, bestätigt die Bevorzugung privatwirtschaftlicher Betriebsformen durch Gewerbetreibende. (Wohl hat dazu auch der regionale Aufbau der öffentlichen Versicherungsanstalten beigetragen, was wiederum der Ausbreitungstendenz entgegensteht.)

Die Transportversicherung kennzeichnet letztlich eine Betriebsfreiheit, und zwar hinsichtlich der zwingenden Beschränkungen der Vertragsfreiheit im Versicherungsrecht und sodann in bezug auf die Beaufsichtigung durch das Aufsichtsamt. Wenn auch nicht ausnahmslos, liegt hier eine doppelte Befreiung vor. Das VVG enthält viele Vorschriften, von denen zum Nachteil des Versicherungsnehmers in den Versicherungsbedingungen nicht abgewichen werden kann. Infolge der Einstellung der Transportversicherung auf Gewerbetreibende und ihres internationalen Charakters entfällt die Einengung der Vertragsfreiheit, indem z. B. weder die Seeversicherung noch die Binnentransportversicherung von Gütern den zwingenden Vorschriften des Vertragsgesetzes unterliegen. Denn die Gewerbetreibenden können sich selbst vor ungünstigen Vertragsklauseln schützen. Zwangsvorschriften würden außerdem den Auslandsverkehr hemmen. Ebenso ist die Transportversicherung mit Ausnahme der Versicherungsvereine auf Gegenseitigkeit und der Kraftfahrzeug- und Fahrradversicherung von der staatlichen Aufsicht frei. Die gewerbliche Wirtschaft bedarf eines Vertragsschutzes nicht, der Gewerbetreibende sorgt selbst für seine eigenen Interessen.

# C. Der Risikogedanke im Vertragsrecht

## Der Risikogedanke im Vertragsrecht, insbesondere im Versicherungsvertrag

Kurzreferat auf der IV. Tagung der Arbeitsgemeinschaft Deutscher Versicherungswissenschaftler, am 3. März 1954.

Von Prof. Dr. jur. Wolfgang Siebert, Göttingen

Wenn ich Ihnen heute in Form einer kurzen Skizze einige Erwägungen über den Risikogedanken im Vertragsrecht, insbesondere im Versicherungsvertrag, vortragen will, so soll schon diese Fassung meines Themas zum Ausdruck bringen, daß ich hierbei einen engen Zusammenhang, ja sogar eine systematische Einheit zwischen dem allgemeinen bürgerlich-rechtlichen Vertragsrecht und dem Versicherungsvertrag herausarbeiten möchte[1].

### I.

Wert und Bedeutung des Risikogedankens sind im allgemeinen Recht des Schuldvertrages erst allmählich entwickelt worden, und wahrscheinlich haben wir eine volle Auswertung dieses Gedankens im Privatrecht noch nicht erreicht[2]. Das BGB kennt die Begriffe Risiko, Risikoübernahme und Risikoverteilung nicht. Es spricht zwar mehrfach von Gefahrtragung und Gefahrübergang, z. B. bei Kauf- und Werkvertrag, und es ist sicherlich statthaft, die Begriffe Gefahr und Risiko in weitem Umfange gleichzusetzen, vor allem, soweit es sich um die Gegenleistungs- oder Vergütungsgefahr handelt. Aber diese Bestimmungen des BGB erschöpfen den Risikogedanken nicht; sie sind nur Teilstücke eines in Wahrheit viel umfassenderen

[1] Form und Umfang des Kurzreferats sind beibehalten worden, obwohl das Thema darin nur in einigen Richtungen skizziert werden konnte. Eine ausführlichere Stellungnahme, insbesondere zu der Gefahrtragungstheorie, die von Professor *Möller*-Hamburg in der Diskussion mit sehr beachtlichen Gründen den hier gemachten Ausführungen gegenübergestellt wurde, bleibt vorbehalten.

[2] Besonders wertvoll aus neuerer Zeit *v. Schenck*, Der Begriff der „Sphäre" in der Rechtswissenschaft, insbes. als Grundlage der Schadenszurechnung, ungedr. Diss. Hamburg 1950.

Problems, dessen Inhalt und Systematik ich hier allenfalls andeuten kann.

Immerhin liefern diese Teilstücke bereits wertvolle Erkenntnisse. So wird z. B. ein leistungsbezogener Risikogedanke typisch dort wirksam, wo die Rechtsfolgen einer unverschuldeten Leistungsstörung zu regeln sind. Welcher Vertragspartner dann den Nachteil tragen soll, ist eine Frage der Abgrenzung von Risikobereichen oder Risikosphären, und die Abgrenzung dieser Sphären richtet sich vielfach danach, wer den Gefahrenbereich beherrschen oder wenigstens beeinflussen kann. Herrschaft und Risiko, Machtbereich und Risikosphäre gehören sachlich zusammen[3]. Daraus erklärt sich z. B. der allgemeine Rechtsgrundsatz des § 323 BGB, wonach bei einem gegenseitigen Vertrag jeder Partner den Anspruch auf die Gegenleistung nur behält, wenn er seine eigene Leistung erbringen kann; jeder Partner trägt also das Risiko, den Anspruch auf die Gegenleistung zu verlieren, weil die Erfüllbarkeit seiner Leistung zur eigenen Herrschafts- und Risikosphäre gehört. So erhält der Verkäufer nicht den Kaufpreis, wenn seine eigene Leistung vor der Übergabe an den Käufer unmöglich wird (§ 446 BGB); beim Werkvertrag trifft den Unternehmer das Risiko der Herstellung vermöge seiner Unternehmerherrschaft (§ 644 BGB).

Der Herrschafts- oder Machtgedanke ist allerdings nicht der einzige Maßstab für die Abgrenzung von Risikosphären. Das zeigt sich z. B. bei dem Versendungskauf: in § 447 BGB wird das Transportrisiko dem Käufer auferlegt, aber nicht deshalb, weil er den Kaufgegenstand bereits während der Versendung beherrscht, sondern weil er vom Verkäufer über dessen typische Schuldnerpflicht hinaus die Versendung verlangt hat. Bei der unentgeltlichen Verwahrung trägt der Hinterleger das Risiko, weil er die Sache dem Verwahrer anvertraut hat. Im Arbeitsvertragsrecht spielt die Abgrenzung der Risikosphären eine große Rolle bei unverschuldeten Betriebsstörungen; hier stehen gegenüber die Risikosphäre des Unternehmers (Herrschaftsgedanke) und die durch die betriebsverfassungsrechtliche Solidarität begründete Risikosphäre der Belegschaft. Die normale technische Betriebsstörung gehört zum Unternehmerrisiko, so daß der Unternehmer auch bei Unmöglichkeit der Arbeitsleistung den Lohn weiter zahlen muß. Das klassische Beispiel für eine in den Risikobereich der Belegschaft fallende Störung ist der Teilstreik[4].

[3] Den Ausgangspunkt für diese Betrachtungsweise bildet der Satz „casum sentit dominus“.

[4] Vgl. RGZ 106, S. 272; ferner z. B. *Hedemann*, Lohnzahlung bei Arbeitsverhinderung, 1923; *Galperin*, DRZ 1948, S. 193; *Nikisch*, SJZ 1948, S. 14, und Lehrbuch des Arbeitsrechts, 1951, S. 180 ff. Übersicht über die Rechtsprechung bis 1948 in: „Betriebsrisiko“, Heft 1 der Schriftenreihe des Betriebsberaters, 1948.

Aus den Vorschriften des BGB über Gefahrenübergang lassen sich auch bereits Ansatzpunkte für eine *systematische Ordnung des Risiko- oder Gefahrenproblems* entwickeln. Beispielsweise kann und muß der Gefahrenbegriff beim Versendungskauf gem. § 447 BGB folgendermaßen gegliedert werden:[5]

a) Der *Gegenstand* der Gefahr, d. h. das Rechtsgut, das von der Gefahr bedroht ist; hier: der Gegenstand des Kaufvertrages.

b) Die *Art* der Gefahr, d. h. die konkreten Schäden, in denen sich die Gefahr entwickeln kann; hier: Untergang oder Verschlechterung des Kaufgegenstandes (aber wohl nicht: ungewöhnlich lange Dauer des Transports).

c) Die *Zeit* der Gefahr, d. h. die zeitliche Begrenzung und Aufgliederung des Gefahrenzustandes; hier: die Zeitspanne von der Übergabe der Sache an die Transportanstalt bis zum Eintritt des Erfüllungserfolges.

Dagegen sagt § 447 nichts über einen vierten Gesichtspunkt, nämlich die in Frage kommenden *Gefahrenquellen* — weshalb auch lebhaft umstritten ist, ob die „Gefahr" i. S. des § 447 alle in Frage kommenden oder nur ganz bestimmte Gefahrenquellen umfaßt[6]. Jedenfalls ist schon bei dieser BGB-Bestimmung eine systematische Ordnung des Risiko- oder Gefahrenbegriffs möglich und notwendig, die dann im Recht der Privatversicherung weiter auszubauen ist, aber nicht etwa auf einer anderen Ebene völlig neu entwickelt werden muß.

In einer anderen Richtung wird der Risikogedanke auch ohne ausdrückliche gesetzliche Bestimmungen im allgemeinen Schuldrechtsvertrag wirksam, nämlich bei der Begrenzung der schuldnerischen Leistungspflicht. Was Heck als „Opfergrenze" bezeichnet hat, was andere als wirtschaftliche Unmöglichkeit, Unzumutbarkeit oder Unerschwinglichkeit entwickelt haben[7], ist offensichtlich ein Risikoproblem: Ereignisse, die den Schuldner übermäßig belasten, d. h. sein Risiko überschreiten, jenseits seiner Risikosphäre liegen, müssen den Schuldvertrag wesentlich ändern, nämlich entweder den Inhalt der Leistungen dem tragbaren Risiko anpassen oder die Beendigung des Vertrages ermöglichen.

---

[5] Vgl. *v. Schenck*, a. a. O., S. 82 ff.

[6] Beschränkung auf die typische Beförderungsgefahr RGZ 93, S. 330; etwas weiter OGH MDR 1948, S. 394, wonach auch Veränderungen der rechtlichen Verhältnisse zur Beförderungsgefahr gehören können; noch weiter z. B. *Beitzke*, MDR 1947, S. 281. Vgl. allgemein *Bettermann*, Risiko und Beschlagnahme, Ztschr. f. d. ges. Handelsrecht Bd. 111, S. 102 ff.

[7] *Heck*, Schuldrecht, 1929, S. 85 ff.; *Enneccerus-Lehmann*, Recht der Schuldverhältnisse, 13. Bearb., 1950, S. 120 ff.; *Esser*, Schuldrecht, 1949, S. 136; *Larenz*, Schuldrecht Bd. I, 1953, S. 83 ff.; *Soergel*, BGB, 8. Aufl., Bd. I, 1952, § 242 Bem. D, S. 603 ff.

In diesen Zusammenhang gehört auch die Lehre vom Wegfall der Geschäftsgrundlage, denn die hier typischen Fälle sind gekennzeichnet dadurch, daß das Ereignis und seine Folgen nicht in die Risikosphäre des einen oder anderen Teils passen: Änderung oder Wegfall der Geschäftsgrundlage liegt dann vor, wenn das Ereignis mit seinen Folgen die Sphärengrenze überschreitet und daher das gesamte Vertragsgefüge erschüttert[8].

Der Zusammenhang mit dem Risikogedanken erklärt daher auch den Rechtsgrundsatz, daß eine bewußte Risikoübernahme die Berufung auf Wegfall der Geschäftsgrundlage ausschließt — aber nur so weit, als die hier durch den Vertragsinhalt abgegrenzte Risikosphäre reicht[9].

Eine weitere Steigerung erfährt der Risikogedanke dadurch, daß die bewußte Übernahme eines Risikos einen besonderen Vertragstypus innerhalb unseres Schuldrechts geschaffen hat und kennzeichnet: nämlich die gewagten Geschäfte oder aleatorischen Verträge, insbesondere Spiel und Wette, in gewissem Sinn auch den Rentenkauf[10]. Übernimmt der eine Vertragspartner oder übernehmen beide Vertragspartner bewußt bestimmte Risiken, so wird damit ein Fehlschlag der Spekulation in Kauf genommen. Dementsprechend gibt der Eintritt des Fehlschlages keinerlei Recht zu Änderung des Vertragsinhalts oder zur Aufhebung der Vertragspflicht.

Der Gesichtspunkt der bewußten Übernahme des Risikos leitet nun über zum Versicherungsvertrag.

## II.

Sehen wir von der Kategorie der gewagten Verträge ab, so liegt es nahe, dem Risikogedanken im allgemeinen Schuldvertragsrecht und im Versicherungsvertragsrecht eine verschiedene Rolle zuzuweisen: beim Versicherungsvertrag übernimmt der Versicherer *unmittelbar* das Risiko und macht es zum Gegenstand seiner Leistung,

---

8 Vgl. bes. *Larenz,* Geschäftsgrundlage und Vertragserfüllung, 1951; *Soergel,* a. a. O., § 242, Bem. D, S. 603 ff.; *Kegel,* Empfiehlt es sich, den Einfluß grundlegender Veränderungen des Wirtschaftslebens auf Verträge gesetzlich zu regeln?, Gutachten zum 40. Deutschen Juristentag, 1953.

9 *Soergel,* a. a. O., § 242, Bem. D, S. 609 f.

10 Allgem. über gewagte (aleatorische) Verträge, z. B. F. *Endemann,* Lehrb. d. Bürgerlichen Rechts, Bd. I, 9. Aufl., 1903, S. 931 ff., 1171 ff.; dort auch über den Hoffnungskauf (emptio spei): „Damit rechtfertigen gewandte Juristen die Lotterie, die Versicherungsgeschäfte, den Leibrentenvertrag, das Promessengeschäft usw." (S. 932, Anm. 17). Vgl. auch *Esser,* Schuldrecht, S. 387: Das aleatorische Element des Versicherungsrisikos ist zwar nicht beseitigt, aber zurückgedrängt.

während bei den anderen schuldrechtlichen Verträgen der Risikogedanke besonders im Falle von Leistungsstörungen und Wertverschiebungen Bedeutung erlangt und dabei *sekundär* zu einer Änderung der Leistungspflicht führen kann. Kurz gesagt: Risiko als Leistungsinhalt beim Versicherungsvertrag, Risiko als Zurechnungsmaßstab für die Einstandspflicht bei Störungen im allgemeinen Schuldvertrag.

Die Auffassung, daß die Risikoübernahme die Leistungspflicht des Versicherers darstelle, erscheint bei wirtschaftlicher Betrachtungsweise durchaus berechtigt. Es ist selbstverständlich, daß der Versicherungsnehmer die gezahlten Prämien auch dann nicht zurückverlangen kann, wenn der Versicherungsfall überhaupt nicht eintritt. Also muß hier der Versicherer auch bei Nichteintritt des Versicherungsfalles etwas erbracht haben, was die Zahlung der Prämie als Entgelt rechtfertigt. Ist diese Leistung des Versicherers die Risikoübernahme auf Grund des Versicherungsvertrages? Und wie wäre ein solcher Leistungsbegriff in die Dogmatik des allgemeinen Schuldvertragsrechts einzubauen?

1. Geht man zunächst von den positiven Bestimmungen des VVG (§ 1) aus, so verpflichtet sich der Versicherer durch den Abschluß des Versicherungsvertrages, entweder den eingetretenen Vermögensschaden zu ersetzen oder, bei der Lebens- und Unfallversicherung, den vereinbarten Betrag als Kapital oder Rente zu zahlen. In beiden Fällen übernimmt der Versicherer also Pflichten zu Geldleistungen, teils aufschiebend bedingt, teils aufschiebend befristet. — Im Folgenden stelle ich die Schadensversicherung und daher die aufschiebend bedingte Verpflichtung in den Vordergrund, weil die Problematik hier umfassender ist als bei der Lebens- und Unfallversicherung.

Bei der Schadensversicherung entsteht für den Versicherungsnehmer durch den Abschluß des Vertrages ein *bedingter Anspruch auf Geldleistung.* Man hat zwar bezweifelt, ob dieser Geldleistungsanspruch bereits ein aufschiebend bedingter und nicht nur erst ein zukünftiger sei, weil nicht nur sein Bestand, sondern auch sein Umfang erst durch den späteren Schadensfall erkennbar würde[11]. Ich halte dieses Bedenken jedoch nicht für durchschlagend, weil die Maßstäbe für die Bestimmung der Summe bereits eindeutig vereinbart sind, so daß auch der Umfang des Anspruchs von vornherein objektiv bestimmbar ist.

Hat hiernach der Versicherungsnehmer von Anfang an und während der ganzen Dauer des Versicherungsverhältnisses einen

[11] Vgl. F. *Haymann,* Leistung und Gegenleistung im Versicherungsvertrag, 1933, S. 24, Anm. 1 und 2 mit weiteren Nachweisen.

aufschiebend bedingten Anspruch auf Geldleistung, so könnte man seine Rechtsstellung nach der gerade im Bereich des Rechts der Bedingung üblichen Terminologie als *Anwartschaft* bezeichnen — obwohl mir dieser Begriff aus Gründen, die noch darzulegen sein werden, nicht genau genug erscheint.

Nach der sog. *Geldleistungstheorie*, die u. a. von *Ehrenberg*, *Ehrenzweig*, *Julius v. Gierke*, *Kisch* und *Prölss* vertreten wird[12], ist die Leistungspflicht des Versicherers aus dem Versicherungsvertrag mit dieser bedingten Zahlungspflicht identisch. Risikoübernahme und Gefahrtragung sind nach dieser Meinung nur wirtschaftliche Begriffe, die den Haftungszustand bezeichnen, der sich aus der bedingten Leistungspflicht ergibt; als Leistungsinhalt aber kommt die Gefahrtragung nicht in Betracht.

Die Geldleistungstheorie ist deshalb bestechend, weil eine bedingte Geldleistungspflicht des Versicherers unbestreitbar ist und weil mit dieser Auffassung von der Leistungspflicht eine Einordnung des Versicherungsvertrages in die allgemeinen Kategorien des Schuldrechtsvertrages ohne Schwierigkeiten möglich ist.

Geht aber die Geldleistungstheorie über diese Bestimmung der Leistungspflicht des Versicheres nicht hinaus, so bleibt sie die Antwort auf die schon eingangs aufgeworfene Frage schuldig, wofür eigentlich der Versicherungsnehmer seine Prämien gezahlt hat, wenn der Versicherungsfall nicht eintritt. Wodurch ist der Versicherungsnehmer rechtlich gehindert, seine Prämien mit der Begründung zurückzufordern, daß er sie ohne Gegenleistung und ohne Rechtsgrund erbracht habe? Wirtschaftlich gesehen: Wenn lediglich eine aufschiebend bedingte Geldzahlungspflicht besteht, so würde der Nichteintritt des Versicherungsfalls einen Wegfall der Bedingung und damit einen Fehlschlag des Geschäfts bedeuten. Hätte der Versicherungsnehmer einen anderen bedingten Schuldvertrag abgeschlossen, etwa ein Haus aufschiebend bedingt gekauft, so würde er ja auch den etwa bereits geleisteten Kaufpreis zurückfordern können, wenn die Bedingung ausfällt und der Verkäufer deshalb zur Übereignung des Hauses nicht mehr verpflichtet ist. Ich bin mir darüber klar, daß dieses Beispiel nicht ganz korrekt ist, weil hier Leistung *und* Gegenleistung bedingt sind. Jedenfalls aber ist doch wohl sicher, daß die *bloße Anwartschaft* aus aufschiebend bedingter Verpflichtung nach dem System unseres allgemeinen Vertragsrechts *nicht ohne weiteres* Entgelt und Rechtsgrund für die Prämien-

---

[12] *Ehrenberg*, Privatversicherungsrecht, 1923, S. 10; *Ehrenzweig*, Deutsches (Österreichisches) Versicherungsvertragsrecht, 1952, S. 162; J. *v. Gierke*, Versicherungsrecht I, 1937, S. 90 f., 115 ff.; W. *Kisch*, Handbuch des Privatversicherungsrechts, Bd. II, 1920, S. 87 ff.; *Prölss*, Versicherungsvertragsgesetz, 8. Aufl., 1954, § 1, Anm. 2.

zahlung darstellt. *Es ist also notwendig, eine wirtschaftlich und rechtlich befriedigende Verknüpfung zwischen Anwartschaft und Prämienzahlung zu finden.*

2. Die *Gefahrtragungstheorie* umgeht diese Problematik der Anwartschaft, weil sie die Leistung des Versicherers nicht erst in der Verschaffung des bedingten Zahlungsanspruchs, sondern in der Gefahrübernahme als einer umfassenden Leistungspflicht sieht, aus der sich dann bei Eintritt des Versicherungsfalles der Geldleistungsanspruch nur als Ausformung entwickelt[13].

Es ist aber zweifelhaft, ob und in welchem Sinne die Gefahrtragung nach dem allgemeinen Schuldrecht Inhalt der Leistungspflicht eines Schuldners sein kann.

Gefahrtragung schlechthin ist kein Leistungsgegenstand, denn die Gefahrtragung ist nichts Substantielles, das in einem Tun oder Unterlassen im Sinne der §§ 241 ff. BGB bestehen könnte. Gefahrtragung kann daher auch niemals Gegenstand eines klagbaren Anspruchs sein[14]. Deshalb sieht sich die Gefahrtragungstheorie genötigt, die Leistungspflicht des Versicherers nicht allgemein auf die Gefahrübernahme zu beziehen, sondern statt einer allgemeinen Gefahrtragungspflicht eine *Pflicht zu konkreten Bereitschafts- und Vorsorgehandlungen* anzunehmen, in denen die Gefahrtragung zum Ausdruck kommt. Für die Erfüllung dieser Bereitschafts- und Vorsorgehandlungen wird dann die Prämie gezahlt, so daß auch bei Nichteintritt des Versicherungsfalles Leistung und Gegenleistung erbracht sind. Insoweit wären also die Schwierigkeiten, denen die Geldleistungstheorie ausgesetzt ist, vermieden. Es fragt sich aber, ob der Versicherer tatsächlich nach dem Inhalt des Versicherungsvertrages solche Bereitschafts- und Vorsorgehandlungen schuldet.

Einen Versuch zur Begründung einer schuldrechtlich faßbaren Gefahrtragungspflicht hat *Schmidt-Rimpler* gemacht[15]. Ohne die materielle Leistungspflicht des Versicherers zu erweitern, leitet er aus dem Versicherungsvertrag eine unbedingte, also sogleich aktuelle Verpflichtung des Versicherers ab, eine bedingte Verpflichtung für den Schadensfall zu übernehmen. Damit gewinnt er eine Leistung, die der Versicherer in Erfüllung des Versicherungsvertrages erbringt und für die er als Gegenleistung die Prämien verlangen kann. Diese Konstruktion ist jedoch m. E. nicht haltbar,

[13] Zusammenstellung des Schrifttums und der Rechtsprechung für und gegen die Gefahrtragungstheorie bei *Bruck-Möller*, Kommentar zum Versicherungsvertragsgesetz, 8. Aufl., 1953, § 1, Anm. 44, 45. Im übrigen siehe Anm. 15, 16.

[14] So bes. J. *v. Gierke*, a. a. O.; auch *Kisch*, a. a. O., S. 89.

[15] *Schmidt-Rimpler*, Über einige Grundbegriffe des Privatversicherungsrechts, in: Beitr. z. Wirtschaftsrecht (Festschrift für E. Heymann), 1930, Bd. II, S. 1211 ff.

denn die bedingte Verpflichtung zur Geldleistung ist unmittelbar mit dem Abschluß des Versicherungsvertrages übernommen; die Verpflichtung zu einer Verpflichtung ist unserem Schuldrecht — außerhalb des Vortrages, den Schmidt-Rimpler sicherlich nicht gemeint hat — nicht bekannt.

Einen anderen Weg sind die Hauptvertreter der Gefahrtragungstheorie, nämlich *Bruck, Möller, Grieshaber,* gegangen[16]. Sie machen die Gefahrtragung mittelbar dadurch zur Leistungspflicht des Versicherers, daß sie ihm besondere und selbständige Bereitschaftspflichten auferlegen. Nach dieser Auffassung übernimmt der Versicherer mit dem Versicherungsvertrag vor allem die Verpflichtung, für den Schadensfall Vorsorge zu treffen, die Gefahrengemeinschaft zu organisieren u. dgl. Diese laufend geschuldete Gefahrtragungsleistung tritt dann beim Schadensfall in ein akutes Stadium über und wird zur Geldleistungspflicht; es handelt sich aber um eine inhaltlich einheitliche Leistungspflicht. Folgerichtig räumen diese Vertreter der Gefahrtragungstheorie dem Versicherungsnehmer einen klagbaren Anspruch auf Erfüllung der Bereitschaftspflicht ein; der Versicherungsnehmer kann also etwa darauf klagen, daß der Versicherer sich Rückdeckung verschafft oder bestimmte Reserven anlegt[17].

Wie deutlich erkennbar ist, führt diese Auffassung zu einer *Erweiterung der Pflichten des Versicherers.* Sicherlich können Verpflichtungen zu bestimmten vorbereitenden und vorsorgenden Maßnahmen durch ausdrückliche Vereinbarung der Vertragschließenden geschaffen werden. Aber solche Vereinbarungen lassen sich dem Inhalt des normalen Versicherungsvertrages nicht entnehmen. Der Versicherer tritt als selbständiger Unternehmer auf, und es ist seine Sache, wie er sich auf die bedingt versprochene Leistung vorbereitet. Der Gläubiger würde in einer unserem Schuldvertrags- und unserem Wirtschaftsrecht sonst fremden Weise in die Unternehmersphäre seines Schuldners eingreifen, wenn er bestimmen könnte, welche einzelnen Vorbereitungs- und Sicherungsmaßnahmen vom Schuldner zu treffen sind. Zwar ist der Schuldner grundsätzlich verpflichtet, bei der Vorbereitung und Durchführung der Leistung diejenige Sorgfalt und Mühe aufzuwenden, deren es bedarf, um den Schuldzweck zu erreichen[18]. Beispielsweise hat der Verkäufer die verkaufte,

---

[16] *Bruck,* Das Privatversicherungsrecht, 1930, S. 365 ff.; *ders.,* Die Gefahrtragung des Versicherers, WuR 1932, S. 1 ff.; *Bruck-Möller,* a. a. O., § 1, Anm. 34 ff.; *Grieshaber,* Das Synallagma des Versicherungsvertrags, 1914, S. 88 ff.; *Lehmann,* Leistung und Gegenleistung bei gewagten Verträgen, Diss. Kiel 1935 und JW 1934, S. 2006; wohl auch O. *v. Gierke,* Deutsches Privatrecht, Bd. III, 1917, S. 795 f.

[17] So bes. *Bruck-Möller,* a. a. O., Anm. 41, 42.

[18] Hierzu und zum folgenden bes. *Larenz,* Schuldrecht, Bd. I, S. 5 ff.

aber dem Käufer noch nicht übergebene Sache bis zur Lieferung so aufzubewahren, daß sie vor vermeidbarem Schaden geschützt ist. Aber die Verletzung solcher sog. Verhaltenspflichten begründet nur Schadensersatzansprüche oder Kündigungs- und Rücktrittsrechte; grundsätzlich besteht jedoch kein klagbarer Anspruch auf Erfüllung, da diese Pflichten sekundärer Natur sind. Nur ausnahmsweise sind derartige Verhaltenspflichten einklagbar, nämlich dann, wenn ein besonders schutzwürdiges Interesse an der gesonderten Rechtsverfolgung besteht. Beispielsweise könnte aus dem Mietvertrag auf Unterlassung bestimmter Belästigungen des Hauswirts durch den Mieter oder umgekehrt geklagt werden. Die Natur des Versicherungsverhältnisses bietet aber keinen Anlaß, aus dieser Ausnahmemöglichkeit eine Regel zu machen und dem Versicherungsnehmer also grundsätzlich klagbare Ansprüche auf Erfüllung bestimmter Verhaltenspflichten des Versicherers zu geben. Die Möglichkeiten zur sachgerechten unternehmerischen Vorsorge sind beim Versicherer so vielgestaltig, daß ein weiter Ermessensbereich besteht, den der Gläubiger nicht einengen darf. Auch der Sparer kann ja nicht von seiner Sparkasse verlangen, daß sie sein Geld in bestimmter Weise anlegt. Wo sich aus dieser unternehmerischen Freiheit Gefährdungen des Publikums ergeben, greift eine Staatsaufsicht ein, so gerade bei Banken, Sparkassen und im Versicherungswesen. Diese Staatsaufsicht hat zur Folge, daß für privatrechtliche Überwachungs- und Lenkungsansprüche kein Bedürfnis besteht.

3. Eine selbständige Auffassung von der Leistungspflicht des Versicherers außerhalb von Geldleistungs- und Gefahrtragungstheorie hat *Haymann*[19] vertreten. Er versucht, vor die Geldleistungspflicht ein Verhalten des Versicherers vorzuschalten, das die Prämienzahlung auch bei Nichteintritt des Versicherungsfalls rechtfertigt: er sieht bereits in dem Abschluß des Versicherungsvertrages eine „Leistung", die aber ihren Rechtsgrund nicht in einem vorhergehenden Verpflichtungsverhältnis hat, sondern unmittelbar erbracht wird, sich also von der Leistung im Sinne des § 241 BGB unterscheidet. Auch diese Auffassung leidet darunter, daß sie sich von dem allgemeinen System des Schuldrechts entfernt, weil sie mit einem doppelten Leistungsbegriff arbeitet. Nach der Haymannschen Auffassung würde nämlich der Abschluß jedes Verpflichtungsvertrages zugleich eine Leistung an den Vertragspartner darstellen, und es würde dabei offenbleiben, ob und weshalb schon diese Leistung als Entgelt angesehen werden kann.

4. M. E. sollte man für die Lösung aller dieser Streit- und Zweifelsfragen ganz einfach auf den *typischen Parteiwillen* abstellen.

---

[19] F. *Haymann*, a. a. O., S. 5 ff.

Aus der *wirtschaftlichen Interessenlage* bei Abschluß eines Versicherungsvertrages ergibt sich, daß dem Sicherungsbedürfnis des Versicherungsnehmers bereits dadurch genügt wird, daß er einen bedingten Zahlungsanspruch erhält. Es ist deshalb deutlich erkennbarer Inhalt der Vereinbarung, daß *diese bedingte Zahlungspflicht des Versicherers als Entgelt und Rechtsgrund* für die unbedingte Prämienzahlungspflicht des Versicherungsnehmers *ausreicht*, ohne daß sie dadurch schon zur Gegenleistung im Sinne der §§ 320 ff. BGB zu werden braucht[20]. Es ist also weder wirtschaftlich noch rechtlich notwendig, dieser bedingten Zahlungspflicht selbständige Gefahrtragungs-, Bereitschafts- oder Vorsorgepflichten vorzuschalten.

Daß es konstruktiv zulässig ist, die Verschaffung eines aufschiebend bedingten Zahlungsanspruchs als Entgelt und Rechtsgrund für die eigene Leistung zu vereinbaren, ist wohl unbestreitbar. Ferner ist hervorzuheben, daß *auch der nur bedingte Anspruch bereits wirtschaftlich und rechtlich eine Realität darstellt*. Der Inhaber eines aufschiebend bedingten Anspruchs auf Zahlung kann z. B. gem. § 256 ZPO auf Feststellung des Schuldverhältnisses klagen, ferner im Falle einer besonderen Besorgnis gem. § 259 ZPO sogar schon auf künftige Leistung. Die bedingte Forderung kann durch Bürgschaft, Vormerkung, Hypothek und Pfandrecht gesichert werden. Es besteht auch bereits eine dauernde rechtliche Bindung des Schuldners, denn er darf keine Handlungen vornehmen, durch welche die Erfüllung seiner bei Eintritt der Bedingung aktuell werdenden Verpflichtungen unmöglich wird; § 160 BGB bestimmt, daß der Schuldner schadensersatzpflichtig wird, wenn aus seinem Verhalten während der Schwebezeit dem Gläubiger ein Schaden erwachsen ist[21].

---

20 Ob und in welchem Sinne der Versicherungsvertrag ein gegenseitiger Vertrag ist, auf den die §§ 320 ff. BGB anzuwenden sind, soll hier nicht untersucht werden.

21 Über die Rechtswirkung einer aufschiebend bedingten Verpflichtung vgl. im einzelnen z. B. *v. Tuhr*, Allg. Teil, Bd. II 2, 1918, S. 291 ff.; H. *Lehmann*, Allg. Teil des BGB, 7. Aufl., 1952, S. 260 ff. — Die bereits vor Eintritt der Bedingung vorhandenen Rechtswirkungen reichen m. E. aus, um eine befriedigende Einordnung des Versicherungsvertrages in das System der Dauerschuldverhältnisse zu ermöglichen. Entscheidend ist, daß auch die aufschiebend bedingte Leistungspflicht bereits rechtlich in dem Sinne aktuell ist, daß Dauercharakter, Kündigungsmöglichkeit, Anfechtung, Rechtslage im Konkurs usw. von dieser Grundlage her befriedigend gelöst werden können. Die Anhänger der Gefahrtragungstheorie meinen allerdings, daß nur ihre Auffassung eine wirklich aktuelle Leistungspflicht des Versicherers begründet und daß nur auf diesem Wege befriedigende praktische Folgen, u. a. im Konkurs, erzielt werden können. Diese zweifellos sehr bedeutsamen Einzelfragen können hier jedoch nicht eingehend behandelt werden. — Auch der Diskussionshinweis (Priv.Doz. R. *Schmidt*, Hamburg), man könne die Leistungspflicht des Versicherers vielleicht auch unter dem Gesichtspunkt der Geschäftsbesorgungspflicht sehen, muß hier unerörtert bleiben.

Selbstverständlich kann man auch bei dieser Auffassung in *wirtschaftlichem* Sinne davon sprechen, daß der Versicherer die Gefahr übernommen hat; für die rechtliche Konstruktion ist aber die Begründung einer aufschiebend bedingten Zahlungspflicht ausreichend.

Den aufschiebend bedingten Leistungsanspruch des Versicherungsnehmers möchte ich allerdings *nicht als Anwartschaft* bezeichnen, weil jede echte Anwartschaft nur ein Vorstadium darstellt, das früher oder später in dem Vollrecht aufgehen soll und erst darin seinen Sinn findet. Im Versicherungsvertragsrecht ist jedoch die sog. Anwartschaft wirtschaftlich und rechtlich Selbstzweck und dem beim Schadensfall fällig werdenden Geldleistungsanspruch gleichwertig. Die sog. Anwartschaft bedarf nicht notwendig der Erstarkung zum Vollrecht, sondern der Vertrag ist für beide Teile auch dann sinnvoll, wenn die Bedingung, der Versicherungsfall, niemals eintritt.

Eine weitere Eigenart dieser Anwartschaft besteht darin, daß sie einen mehrfachen Eintritt der Bedingung erträgt, während die normale Anwartschaft durch den einmaligen Eintritt der Bedingung verbraucht wird. Der Versicherer muß aus demselben bedingten Leistungsversprechen möglicherweise mehrmals leisten, wenn nämlich mehrere Versicherungsfälle eintreten. *Auf diese Weise gewinnt die Anwartschaft den Charakter eines Stammrechts im Sinne eines Bezugsrechts,* ähnlich dem Stammrecht beim Leibrentenversprechen.[22] Man könnte auch von einem Quellrecht sprechen, jedenfalls aber zeigt sich, daß der Ausdruck „Anwartschaft" angesichts der hier skizzierten Eigenarten des aufschiebend bedingten Leistungsanspruchs nicht glücklich ist.

## III.

Zusammenfassend komme ich also zu dem Ergebnis, daß das Risiko beim Versicherungsvertrag nicht Inhalt der Leistungspflicht sein kann. *Risikotragung ist ein wirtschaftlich berechtigter Ausdruck für Zweck und Wirkung der aufschiebend bedingten Zahlungspflicht des Versicherers, aber keine Rechtsform der schuldnerischen Leistungspflicht.*

Sind also hiernach Versicherungsvertrag und allgemeiner Schuldvertrag nicht durch ihren Leistungsinhalt wesensverschieden, so ist doch unverkennbar, daß beim Versicherungsvertrag die Risikoüber-

---

[22] Dazu bes. *Enneccerus-Lehmann,* a. a. O., S. 723 ff.; *Esser,* Schuldrecht, S. 388.

nahme sichtbarer, bewußter und primärer Vertragszweck ist. In den meisten anderen Verträgen des Schuldrechts spielt der Risikogedanke nur eine sekundäre Rolle als Ausgleichsmaßstab bei Leistungsstörungen, übrigens auch als Rechtfertigung für Einschränkung von Anfechtungs-, Rücktritts- und Kündigungsrechten. Beim Versicherungsvertrag ist auch diese sekundäre Bedeutung des Risikogedankens vorhanden, was sich z. B. darin zeigt, daß auch bei Versicherungsverträgen ein Wegfall der Geschäftsgrundlage bei starken Risikoverschiebungen denkbar ist.[23] Man kann vielleicht etwas überspitzt sagen, daß auch bei der bewußten Risikoübernahme im Versicherungsvertrag ein zweiter Risikogedanke, nämlich die sekundäre Ausgleichsfunktion des Risikos, sinnvoll ist.

Schließlich sei noch einmal erwähnt, daß auch unser allgemeines Schuldvertragsrecht Verträge mit bewußter Risikoübernahme kennt, nämlich die sog. gewagten Verträge wie Spiel und Wette. Es ist sehr bezeichnend, daß man sich oft um eine Abgrenzung zwischen Versicherungsvertrag und Wette bemüht hat.[24] M. E. liegt der Unterschied in der von mir hervorgehobenen wirtschaftlichen und rechtlichen *Eigenwertigkeit und Stammrechtsqualität* der sog. Versicherungsanwartschaft: Der Ausgang einer Wette muß für die eine oder andere Seite einen Fehlschlag bedeuten; der Nichteintritt des Versicherungsfalles ist für den Versicherungsnehmer, der Eintritt des Versicherungsfalles für den Versicherer kein Wegfall des Rechtsgrundes und kein Fehlschlag des Geschäfts. Der Versicherungsnehmer erhält mit der Schutzwirkung der bloßen Anwartschaft einen ausreichenden Gegenwert für die Prämienleistung; für den Versicherer liegt der Eintritt des Versicherungsfalles im Rahmen seiner auf Wahrscheinlichkeitsrechnung gegründeten Kalkulation.

Unter dem Gesichtspunkt des Risikogedankens unterscheidet sich der Versicherungsvertrag also nicht grundsätzlich von den regulären Schuldvertragstypen des BGB. Die so aufrecht erhaltene Einheit unseres Schuldvertragsrechts schließt allerdings nicht aus, daß die Methoden der *Risikobeschränkung* im Versicherungsvertragsrecht nach Rechtsform und Rechtswirkung eine Mannigfaltigkeit aufweisen, die über die im allgemeinen Schuldrecht üblichen und not-

---

[23] Dazu z. B. *Möller*, Geldwertschwankungen und Versicherungswesen, in: Rechtsfragen aus der Privat- und Sozialversicherung, Schriftenreihe des Inst. f. Vers.Wiss. a. d. Univ. Köln, Heft 12, 1953, S. 117 ff., 123. Vgl. auch § 89 VAG.

[24] Z. B. F. *Endemann*, a. a. O., S. 1171 ff.; M. *Wolff*, Das Privatversicherungsrecht, in: Enzykl. d. Rechtswissensch. (Holtzendorff-Kohler) Bd. II, 7. Aufl., 1914, S. 419 („Wettassekuranzen"). Vgl. auch oben Anm. 10.

wendigen Gestaltungen hinausgeht.[25] Jedoch kann das System der Risikobeschränkungen nicht mehr Gegenstand meiner heutigen Ausführungen sein.

## Diskussionsbeitrag zur Frage: Gefahrtragungs- oder Geldleistungstheorie?

Von Prof. Dr. jur. Hans Möller, Hamburg

Es ist sicherlich fruchtbar, den Risikogedanken in seiner Bedeutung für das allgemeine Zivilrecht herauszustellen und zu analysieren. Für das Versicherungsvertragsrecht erkennt Professor *Siebert*-Göttingen zwar *wirtschaftlich* die Gefahrenübernahme als Leistung des Versicherers an, aber er leugnet die Notwendigkeit, auch *juristisch* der sogenannten Gefahrtragungstheorie zu folgen und entscheidet sich für eine *modifizierte Geldleistungstheorie,* also die Auffassung, der Versicherungsnehmer habe bei der Schadensversicherung lediglich einen aufschiebend bedingten Anspruch auf Geldleistung nach Eintritt eines Versicherungsfalles. Die Modifikation gegenüber hergebrachten Formulierungen liegt darin, daß betont wird, kraft typischen Parteiwillens sei die bedingte Entschädigungspflicht als Entgelt und Rechtsgrund für die Prämienzahlungspflicht zu betrachten, vor Eintritt der Bedingung bestehe eine Rechtsposition des Versicherungsnehmers mit dem Charakter eines Stamm- oder Quellrechts, die „Selbstzweck" jedes Versicherungsvertrages sei.

Fraglos ist es erwünscht, im Versicherungsvertragsrecht keine Wege zu beschreiten, die vom *allgemeinen Zivilrecht* fortführen. Aber die modifizierte Geldleistungstheorie fügt sich keineswegs in das Denkschema hinsichtlich sonstiger bedingter Forderungen ein. Auch Siebert geht nämlich davon aus, daß während der Pendenz der Bedingung nicht mit jener Anwartschaftskonstruktion auszukommen ist, die das bürgerliche Recht üblicherweise zugrundelegt. Siebert verstärkt das erst künftige Recht des Versicherungsnehmers zu einem bereits existenten Stamm- und Quellrecht, ohne aber jene Leistung zu erfassen, welche — zweckerfüllend — dieses Recht dem Versicherungsnehmer verschafft. Eine im Sinne der Gegenseitigkeit ausreichende Gegenleistung soll anscheinend in der Verschaf-

[25] Dazu z. B. *Lötsch,* Die Risikobeschränkung, Hamburger Rechtsstudien, Heft 27, 1935; *Möller,* Unzulässige Risikobeschränkung, Vers.-Prax. 1935, S. 44 ff.; *Henke,* Die Ausschlüsse und Grenzfälle in der Unfallversicherung, 1950, S. 17 ff.; Reimer *Schmidt,* Die Obliegenheiten, 1953, bes. S. 132 ff.

fung jener Rechtsposition nicht erblickt werden, so daß dem Versicherungsvertrag unbefriedigenderweise der Charakter eines gegenseitigen Vertrages wohl abgesprochen werden müßte. Offenbar soll andererseits die Geldleistung des Versicherers doch als eine Dauerleistung angesehen werden. Auch die Begriffe Entgelt und Rechtsgrund werden von Siebert in eigenartiger Weise angewendet. Kurzum: Man kann nicht sagen, daß die Auffassung von Siebert einfach und zwanglos bürgerlichrechtliche Begriffe verwendet und zu einer harmonischen Lösung führt, vielmehr bemüht sich Siebert um eine Fortentwicklung des Rechtes der aufschiebenden Bedingung, die in Wahrheit über das Bedingungsrecht hinaus- und hinwegführen würde.

Demgegenüber dürfte die *Gefahrtragungstheorie* vollkommen im Einklang stehen mit der allgemein-zivilistischen Dogmatik: Auf Grund eines Leistungsverhaltens des Versicherers wird schon vor Eintritt des Versicherungsfalles beim Versicherungsnehmer der Leistungserfolg einer Sicherung herbeigeführt. Vom materiellen Versicherungsbeginn an wird dem Versicherungsnehmer eine „Anwartschaft" verschafft, die weit mehr ist als der Zustand der Pendenz einer Bedingung und die bei ihrer (durchaus nicht notwendigen) Realisierung aus einem latenten in ein akutes Stadium tritt. Die Verschaffung dieser Anwartschaft, eben die Gefahrtragung, kann nun allerdings vor Eintritt des Versicherungsfalles auf verschiedensten Leistungshandlungen des Versicherers beruhen. Insofern hat Siebert recht, wenn er sagt, es dürfe nicht in die Unternehmersphäre des Versicherers hineingewirkt werden. Aber das ist auch gar nicht notwendig. Denn es gibt im Recht öfters Leistungspflichten, bei denen der Schuldner einen Leistungserfolg auf verschiedenste Weise herbeiführen kann, so daß der Schuldner insoweit ein Wahlrecht hat. So kann z. B. beim Kaufvertrag der Käufer nur Sachverschaffung fordern, dem Verkäufer steht es also frei, die Sache selbst oder durch einen Dritten zu übergeben und zu übereignen, verschiedene Übereignungswege stehen zur Verfügung. Deshalb kann auch der Versicherungsnehmer primär nur auf Gewährung von Versicherungsschutz (Erfolg) klagen, nur ausnahmsweise — wenn der Versicherer sein Wahlrecht eingebüßt hat — auf bestimmte Leistungshandlungen, z. B. auf Rückversicherungsnahme.

Die Gefahrtragungstheorie erklärt viele versicherungsrechtliche *Begriffe und Rechtsfolgen:* Der materielle Versicherungsbeginn ist der Zeitpunkt, von welchem an der Versicherer die Gefahr trägt. Der Versicherungsfall verwandelt die latente Gefahrtragung in die akute, und selbstverständlich können mehrere Versicherungsfälle eintreten. Viele Versicherungsbedingungen sprechen von der Gewährung von Versicherungsschutz und von der Tragung der Gefahr. Der Versicherungsvertrag ist ein gegenseitiger Vertrag, bei welchem zwei Leistungen (nicht Verpflichtungen) ausgetauscht werden: Gefahrtragung und Prämie. Die Gefahrtragungsleistung ist einwandfrei eine Dauerleistung, das Versicherungsverhältnis also ein Dauerschuldverhältnis mit der Kündigung als adäquatem Auflösungsgrund während der Laufzeit. Hat der Versicherer die (nicht zurückgewährbare) Leistung der Gefahrtragung erbracht, so gebührt ihm auch bei Anfechtung und Rücktritt die Prämie. Nur die Gefahrtragungstheorie erklärt es, daß auch vor dem Versicherungsfall der Versicherer häufig „von der Verpflichtung zur Leistung frei" wird (vgl. z. B. § 6 Abs. 1 Satz 1 VVG). Wird der Versicherer unsicher, so wird die Gefahrtragung in einer von ihm zu vertretenden Weise unmöglich, und der Versicherungsnehmer kann nach § 325 Abs. 1 Satz 1 BGB nicht nur kündigen, sondern auch Schadensersatz wegen Nichterfüllung verlangen, z. B. wegen der Kosten einer Ersatzversicherung. Verweigert der Versicherer zu Unrecht die Gefahrtragung, so kann der Versicherungsnehmer die Klage auf (nicht erst künftige) Leistung, also auf Gewährung des Versicherungsschutzes erheben. Der Anspruch auf Gefahrtragung kann auch schon vor Eintritt des Versicherungsfalles zu verjähren beginnen (vgl. § 12 Abs. 1 VVG), die Klagefristsetzung kommt auch bei Ansprüchen auf Gefahrtragung in Betracht (vgl. § 12 Abs. 3 VVG). Auch im Konkurs- und Vergleichsverfahren, bei der Abtretung und Verpfändung bewährt sich nur die Gefahrtragungstheorie.

Diese Lehre, besonders ausführlich *begründet* von Grieshaber und Bruck, ist auch von Büchner, Dernburg-Köhler, Otto von Gierke, Gottschalk, Rolf Raiser, Riebesell, Staudinger und Thees verfochten worden, besonders aber auch vom Reichsgericht, Obersten Gerichtshof Wien, Deutschen Obergericht und Kammergericht[1], während der Bundesgerichtshof in den Meinungsstreit noch nicht eingegriffen hat[2].

Ein Hauptvorzug der Gefahrtragungstheorie dürfte auch darin liegen, daß sie einer *wirtschaftlichen Erkenntnis,* von der auch Siebert ausgeht, *juristisch zum Durchbruch* verhilft, und daß sie in klarer Weise auch rechtlich aufräumt mit der laienhaften Vorstellung vieler Versicherungsnehmer, eine Prämie sei „umsonst" ausgegeben und der Versicherer sei bereichert, wenn der Versicherungsfall nicht eintritt.

---

[1] Nachweise bei *Bruck-Möller,* a. a. O. Anm. 44 zu § 1, S. 110, vgl. ferner *Thees,* VersPrax 1941 S. 6, *Möller,* Summen- und Einzelschaden, Hamburg 1937, S. 130—134, AkademieZ 1939 S. 514—517.

[2] Die Auffassungen von *Schmidt-Rimpler* und *Heymann* sind aus den von Siebert aufgeführten Gründen abzulehnen.

# D. Kartellfragen im Versicherungswesen

## Die Kartelldiskussion und das Versicherungswesen

Von o. Prof. Dr. Gisbert Rittig, Göttingen

Kein Vortragender wünscht über ein als aktuell gewähltes Thema zu sprechen, wenn die Aktualität des Themas sich kurz vorher erledigt. Letzte Informationen, die der Vortragende erhielt, deuteten darauf hin, denn wieder einmal sollte ein Kartellgesetzentwurf, und zwar die Verbotsgesetzgebung, und diese mit Herausnahme der Versicherungswirtschaft, um einen entscheidenden Schritt vorwärts gekommen sein, die wesentliche Entscheidung also gefallen sein und damit, wenn nicht das Problem an sich, so doch die Aktualität der Entscheidung verloren gegangen sein. Diesen Informationen gesellten sich sogleich solche, die von wieder einsetzenden Verzögerungen sprachen, so daß mit Sicherheit angenommen werden kann, daß die Aktualität reichlichst bestehen bleibt. Das ist typisch für die Problemlage des hier zu Behandelnden. Das alles hat wohl nur unerfreuliche Seiten, außer der einzigen, die es zu nutzen gilt: das Problem und die konkrete Situation doch noch gründlich zu durchdenken, nachzusehen, ob es nicht doch eine eindeutige wissenschaftliche Lösung gibt statt beliebiger Kompromisse wirtschaftspolitischer Interessen.

Der Nationalökonom, der bereits vor vielen Jahren prophezeite, daß mit der Kartellfrage und ihrer Beantwortung die Entscheidungsstunde für die derzeit in Deutschland ideenmäßig vertretene Konzeption der Wirtschaftspolitik kommen wird, sieht sich — durchaus nicht zu seiner Freude, von dem Nichtgelingen einer konsequenten Wirtschaftspolitik aus gesehen, unabhängig davon, wie man sonst zu dieser Wirtschaftspolitik steht — in dieser seiner Ansicht durch die Verschärfung, durch das Hin und Her, durch die Dauer der Diskussion bestätigt; auch in der Auffassung, daß dieses Problem, das Kartellproblem, nahezu, wenigstens im Sinn eines einfachen pro oder contra Kartelle, unlösbar ist, ja daß es überhaupt nicht eingeordnet werden kann in eine monothetische wirtschaftspolitische Konzeption, sowohl aus logisch-systematischen Gründen wie auch in Verbindung mit gewissen empirischen Gegebenheiten. Damit soll gesagt sein, daß es sich vermutlich nicht nur um „Schwierigkeiten“

handelt, wie sie jeder sachlich überzeugenden Lösung beim Übergang von Theorie zur Praxis sich entgegenstellen, sondern um ein wenig mehr. Der Kern des Problems liegt etwas tiefer, sogar ziemlich tief.

Wer dieser Auffassung ist, daß es sich hierbei eben nicht nur um eine unter vielen wirtschaftspolitischen Fragen handelt, sondern um eine die Grundkonzeption einer jeden Wirtschaftspolitik betreffende, ist in den vergangenen Jahren von Monat zu Monat, von Entwurf zu Entwurf in dieser Auffassung scheinbar widerlegt worden, behielt aber leider dennoch recht — für eine wirtschaftspolitische Voraussage immerhin schon eine recht respektable Zeit, und wird nach Lage der Dinge wohl auch recht behalten, auch wenn einer der vielen Kartellgesetzentwürfe tatsächlich Gesetz werden sollte, falls nicht eine komplementäre Gesetzgebung den Torso vervollständigt.

Die Problematik ist nicht nur schwierig, und wie gesagt, prinzipiell schwierig, sondern auch ausgesprochen heikel, da es eben um Gesamtkonzeptionen, um Interessen, um Entscheidungen, deren Auswirkungen weitreichend und unabsehbar sind, geht und ferner — was die Einzigartigkeit unseres Problems ausmacht —, da es nicht nur um verschiedene wirtschaftspolitische und politische Einstellungen geht, sondern um sehr viele Überschneidungen und Überlagerungen, so daß es z. T. zu einer Verwischung und Verzahnung der sonst oft so simplen Frontstellungen kommt.

Hier soll die Problematik aus einem zunächst rein theoretischen Interesse geklärt werden und dem Praktiker überlassen bleiben, was er damit anfängt.

Um eine richtige Einordnung der Versicherungswirtschaft belegen zu können, ist von der Gesamtproblematik auszugehen, die sich als ein echtes Dilemma offenbart. Man findet da einerseits die Idealvorstellung von der vollständigen Konkurrenz, die — als Idealbild — gar nicht vollständig genug sein kann, gerade wenn sie ihre segensreichen Wirkungen ergeben soll und andererseits die Realität, die gegenüber dem Idealbild so ganz anders aussieht und auch nur schlecht anders gemacht werden kann, nur unvollkommen dem Idealbild angenähert werden kann. Nimmt man wiederum andererseits die Hinweise auf diese konkrete Realität mit ihren Sondersituationen als berechtigt und gegeben, d. h. mehr oder weniger unabänderlich hin, und ebenso ihre vernünftige Berücksichtigung durch die Wirtschaftspolitik, besteht die Gefahr der zunehmenden Entfernung von der Idealvorstellung der vollständigen Konkurrenz und damit auch von ihren segensreichen Wirkungen, um deren Willen man sich ja für sie einsetzt, ganz abgesehen davon, daß sie dann auch als Ausgangskonzeption weniger verbindlich, weniger überzeugend wird, und ganz andere Konzeptionen sich mit Recht in den Vordergrund schieben können.

Das scheint eine echte logische Zwickmühle zu sein, d. h. eine Situation, aus der es kein Entrinnen gibt, ohne einmal das eine Positivum, das andere Mal ein anderes Positivum opfern zu müssen.

Die weiteren Antinomien sind demgegenüber nur Ableitungen aus der Grundantinomie: ob etwa Kartellverbot Einschränkung der gemeinten Freiheit oder gerade Kartellzulassung eine solche bedeutet, ob Kartelle eine Tendenz zu monopoloiden Machtstellungen auslösen oder gerade der kartellfreie, schrankenlose Wettbewerb, ob ein Kartellverbot mit der dann notwendigen Kartellbehörde zu einem Neodirigismus führt oder eine Renaissance des Kartellwesens zu einem solchen führt, bis zu der heiklen Frage, ob die Argumente, die offenbar zu Recht von der Privatwirtschaft für Beibehaltung der Kartelle angeführt werden, nicht reichlich ähnlich den Argumenten sind, die für Lenkung, Planung usw. von anderer Seite vorgeführt werden.

In diesem logischen Gewirr steht nun die Versicherungswirtschaft mit ihren offenkundigen Besonderheiten dieses Wirtschaftszweiges einerseits und ihrer, fast einzig dastehenden, institutionellen Besonderheit, der Existenz einer speziellen Aufsichtsbehörde für diesen Wirtschaftszweig andererseits.

Daraus ergeben sich neben der allgemeinen logischen Problematik weitere spezifische logische Fragestellungen: Sind die Besonderheiten — und jeder Wirtschaftszweig hat ja seine Besonderheiten — wirklich markt-, preis-, wirtschaftspolitische Besonderheiten? Und wenn ja, ließen sich nicht solche Besonderheiten bei jedem oder bei vielen Wirtschaftszweigen finden und daraus ein Recht auf besondere Behandlung ableiten? Ist ferner die institutionelle Besonderheit (Aufsichtsamt) ein Anlaß, die Versicherungswirtschaft aus der allgemeinen Kartellgesetzgebung herauszunehmen, da dieses Amt schon die Aufgaben versieht oder zusätzlich mit ihnen betraut werden kann, die eine Kartellbehörde wahrnehmen würde? Oder aber: folgt nicht aus der Existenz einer solchen Aufsichtsbehörde gerade umgekehrt, daß auch die Versicherungswirtschaft dem allgemeinen Gesetz gegen Wettbewerbsbeschränkungen unterworfen werden kann, da ja diese Aufsichtsbehörde schon dafür sorgen werde, daß dieser Wettbewerb nicht entarte?

Was die erste Frage anbelangt, sollte für den, der nach einer wünschenswerten Wirtschaftsordnung sucht, auch ihre quantitative Bedeutung nicht unwichtig sein: wenn alles, was nicht für vollen Wettbewerb taugt, aus der Gesetzgebung gegen Wettbewerbsbeschränkungen herausgenommen wird, so kann das so viel sein, daß man dann kaum noch von der alten Konzeption sprechen kann und daß dann tatsächlich das sonst recht fragliche Unvereinbarkeitstheorem Röpkes zum Zuge käme und zwei recht gegensätzliche Ordnungsprinzipien konkurrieren würden: jedenfalls neben dem des freien Preises ein anderes stünde.

Aber wiederum wäre auch der umgekehrte Weg nicht schöner: trotz allem soviel wie möglich in das Kartellgesetz hinneinnehmen. Denn dies würde zwar ein Maximum von Wettbewerb ergeben, aber gerade wegen der Mißachtung der Besonderheiten der Wirtschaftszweige einen nicht so positiv funktionierenden Wettbewerb ergeben, wie ihn sich die Freunde des Wettbewerbs vorstellen.

Der bloße Hinweis auf die Besonderheiten eines Wirtschaftszweiges scheint also das Dickicht nur noch wirrer zu machen.

All das bisher Gesagte sollte nur bezwecken, deutlich zu machen, daß irgendwelche einlinige „Lösungen", ein Prinzip mit einigen Ausnahmen oder ein anderes Prnzip mit gegenteiligen Ausnahmen, keine Lösungen sind.

Dennoch soll hier die Auffassung vertreten werden, daß es trotz allem eine Möglichkeit gibt, einen eindeutigen, wenn auch etwas schwer zu findenden Weg zu gehen.

In der volkswirtschaftlichen Theorie — allerdings in ihrem abstraktesten Teil — gibt es sehr wohl eine Modellvorstellung, die aus gegebenen Daten unter Ermittlung von Niedrigstpreisen bei strenger Entlohnung der Produktionsfaktoren nach ihrem produktiven Leistungsbeitrag ein Maximum an Wirtschaftsergebnis, ein Maximum an Sozialprodukt oder Bedürfnisbefriedigung errechnet.

Da es ein Maximum aus mathematischen Gründen ist, kann es nicht gut etwas maximaleres geben.

Gleichgültig, welcher wirtschaftspolitischen Richtung man sonst zuneigt, ob als Liberaler, sozialer Marktwirtschaftler, Lenker und Planer, Sozialist oder Nichtsozialist, jeder wird sich von dieser Maximalvorstellung überprüfen lassen müssen.

Das ist es, worüber es *keine* Diskussion geben kann.

Gewiß kann man über einige subtile Punkte streiten, über den Unterschied von Maximierung des Sozialprodukts oder Maximierung der Bedürfnisbefriedigung, über den Einbau auch der immateriellen Bedürfnisse, oder ob es in einem solchen System mehrere Maxima gibt, das heißt ob es eindeutig ist, oder wie es mit der Einkommensverteilung steht. Aber das alles ist hier nicht relevant. Wie es auch in diesen Hinsichten um die Maximalvorstellung stehen mag, sie ist denkbar, es gibt sie.

Gibt es eine solche Maximalvorstellung, so müßte eingentlich für jeden, der undogmatisch, ohne Vorurteile, frei von Ideologien herangeht, und der sich dazu noch mit den anderen einig ist, daß es *die*

Aufgabe der Wirtschaft ist, die Bedürfnisse der Menschen so gut wie möglich zu befriedigen, *nur die eine Frage geben:*

Wie kommt man, mit welchen Methoden und auf welchen Wegen möglichst nahe an dieses Maximalmodell in der Wirklichkeit heran?

Gewiß wird es sich da immer nur um Annäherungen handeln können, aber *jeder* Weg, der in diese Richtung führt, sollte recht sein. (Es sei denn, jemand ist bereit, auf einen Teil des an sich Erreichbaren zu verzichten, und zuzugeben, daß mit seiner Methode nicht das Maximum erreicht wird — dies vermutlich auf irgend jemandes Kosten — und daß er dennoch diese vorzieht, weil ihm seine Methode, sein Weg als solcher Spaß macht auf Kosten des Ergebnisses).

Mit dieser Einschränkung sollten wir uns im übrigen im großen und ganzen über das Ziel einig sein, soweit es sich um Fragen innerhalb des Wirtschaftsbereiches selbst handelt, nämlich die Maximierung der Bedürfnibefriedigung der Wirtschaftssubjekte, und demnach das Maximalmodell stets vor Augen haben und dabei beachten, daß es jenseits von Konkurrenz und Monopol steht und *alle* Wege hierzu, sofern sie ihre Geeignetheit erweisen, sollten uns undogmatisch recht sein, wobei ebenfalls jeweils der einfachere den Vorzug verdient.

Könnte uns also die liberale Methode zeigen, daß sie der kürzeste Weg in die Nähe zu diesem Maximalmodell ist, dann müßte sie uns ebenso recht sein, wie irgendeine andere mehr lenkende, planende Methode bis zu energischen Eingriffen hin, *sofern* natürlich auch diese sich an das Ziel halten.

Es wäre ein Mißverständnis, wollte man nun annehmen, es sollte hier — etwa im Interesse des Wirtschaftszweiges, von dem hier die Rede ist — eine Beliebigkeit, eine Relativität der Methoden schlechthin vertreten werden. Nein, nur die, aber *alle* die, die geeignet sind, zum Ziel zu führen, werden gleichgestellt, aber immerhin: trotz dieser genauen Einschränkung ist offenbar mit der *Möglichkeit der Vielfalt von Methoden* zu rechnen.

Es gibt nun solche, die für einen Methodenmonismus eintreten und uns z. B. die Methode des vollständigen Wettbewerbs empfehlen als die, die zu diesem Maximalmodell am ehesten hinführt, ja es gibt solche, die das eine (die reale Methode) mit dem anderen (dem Modell) identifizieren und als wirtschaftspolitische *Maxime* dann, logisch konsequent die *Herstellung* vollen Wettbewerbs empfehlen. Man kann allerhöchsten Respekt vor dem Gedankengebäude, wie es z. B. Prof. Franz Böhm, einer der geistigen Väter dieser Vorstellung, logisch sauber und konsequent ausarbeitete, haben. Es ist, was seine Logik anbelangt, völlig in Ordnung. Dies ist ausdrücklich auch von dem festzustellen, der nichts mit der Schule, aus der Böhm kommt, zu tun hat. Gäbe es vollständig reinen Wettbewerb in der Realität, nicht nur im Modell, bzw. ließe er sich herstellen, wäre es wahrscheinlich auch praktisch die schnellste Methode sich dem Maximalmodell zu nähern.

Leider aber herrscht in der Wirklichkeit *nicht nur die Logik* (auch wenn wir alle bereit wären, so vernünftig wie möglich zu handeln), sondern auch *die Natur, die Struktur der Dinge.*

Damit der *reale* Wettbewerb eine sichere Methode sein könnte, um in der Richtung des theoretischen Modells zu wirken, müßte eine stattliche Reihe von Voraussetzungen gegeben sein, nur dann würde er systemgerecht funktionieren. (Es dürfte nur reiner Leistungswettbewerb eine Rolle spielen, der Preis müßte stets genaue und richtige und rechtzeitige Signale geben, Startgleichheit müßte bestehen, möglichst monopolfreie Marktformen müßten bereits vorliegen oder wenn dies nicht möglich ist — und das interessiert uns hier ganz besonders — müßte eine Preisbildung, die den Niedrigstkosten angenähert ist, *gesichert* sein, usw.). Es ist eigentlich erstaunlich, mit welchem Illusionismus gehofft wird, daß es das alles in der Wirklichkeit geben sollte oder sich herausbilden sollte. Erstaunlich, *denn so viele gute Seiten Wettbewerb haben kann, so viele schlechte hat er, wenn das alles, diese Voraussetzungen nicht in Ordnung sind.*

Wir würden wieder mißverstanden werden, wenn man annehmen würde, daß in dem Aufweis dieser naheliegenden Unstimmigkeiten zwischen Realität und Modell unser Hauptanliegen zu sehen wäre. Es wäre übereilt, damit die ganze Konzeption samt ihrem Ziel, über das hier Einigkeit vorausgesetzt wird, in den Orkus zu verweisen. Es ergibt sich nur ein anderes Vorgehen, *ein zusätzliches Tun,* etwas mehr als zu glauben, mit bloßem Kartellverbot das Wesentliche zur Ordnung beigetragen zu haben. Zwei Möglichkeiten liegen vor: 1. all das zu tun, das nur reinen Leistungswettbewerb zur Geltung bringt und nichts anderes, 2. soweit ersteres nicht möglich ist, folgt dann genau so scharf logisch wie es die Schärfe der Logik der Böhmschen Konzeption ist: daß dann zu anderen Methoden als es Wettbewerbsmethoden sind, gegriffen werden muß, um das gleiche Ziel zu erreichen.

*Ein Drittes gibt es nicht,* d. h. es wäre verfehlt, dort Wettbewerb zu erzwingen, wo er nicht zu Leistungswettbewerb führen kann.

Da es also nur diese zwei Möglichkeiten gibt, wird derjenige, der schärfere Regulierungsformen zu vermeiden wünscht, zunächst alles daransetzen müssen, um aus dem sehr groben Rohstoff des Marktgetriebes möglichst rein den reinen Leistungswettbewerb herauszudestillieren. Er wird sich nicht mit bloßer „Marktwirtschaft“ begnügen dürfen.

Damit ist eine Devise des Verhaltens vorgezeichnet.

Alles weitere ist nun nicht mehr eine Frage der Logik. Denn wieweit die Voraussetzungen des Leistungswettbewerbs gegeben sind, wieweit, wenn sie nicht gegeben sind, sie hergestellt werden können und, wenn sie nicht hergestellt werden können, wieweit dann andere Maßnahmen einspringen müssen, *hängt von der Natur der Dinge in den einzelnen Wirtschaftszweigen ab,* von ökonomischen, natürlichen, technischen, teils historisch überkommenen, teils mit dem Wesen des Wirtschaftszweiges zusammenhängenden Verhältnissen, — wobei eine Vermutung dafür spricht, daß diese so ziemlich in allen Wirtschaftszweigen andere sein werden. Beispielsweise: je nachdem, wie groß die Zahl der Unternehmungen in einem Wirtschaftszweig ist, wie seine Preise zustande kommen, wie reagibel sie sind, wie groß die Kapitalintensität ist und damit die Rolle fixer Kosten, wie es mit der Markttransparenz und den Größenunterschieden zwischen den Unternehmungen einer Branche steht usw., je nach der Lage dieser zum großen Teil, wenn auch nicht durchwegs in der Natur oder der Historie der Dinge liegenden Umstände wird *anderes zu tun* sein, um entweder Leistungswettbewerb herauszuarbeiten und damit wirtschaftliche Machtstellungen, volkswirtschaftlich wertlosen Wettbewerb, ruinöse Konkurrenz auszuschalten, oder um eben etwas anderes für die Durchsetzung möglichst von Kostenpreisen sorgen zu lassen.

Es müßte also jeder Wirtschaftszweig auf seine Besonderheiten hin durchleuchtet werden und die ihm entsprechende Methode, kein Einheitsschema, angelegt werden.

So gesehen könnte man fast sagen, daß die institutionelle Verfassung der Versicherungswirtschaft mit einer Spezialaufsichtsbehörde für diesen Wirtschaftszweig, die noch dazu gesetzlich verpflichtet ist, in erster Linie das Wohl der Konsumenten, d. h. hier der Versicherungsnehmer, zu schützen (siehe die obige Bemerkung über die Aufgabe der Wirtschaft schlechthin), *geradezu das Ideale ist, das sich ein Theoretiker institutionell* (und allerdings rein theoretisch) *erträumen kann.* Man könnte sich geradezu diese Konstruktion für eine Reihe anderer Wirtschaftszweige wünschen, jedenfalls mehr als eine einheitliche Kartellbehörde, von der man sich sowieso schlecht vorstellen kann, insbesondere bei einem allgemeinen Kartellverbot, wie sie es schaffen soll, wenn nicht alle wichtigen Entscheidungen auf die lange Bank geschoben werden sollen.

Sicher kann eine solche Fachbehörde leichter Kartelle zulassen, solange sie sie fachlich kontrollieren kann. Denn da Kartelle, wie kaum ernsthaft bestritten werden kann, *auch positive Aufgaben haben können,* ist viel wichtiger und undogmatischer als die Alternative Kartellverbot oder Kartellzulassung die Aufgabe, *die positiven Möglichkeiten von Kartellen von den negativen zu trennen.*

Wenn man zwei Wirtschaftsverfassungen sich vor Augen hält, die eine mit Kartellverbot und Ausnahmegenehmigungen eines fernen Kartellamtes, wobei dann die genehmigten Kartelle mehr oder weniger tun, was sie wollen, — die andere mit einer Fachaufsichtsbehörde, mit Leistungswettbewerb soweit wie möglich und speziell fachlich kontrollierten Kartellen, soweit sie notwendig und volkswirtschaftlich nützlich sind, dürfte eigentlich eine Wahl nicht schwer sein.

Denn wiederum wäre es dogmatisch, jede Ordnungsfunktion der Kartelle, weil sie von Kartellen kommt, mit einem negativen Vorzeichen zu versehen. Nicht Kartelle als solche sind schlecht, wie ja nie ein Mittel als solches schlecht ist, sondern gegebenenfalls seine schlechte Anwendung, und hier eventuell ihre Neigung, eine Politik zu treiben, die nicht im volkswirtschaftlichen Interesse (der Konsumenten) liegt. Daher kann die Devise nur lauten: *auf diese Richtung ihrer Politik hin kontrollierte Kartelle.*

Es wäre leichtsinnig und übereilt, dies alles als eine Apologetik des bestehenden Zustandes aufzufassen. Ich habe sehr betont nur die institutionelle Struktur und nur das theoretische Anliegen hervorgehoben. Es kommt natürlich ganz darauf an, was mit dieser Verfassungsstruktur getan wird, d. h. ob sie zu einer im Sinne der Gesamtkonzeption konsequenten Verhaltensweise benutzt wird. Es sollte nur gesagt werden, daß sie ein hierzu geeignetes Mittel ist und wahrscheinlich bei Berücksichtigung der Besonderheiten der Wirtschaftszweige das allein geeignete Mittel. Diese scheinbare *Apologetik ist ja an eine sehr ernste Bedingung geknüpft:* nur wenn es mit dieser Verfassung gelingt, ziemlich effektiven Leistungswettbewerb zu sichern *und,* soweit dies nicht mögliich ist, etwas Gleichwertiges an dessen Stelle zu setzen, ist sie berechtigt. Wo nicht und wenn nicht, sind natürlich — für das gleiche gemeinsame Ziel — andere Konsequenzen zu ziehen. Wir sprachen von den nur zwei Möglichkeiten!

Zur Anwendung der prinzipiellen Ausführungen sei das folgende in großen Strichen skizziert: es hieße — gerade in diesem Kreise — Eulen nach Athen tragen, wenn nun die Besonderheiten der Versicherungswirtschaft abgehandelt würden, die Anlaß geben, im bestimmten Sinn für Ordnung zu sorgen, wo Wettbewerb sich negativ auswirken würde. Sie sind reichlich in der Literatur behandelt worden[1] und es kann sich hier nur um Beleuchtungseffekte handeln.

Klar und problemlos ist die Notwendigkeit der Abschirmung, sei es durch Aufsichtsamt oder durch Verbandsvereinbarungen, gegen ruinösen Wettbewerb, der hier andere Gründe hat als etwa in den Industrien mit hohem fixen Kapital. Daß in forcierter Konkurrenzsituation der Versicherungswirtschaft Neigung zu Preissenkungen besteht, die, anders als in anderen Wirtschaftszweigen, keinen Vorteil für Konsumenten und Betriebe zu bedeuten brauchen, sondern Verschlechterungen der Qualität der Ware Versicherungsleistung bedeuten und dazu diese Gefahr nie fern ist wegen der in der Natur der Dinge liegenden spekulativen Art der Kalkulation, wegen Angebotsausdehnung, die nicht durch steigende Kostenpreise rasch begrenzt wird und wegen recht verspäteten Aufscheinens des Ungenügens der Preishöhe, ist bekannt.

Ebenso, daß durch unbeschränkte Konkurrenz eine versicherungstechnisch ungünstig große Zahl von Konkurrenten auftreten können, so daß auch eine gewisse Schließung des Marktes volkswirtschaftlich recht gut begründet werden kann, wobei es allerdings noch sehr auf die Prinzipien der Bedürfnisprüfung ankommt, und sofern auch hier der fehlende Konkurrenzdruck durch Neugründungen ersetzt wird durch Maßnahmen, die neue Ideen und Rationalisierungen fördern.

Daß Konkurse aus den Besonderheiten der Versicherung heraus vermieden werden müssen, kann ebenfalls nicht bestritten werden.

Noch problemloser sind Abreden zur Verstärkung der (recht schwachen) Marktransparenz für den Konsumenten (Abreden zur Vereinheitlichung der Versicherungsbedingungen) und für den Produzenten (Abreden zwecks Zusammenarbeit in Statistik und Erfahrungsaustausch), denn sie helfen unvollkommenen Wettbewerb, wie er auf Märkten mit ungenügender Transparenz entsteht, zu vollkommenem zu machen.

Der Katalog von Abreden, die alle den Sinn haben, — faßt man ihn kurz zusammen — den Wettbewerb zu reinigen, läßt sich noch um Werbungskontrolle, Ausspannungsverbote, Provisionsbeschränkungen und manches andere erweitern.

Das sind alles wohlbegründete Maßnahmen, gegen die ihrem Sinne nach kaum etwas eingewandt werden kann. Das ändert aber nichts an der Tatsache, daß dies alles gleichzeitig wettbewerbseinschränkende Maßnahmen sind (die zwar völlig zu Recht bestehen), auch da, wo gewisse Seiten des Wettbewerbs durchaus erwünscht

---

[1] So besonders klar in den Arbeiten von ORR. *Finke*.

wären. Sie mindern tatsächlich den Wettbewerb und verhindern gleichzeitig einige Funktionen, die sonst der Wettbewerb — wenn auch in rauher Weise — gleich miterledigt bzw. von ihm von den Konkurrenztheoretikern erwartet werden.

Die Mehrheit der Maßnahmen sind „nach unten" sichernde: gegen zu niedrige Prämien, für Sicherung der Kapitalanlagen, für Sicherung des finanziellen Status der Unternehmung, des Deckungsstocks usw. Zwar kann die Aufsichtsbehörde auch gegen wirtschaftlich nicht gerechtfertigte, *zu hohe* Prämien vorgehen und gewiß lassen sich Trends der sinkenden Prämien trotz aller Vereinbarungen feststellen.

Dennoch bleibt bestehen — zumindest prinzipiell —, daß viel sonstiger Konkurrenzdruck, wie er in manchem anderen Wirtschaftszweig vielleicht vollziehbar ist, nämlich eben ein solcher durch beliebig viele Neugründungen, durch die Möglichkeit, wirklich Konkurs machen zu können, kurz eben ein solcher, der durch Preisunterbietungen wirkt, ausgeschaltet ist, also gerade das, was die Freunde des Kartellverbots gerade so hoch schätzen: der Druck auf die Preise, der Druck auf die Kosten ist nur in vermindertem Maße da, und dies bei einer zugegebenermaßen oligopolistischen Struktur des Marktes.

Es fragt sich daher, wie das alles — wohlgemerkt bei aller Anerkennung der speziellen Berechtigungen der Wettbewerbseinschränkungen aus ihren speziellen Gründen — *ersetzt* werden soll und kann bzw. ob da die Aufsichtsbehörde auch für diese Notwendigkeiten effektvolle Maßnahmen zur Hand hat, bzw. haben kann.

Gewiß ist die „versicherungsmathematisch und versicherungstechnisch zur dauernden Erfüllung der Verträge notwendige Mindestprämie zu sichern", aber es kommt auch auf die anderen Kosten an, und es ist ebenso notwendig, von der Gesamtkonzeption her, zu sichern, daß sich das Unternehmen mit den niedrigsten Kosten (das bestrationalisierte) durchsetzt. Oder: wie steht es mit der Preiskontrolle, wenn Überschüsse, da eben aus naheliegenden Gründen nur wenig Preiswettbewerb besteht, zu verstärkter Werbung verwendet werden? Oder: es fragt sich immer wieder, ob ein so nach vielen Seiten konkurrenzmäßig abgeschirmter Markt noch beweglich genug ist, ob er sich noch weiter zu optimalen Betriebsgrößen hinbewegt. Gewiß mag es zutreffen, daß sich — trotz der oligopolistischen Marktform — eine polypolistische Gleichgewichtslage, die es ja auch gibt, herausgebildet hat, — aber das ist bestimmt nicht eine solche, wie sie sich der Konkurrenztheoretiker oder auch der Modelltheoretiker jenseits der Konkurrenz als optimale Lage vorstellt. Und es fragt sich, was als rationale Marktform, als optimale Betriebsgröße herauskommen würde, wenn ein Anstoß an das relativ erstarrte Gleichgewicht herankäme, also in dynamischer Situation, die ja aber — ebenfalls wohl begründet — eben nicht durch allzu starken Wettbewerb herbeigeführt werden darf.

Kurz zusammengefaßt, es fragt sich, ob das eine getan werden kann ohne das andere zu lassen. Gewiß ist die Schwierigkeit der Aufgabe nicht zu unterschätzen: denn jeder Schritt zu mehr Wettbewerb oder einem Substitut für ihn *kann* die Qualität der Versicherungsleistung mindern, was aber nicht heißt, daß ein jeder solcher Schritt sie mindern *muß*.

*Die Gesamtproblematik ist nicht abgeschlossen, auch wenn die Versicherung aus dem Kartellgesetz herausgenommen wird, oder vielmehr: gerade dann nicht.* Es wird ganz darauf ankommen, was zur Erreichung der rationalsten Methode, das Versicherungsbedürfnis zu befriedigen, getan wird, was getan wird, was sonst ein vollständiger Wettbewerb tun würde, und was er im Idealfalle auch tut. Sympathisch sind daher die Sätze in der Stellungnahme der Versicherungsaufsichtsbehörde, daß die derzeitigen Vollmachten nicht als ausreichend angesehen werden, daß eine Reform des Versicherungsaufsichtsgesetzes für notwendig erachtet wird, und daß alle Tarife und Wettbewerbsbeschränkungen laufend zu überwachen wären und objektiv zu untersuchen sei, wo Verbesserungen möglich sind. Sieht man bei der Frage „Kartellbehörde oder Versicherungsaufsicht oder beide" von der verwaltungspolitischen Seite ab, zu der hier keineswegs Stellung genommen werden soll, so gilt für diese Frage, gleichgültig, wie sie verwaltungsmäßig gelöst werden mag, jedenfalls aus der Logik der Problematik heraus das eine: die bisherige Versicherungsaufsicht genügt — vom Gesichtspunkt der Gesamtkonzeption aus — jedenfalls nicht, weder für die Freunde des allgemeinen Kartellverbots noch für die, die die Besonderheit der Versicherungswirtschaft systematisch anerkennen. Gerade wer letzteres tut, muß dann logisch konsequent sein und eine zusätzliche Sicherung für das verlangen, was der ausgeschaltete Wettbewerb im Idealfalle bewirkt hätte.

Es genügt nicht die Herausnahme allein. Wenn man A sagt, muß man B sagen. Eine Herausnahme eines Wirtschaftszweiges aus einer schematischen Gleichbehandlung ist zwingend für den, der zwischen der Logik der Konzeptionen und der Natur der Dinge zu unterscheiden vermag. Herausnahme allein aber hieße Zerstörung einer jeden Gesamtkonzeption. Deswegen ergibt sich logisch zwangsläufig, daß jede Herausnahme *zusätzliche Sicherung* erfordert, die die Garantien für die volkswirtschaftliche Ausrichtung neu schaffen.

die durch die Herausnahme aus dem allgemeinen Prinzip verloren gegangen sind.

Es wäre erfreulich, wenn diese Betrachtungen, zu denen uns die besondere Situation der Versicherungswirtschaft geführt hat, eine allgemeine Bedeutung über diesen Wirtschaftszweig hinaus für die so verworrene allgemeine Kartelldiskussion erlangen könnten.

## Diskussionsbeiträge zum Vortrag Prof. Rittig

In der anschließenden Diskussion sprach zunächst

**Oberregierungsrat Dr. Finke** vom Bundesaufsichtsamt für das Versicherungs- und Bausparwesen in Berlin.

Er betonte einleitend, daß er nicht für das Bundesaufsichtsamt spreche, obwohl er seit vielen Jahren Kartellreferent dieses Amtes sei, sondern seine persönliche, durch wissenschaftliche Beschäftigung mit der Materie gewonnene Ansicht vertrete. Er sei der Überzeugung, daß theoretisch die Problematik nach jeder Richtung hin ausreichend geklärt sei und auch soweit es sich um die speziellen Kartellprobleme der Versicherungswirtschaft handele. Die Diskussion sei derart festgefahren, daß man nunmehr überlegen müsse, wie man die starren Fronten wieder in Bewegung bringen könne. Dies sei nur möglich, wenn man auf die Erfordernisse der Praxis abstelle und sich überlege, welche Wege man gehen müsse, um vernünftige Lösungen für die praktische Gestaltung zu finden. Dabei könne der Vortrag von Professor Rittig wertvolle Handhaben bieten, obwohl er eine praktische Lösung auch nicht aufgezeigt habe.

Die Begründung zum Kartellgesetzentwurf der Bundesregierung gehe insofern von falschen Voraussetzungen aus, als sie erkläre, Aufgabe der Versicherungsaufsichtsbehörde sei es, die Sicherheit der Unternehmen zu gewährleisten. Hierbei habe sie offenbar nur die Sicherheit der Kapitalanlagen im Auge, während der Sicherheit für die dauernde Erfüllbarkeit der Versicherungsverträge eine mindestens ebenso große, wenn nicht größere Bedeutung zukomme. Im übrigen habe die Versicherungsaufsichtsbehörde eine Fülle von Möglichkeiten, auch in den Wettbewerb der Unternehmen einzugreifen und diesen zu gestalten, so auf dem Gebiete der Werbung, der Zulassung zum Geschäftsbetrieb, wobei allerdings von einer Prüfung der Bedürfnisfrage seit 1945 kein Gebrauch mehr gemacht worden sei, bei der Untersagung des Geschäftsbetriebes sowie bei der Durchführung der laufenden Aufsicht und speziell auf Grund der §§ 81 und 81 a des Versicherungsaufsichtsgesetzes. Eine Verteilung der Kompetenzen zwischen Versicherungsaufsichtsbehörde und Kartellaufsichtsbehörde berge die Gefahr in sich, daß die Frage der Verantwortlichkeit nicht eindeutig beantwortet werden könne.

In der Lebensversicherung liege die Sache insofern einfach, als dort auch die Prämie zum genehmigungspflichtigen Geschäftsplan gehöre. Das sei auch möglich, weil hier exakte Grundlagen, wie z. B. Sterbetafeln usw., vorhanden seien, die es der Aufsichtsbehörde ermöglichten, die Ermittlung der Prämie nachzuprüfen. Solche Grundlagen kenne die Schadenversicherung dagegen nicht. Zwar erscheine es ihm rechtlich nicht zweifelhaft, daß die Aufsichtsbehörde befugt wäre, auch die Prämie in der Sachversicherung unter Aufsicht zu nehmen; im ganzen Versicherungsaufsichtsgesetz finde sich keine Bestimmung, die dagegen spreche. Jedoch sei die Prämienermittlung in der Sachversicherung überwiegend eine Frage der kaufmännischen Erfahrung und vielfach der bloßen Schätzung. Es liege hier in der Prämienkalkulation eine echte Unternehmerentscheidung, welche die Aufsichtsbehörde als reine Verwaltungsbehörde dem Unternehmer nicht abnehmen und für welche sie keine Verantwortung tragen könne. Das sei das Hauptargument, das gegen eine Beaufsichtigung der Prämie in der Sachversicherung spreche. Es müsse sehr sorgfältig geprüft werden, ob man mit einer Erweiterung der Vollmachten der Versicherungsaufsichtsbehörde, wie sie Herr Professor Rittig vorgeschlagen habe, wirklich zum Ziel komme. Zunächst müsse jedenfalls einmal angestrebt werden, die Versicherungswirtschaft aus dem Kartellgesetz überhaupt herauszunehmen, weil dieses in erster Linie auf die industrielle Erzeugung und gewerbliche Leistungen anderer Art zugeschnittene Gesetz auf die Versicherungswirtschaft mit ihren zahlreichen Besonderheiten nicht passe. Wenn dieses Ziel erreicht sei, könne man sich über ein Spezialgesetz unterhalten, das gegebenenfalls in das Versicherungsaufsichtsgesetz eingebaut werden könne, dessen Reform ohnedies bevorstehe.

**Prof. Dr. Hax**, Frankfurt a. M.:

Die Ausführungen von Professor Rittig sind schlüssig. Man sollte aber die Konsequenzen deutlich sehen. Wenn die Versicherungsaufsichtsbehörde laufend die Prämien auch der Sachversicherer auf ihre Angemessenheit überwachen soll, dann muß sie entscheiden können, wann eine Preisstellung als übersetzt anzusehen ist. Praktisch brauchbare Methoden zur Durchführung einer derartigen Preiskontrolle müssen aber erst noch entwickelt werden. Die Methode, den Preis einfach nach den anfallenden Kosten auszurichten, hat sich als unzureichend erwiesen, da sie eine unrationelle Geschäftsführung geradezu belohnt.

# E. Die Versicherungsmedizin in der Haftpflichtversicherung

## Der Arzt als Gutachter im Haftpflichtprozeß

Von Prof. Dr. med. Gottfried Jungmichel, Göttingen

Da meine Ausführungen weisungsgemäß nur einem „wissenschaftlichen *Kurzreferat*" entsprechen sollen, muß ich mir versagen, wesentliche Teile ärztlicher Gutachtertätigkeit im Haftpflichtprozeß oder dessen Vorläufer, den Verhandlungen zwischen Geschädigtem und dem Schädiger bzw. dessen Versicherungsgesellschaft zu erwähnen. Es sollen daher heute nur einige Fragen erörtert werden, die in den letztvergangenen Jahren wieder in zunehmendem Maße an mich wissenschaftlich, praktisch und gutachtlich herangetragen worden sind.

Lassen Sie mich zunächst zum Problem der sogenannten *„Unfall-Neurose"* einiges sagen. Wie sehr die neurotischen Störungen allgemein angestiegen sind, hat *Hirschmann* dargelegt. Das Verhältnis der Zahl der neurotischen Störungen in den Jahren 1919—1924 zu den Jahren 1945—1949 beträgt 1 : 7. In das Gebiet der neurotischen Störungen kann auch die sog. „Unfallneurose" fallen.

Im allgemeinen verstand man unter dem Begriff der „Unfallneurose" bis dahin eine neurotische Störung, vermischt mit Begehrungsvorstellungen, auf ein Ereignis, das von außen auf einen Versicherten eingewirkt hatte. Mit *Schellworth* bin ich der Auffassung, statt wie bisher von Neurose besser von „abnormer Erlebnisreaktion" zu sprechen. *Schellworth* ist mit Recht der Meinung, daß die seelische Reaktion auf die Tatsache des Versichertseins nicht als abnorm bezeichnet werden kann, und daß es dazu keiner psychopathischen Persönlichkeitsanlage bedarf. Die Unfall- und Rentenversicherung bzw. die mögliche Entschädigung nach einem Haftpflichtprozeß kann nicht die Versicherten in seelisch abnorme Persönlichkeiten umwandeln. Jeder reagiert auf seine Weise auf die Tatsache des Versichertseins bzw. des Prozesses, womit allerdings die Gefahr, „in Versuchung geführt zu werden" und ihr zu erliegen, gegeben ist.

Während ja die private Unfallversicherung die Unfallneurose bzw. besser die „abnorme Erlebnisreaktion" unter „Erkrankungen infolge psychicher Einwirkungen" rechnet, und somit einen „Unfall" nicht gelten läßt, kommt es bei der Haftpflichtversicherung darauf an, ob der Unfall nur den äußeren Anlaß zur Entstehung dieser „abnormen Erlebnisreaktion" gegeben hat, oder ob ein innerer Zusammenhang zwischen Unfall und „abnormer Erlebnisreaktion" besteht. Dabei schließt psychopathische Veranlagung des Verletzten den ursächlichen Zusammenhang nicht aus. Ja, es kann sogar „Fernwirkung" — Schädigung infolge Schreck über Nachricht von dem Tode eines nahen Angehörigen — anerkannt werden. Nicht als „adäquat" angesehen für den Tod des herzkranken Vaters wurde jedoch die Nachricht von dem Oberarmbruch eines heranwachsenden Sohnes. Aber selbst für den Nervenschock einer unbeteiligten Zeugin wurde der Kraftfahrer verantwortlich gemacht. Der BGH hat sich ja jüngst in vollem Umfang der alten Rechtsprechung des Reichsgerichts angeschlossen.

Allerdings hat das Reichsgericht früher festgestellt, daß Begehrungsvorstellungen oder Einbildungen über Erwerbsbeeinträchtigung der Verletzte selbst bekämpfen muß; ferner wird oft ein „Mitverschulden" geltend gemacht werden.

In einem vor wenigen Wochen von mir begutachteten Fall hatte ein sonst „lammfrommes" Pferd eine 50 Jahre alte Frau ganz oberflächlich an der linken Schulter gebissen, ohne daß die Kleidung beschädigt oder nach dem Attest des behandelnden Arztes eine ernstere Verletzung gesetzt worden war. Die Frau mußte jedoch 4 Wochen nach diesem Vorfall in eine Privatklinik für Gemütskranke gebracht werden. Hier ergab die sehr eingehende psychoanalytische Erforschung der Persönlichkeit dieser 50 Jahre alten Frau „schwere eheliche Disharmonien". Es brauchte glücklicherweise nicht erörtert zu werden, ob diese Schuld des Ehemannes nun ein „Mitverschulden" im Sinne der Rechtsprechung des ehemaligen Reichsgerichts dargestellt hätte, da der Fall anderweitige Regelung fand.

Die Frage der Unfallneurose bzw. besser „abnormen Erlebnisreaktion" ist wohl eine der schwierigsten überhaupt. Einfach wird die Entscheidung dann, wenn durch zufällige eigene Beobachtung der Nachweis gelingt, daß der Geschädigte beim Verlassen des Zuges und bis dicht vor das Institut nicht lahmen und seinen Stock nicht benutzen mußte, im Institut jedoch bei der Untersuchung angeblich wegen Versteifung des Kniegelenks nicht ohne Stock gehen konnte.

Ebenso vermochten wir vor über 20 Jahren in Greifswald bzw. Stettin anläßlich einer Begutachtung durch den gerichtsärztlichen Ausschuß bei einem Mann eine 17 Jahre lang vorgetäuschte Zuckerkrankheit aufzudecken. Erst die Forderung von 189 729,20 Mark, die der „Geschädigte" in einem Haftpflichtprozeß gegen die Stettiner Straßenbahn wegen Verschlimmerung seiner angeblich im Kriege entstandenen Zuckerkrankheit geltend machte, gab Veranlassung zu der Untersuchung. Der „Geschädigte" wurde im Krankenhaus genau beobachtet; dabei wurde nachts festgestellt, wie er seinem Urin aus einem heimlich im Taschentuch mitgeführten Vorrat Traubenzucker beimengte und so 17 Jahre seine Zuckerkrankheit vorgetäuscht hatte.

Daß aber doch nicht allzu selten posttraumatische psychische Störungen im Sinne der „abnormen Erlebnisreaktion" einer fachärztlichen bzw. psychotherapeutischen Behandlung zugänglich sind, die deshalb nicht unterlassen werden sollte, hat *Mascher* vor zwei Jahren betont. Es sei in diesem Zusammenhang noch auf das so prägnante Referat: „Der Unfall und die Berufskrankheit als Ursache neurotischer Unfalls- und Berufsschäden" von I. H. *Schultz* auf der 16. Tagung der Deutschen Gesellschaft für Unfallheilkunde in Oldenburg am 22. 9. 1952 hingewiesen. Dieses Referat kann nur jedem, Arzt und Juristen, zur Lektüre empfohlen werden, zumal es — obwohl von einem Psychotherapeuten geschrieben — nicht schwierig zu verstehen ist und dem Sachverständigen viel schmunzelnde Freude bereitet (außerdem kürzlich *Schaetzing* in seinem Vortrag vor dem Versicherungswissenschaftlichen Verein in Hamburg am 7. 10. 1953. Ärztl. Mitteilungen 1954, 112—116).

Auf dem Gebiet der angeblichen *postcommotionellen* Beschwerden ist ebenfalls, wie vielfache Erfahrungen gezeigt haben, besondere Vorsicht geboten. Immer wieder werden hier die eigentümlichsten Beobachtungen gemacht. Oft ist sogar eine Trennung zwischen echten Unfallfolgen, tatsächlichen Persönlichkeitsveränderungen, Begehrungsvorstellungen oder reinen Betrugsmanövern schwer oder gar nicht möglich.

So behauptete der Vater des bei einem Verkehrsunfall verletzten, jetzt 11 Jahre alten Jungen, daß dieser durch die erlittene Gehirnerschütterung schwachsinnig geworden wäre. Bei der Untersuchung zeigte sich tatsächlich ein nicht geringes Versagen auf allen Gebieten des Schulwissens mit Ausnahme des schriftlichen Rechnens. Da aber einmal der Unfall nicht sehr schwer gewesen war, zum anderen der Vater als Hirnverletzter seinem Sohn die Symptome suggeriert hatte, wie sich in der in Abwesenheit des Vaters erfolgten Untersuchung ergab, wurde es für nötig befunden, die früheren Schulzeugnisse des Jungen einzusehen. Dabei zeigte es sich, daß dieser Junge stets zu den schwächsten Schülern gehört hatte und im 1. Schuljahr überhaupt nicht und die beiden nächsten Jahre auch nur mit Bedenken versetzt worden war; diese geringen schulischen Leistungen lagen aber schon vor dem Unfallereignis.

Es sei hierbei erwähnt, daß selbst erfahrenste Ärzte in diesem Fall die bei dem Jungen gefundene intellektuelle Minderwertigkeit auf das Unfallereignis gutachtlich zurückgeführt hatten.

Oft ist gerade bei der „Unfallneurose", besser bei der „abnormen Erlebnisreaktion", nur durch besondere diagnostische Eingriffe eine Klärung der Zusammenhangsfrage möglich. Das führt zur Frage der *Schadenminderungspflicht* — auf gesundheitlichem Gebiet — im Sinne des § 254 Abs. 2 BGB. Danach ist der Geschädigte verpflichtet, den entstandenen Schaden zu mindern bzw. auf ein Mindestmaß zurückzuführen. Er hat zur Minderung des Schadens alles zu tun, was ihm unter Berücksichtigung aller Umstände zugemutet werden kann. Dabei ist ärztlich zu unterscheiden zwischen diagnostischen und therapeutischen Maßnahmen. Es ist dagegen heute strittig, ob im Zivilprozeß grundsätzlich eine elektrische Gehirnuntersuchung (Elektroenzephalographie), eine Lumbal- oder Okzipitalpunktion mit anschließender Luftfüllung des Gehirns (Enzephalographie) duldungspflichtig ist.

Während ich die Frage bezüglich der elektrischen Gehirnuntersuchung, die ohne wesentliche Beeinträchtigung des gesundheitlichen Wohlbefindens des Untersuchten vor sich geht, bejahen würde, ist die Entscheidung bezüglich der Lumbal- und Okzipitalpunktion nicht so eindeutig. Ich kann die Vornahme einer Lumbal- bzw. Okzipitalpunktion nicht für jeden harmlosen und kleinen zivilen Haftpflichtanspruch gelten lassen. Es muß — und darin folge ich der Ansicht einer Zivilkammer des Landgerichts Göttingen — der Eingriff (auch stationäre Untersuchung in einer Heil- und Pflegeanstalt) in einem gewissen Verhältnis zu der Notwendigkeit und dem Umfang des Anspruches stehen.

Der Verband der Kriegsbeschädigten hat kürzlich in seiner Zeitschrift unter dem Schlagwort „Nur mit Einverständnis" als nicht duldungspflichtige Eingriffe neben der Lumbal- und Okzipitalpunktion und Enzephalographie die Blasenspiegelung (Cystoskopie), die Mastdarmspiegelung (Rektoskopie), die Magenspiegelung (Gastroskopie), die röntgenologische Darstellung der Bronchien mit Füllung (Bronchographie), die röntgenologische Darstellung der Schlagadern mit Füllung (Arteriographie) und die Punktion des Brustbeins (Sternalpunktion) also solche Eingriffe bezeichnet.

Eine besondere Art der „negativen Schadensminderung" stellt eine bestimmte Form der *Selbstbeschädigung* dar. Eingehender zu dieser Frage hier zu sprechen, würde den Rahmen des gewünschten „wissenschaftlichen Kurzreferats" weit übersteigen. Indessen hat sich bei der Durcharbeitung von über 100 Akten für ein Referat, das ich auf der nächsten Unfalltagung Anfang Juni ds. Js. in Stuttgart „Über Selbstbeschädigungen" zu halten habe, gezeigt, wie in zahlreichen Fällen der Verletzte durch Offenhalten der gesetzten Wunde versucht hat, längere Zeit in den Genuß des Krankenhausaufenthalts bzw. einer Rente zu gelangen.

In einem sehr interessanten Fall, der mir freundlicherweise von der Bundesbahndirektion Köln für mein Referat überlassen worden ist, kam es zu einem Vergleich. Denn es konnte nicht mit absoluter Sicherheit der Nachweis erbracht werden, daß sich der Mann aus freiem, eigenem Entschluß beide Beine von einem Zug hatte abfahren lassen.

Die Anschauung über die *Duldungspflicht* ist in den letzten drei Jahrzehnten einem starken Wandel unterworfen gewesen; eine Feststellung, der sich in dankenswerter Weise auch *Goebbels*-Hamburg in seiner Monographie unterzogen hat. Es ist zu erwarten, daß ebenfalls auf diesem Gebiet demnächst das Pendel sich der Mittellage nähern wird.

So hat in einem Haftpflichtprozeß der Gutachter einem Anstreicher zugemutet, sich den linken, infolge des Unfalls versteiften 5. Finger amputieren und dessen Strecksehne auf den 4. Finger verpflanzen zu lassen, damit seine Erwerbsbeeinträchtigung wesentlich gebessert würde. Er hat diesen Vorschlag abgelehnt und u. a. für seine Verletzung ein Schmerzensgeld von 10 000.— DM gefordert. Daß es hierüber der Versicherungsträger zu einem Prozeß kommen lassen bzw. den Prozeß weiterführen wird, ist verständlich, falls es nicht dem einsichtigen Rechtsanwalt dieses Geschädigten noch gelingen sollte, ihn von der Unhaltbarkeit seiner Forderungen zu überzeugen.

Lassen Sie mich in diesem Zusammenhang zu dem Komplex des *Schmerzensgeldes* einige Fragen besprechen. Nach § 847 Abs. 1 BGB kann der Verletzte — wie Ihnen ja bekannt ist — wegen des Schadens, der nicht Vermögensschaden ist, eine „billige“, d. h. angemessene, Entschädigung in Geld verlangen. „Billig“, sagt der BGH, „ist eine Entschädigung nur dann, wenn sie der durch eine angemessene Rücksichtnahme auf den entstandenen immateriellen Schaden gebotenen Höhe entspricht“. Das Gericht kann ohne Verletzung des Gesetzes die Höhe des Schmerzensgeldes nach freiem Ermessen, aber unter Würdigung aller Umstände festsetzen.

Auf die Aufsätze von Bundesrichter *Gelhaar* in: „Neue Juristische Wochenschrift“ vom 28. 8. 1953 bzw. „Deutsches Autorecht“ 1954, Heft 1, sei hier insoweit nicht näher eingegangen. *Gelhaar* stellt u. a. fest, daß die bislang gewährten Beträge für Schmerzensgeld zu gering gewesen seien. Er macht ferner auf die Möglichkeit einer Schmerzensgeldrente erneut aufmerksam, weist aber dabei auf die von *Ebel* vertretene Gegenmeinung hin.

Es ist nicht Angelegenheit des ärztlichen Gutachters, mit *Böttinger* hervorzuheben, daß diese Tendenz des BGH bezüglich Zuerkennung wesentlich erhöhter Schmerzensgeldbeträge zu einer ebenso wesentlichen Erhöhung der Prämiensätze bei den Haftpflichtversicherern führen wird. Es dürfte jedoch die Erwartung ausgesprochen werden, daß Gerichte und Versicherungsgesellschaften bei der Ermittlung zur Festsetzung der Höhe des Schmerzensgeldes sich der Mithilfe eines wirklich erfahrenen ärztlichen Sacherständigen bedienen werden. Dabei braucht ja nach wie vor das Gericht sich dem Gutachten des Sachverständigen nicht anzuschließen. Und wie vielfache Erfahrungen gezeigt haben, sind selbst unsere höchsten Gerichte mit der Befragung ärztlicher Sachverständiger zu diesen Dingen recht zurückhaltend und geneigt, sich auf Gutachten zu stützen, die von Assistenz- oder Oberärzten für Berufsgenossenschaften erstattet worden sind.

Auch dürfte es hinreichend bekannt sein, daß die behandelnden Ärzte zur Frage des ihren Patienten zu gewährenden Schmerzensgeldes nicht als objektive Gutachter gelten können, was aus der durchaus begrüßenswerten engeren Bindung zwischen echtem Arzt und wirklichem Patienten auch psychologisch verständlich ist. Und es muß in derartigen Fällen stets berücksichtigt werden, daß jede einzelne Verletzung anders liegt, und daß es in der Biologie kein Schema gibt.

Ferner scheint es bedeutsam, darauf hinzuweisen, daß es in der modernen Schmerzbekämpfung zahlreiche Möglichkeiten gibt, die früher in dieser Frage keine Rolle spielten. Auf das Problem Schmerz als physisch-psychische Anregung der Gesundung sei in diesem Zusammenhang nicht näher eingegangen, ebenso nicht auf die Frage, ob z. B. eine Morphiumsucht nach einer Verletzung als Haftungsfolge angesehen werden kann.

Daß die Frage des echten Dauerschadens, d. h. der dauernden faktischen und nicht nur theoretischen Erwerbsbeeinträchtigung, von wirklicher Bedeutung ist, sei jedoch hervorgehoben. Darüber kann kein Zweifel bestehen, daß ein hohes Schmerzensgeld dann gerechtfertigt erscheint, wenn durch das in Rede stehende Ereignis eine Lebensverkürzung wahrscheinlich ist.

Sehr interessant ist — gerade auch im Hinblick auf die Ausführungen von *Gelhaar* — die Frage der Gewährung des Schmerzensgeldes bei *Geistesschwachen*. Diese Frage ist bislang wissenschaftlich noch nicht erörtert worden. So wurde ich kürzlich um eine gutachtliche Äußerung gebeten, wo eine 69 Jahre alte, wegen Schwachsinns frühzeitig entmündigte Wohlfahrtsrentenempängerin bei einem Verkehrsunfall eine Quetschung des linken Unterschenkels ohne wesentliche Folgen davongetragen hatte. Wendet man auf diesen Fall die von *Gelhaar* erwähnten Grundsätze an, so würde man doch wohl nur zu einem recht geringen Schmerzensgeldbetrag kommen können.

Recht eigentümliche Einblicke tun sich dem ärztlichen Sachverständigen gelegentlich auf, wenn er in Haftpflichtansprüchen zwischen „Juristen unter sich“ gutachtlich Stellung nehmen muß; jedoch dies am Rande.

Welche grotesken Vorstellungen jedoch beim Laien auch heute noch oft herrschen, möge zu diesem Thema folgender Fall abschließend zeigen:

Einem Arzt war bei der intramuskulären Injektion in das Gesäß infolge eines vorher nicht erkennbaren Materialfehlers die Kanüle abgebrochen; diese wurde durch einen 2 cm langen Schnitt sofort entfernt. Der Geschädigte verlangte daraufhin von der Versicherungsgesellschaft eine Entschädigung wegen Schmerzen und Entstellung unter Vorlage einer Photographie dieser Körpergegend mit folgender wörtlicher Begründung:

„Wenn man bedenkt, daß eine derartige Schnittwunde, die inzwischen eine häßliche, rote Farbe angenommen hat, und als einziger Schönheitsfehler meines Körpers gilt, da ich ein leidenschaftlicher Schwimmer bin und gewohnheitsmäßig eine ganz kurze Badehose trage, sehr abstoßend wirkt, und da ich erst 34 Jahre und noch ledig bin, dürfte dies Nachteile für mich haben, die man vorerst noch nicht übersehen kann."

Sehr schwierige Entscheidungen werden nicht selten dem ärztlichen Sachverständigen auferlegt, wenn er sich dazu äußern soll, ob und in welchem Ausmaß eine vorher bestandene Krankheit durch ein Schaden stiftendes Ereignis *verschlimmert* worden ist. Da es unmöglich ist, hier nähere Ausführungen zu bringen, sei nur die Bedeutung dieser Frage erwähnt. Oft ist eine sichere Klärung selbst nach Hinzuziehung bester Sachkenner nicht zu erbringen. Es sei z. B. nur erinnert an die Verschlimmerung chronisch-verunstaltender Veränderungen an den Gelenken, insbesondere Wirbel-, Knie- und Hüftgelenken durch Unfall, worüber übrigens auch auf der nächsten Unfalltagung eingehender gesprochen wird. Ähnlich schwierige Verhältnisse liegen bei der Beurteilung einer nicht rechtzeitigen Erkennung einer Lungentuberkulose, eines Mastdarmkarzinoms usw. vor.

Auf der Tagung der Deutschen Gesellschaft für gerichtliche und soziale Medizin vor drei Jahren in Berlin habe ich im Rahmen eines Vortrags „*Blutalkohol*bestimmung und private Versicherung" auf die ärztliche Sachverständigentätigkeit in diesen Fragen hingewiesen. Man könnte hierzu die Ansicht äußern, daß die „Obliegenheitsverletzung" (§ 152 VVG), „willkürliche Gefahrerhöhung" (§ 23 VVG), „grobe Fahrlässigkeit" im Sinne § 61 VVG usw. eine rein versicherungsrechtliche Angelegenheit wäre, daß sie also uns Ärzte nichts anginge. Ich glaube jedoch, daß gerade wir forensisch tätigen Ärzte hier sehr viel zu sagen haben. So halte ich z. B. die von den Versicherungsträgern bereits häufig auf Grund des „Gesetzes zur Sicherung des Straßenverkehrs" vom 19. 12. 1952 durchgeführte Maßnahme, nach wiederholter Trunkenheit bei dem Versicherungsnehmer Regreß nehmen zu können, für eine sehr gute erzieherische Möglichkeit. Wer heute Auto fährt und dann noch in größerer Menge Alkohol trinkt, kann durch eine solche Maßnahme, die diesen Leichtsinnigen am zweckmäßigsten am Geldbeutel erfaßt, erzogen werden. Es ist bereits in einem anderen Zusammenhang von mir auch für unsere Strafgerichte eine stärkere finanzielle Belastung des Schuldigen propagiert worden. Und nach wie vor ist die Methode des schwedischen Forschers *Widmark* zur Bestimmung des Blutalkoholgehalts in der Hand des kritischen und erfahrenen Sachverständigen als zuverlässig anzusehen.

Wie nach dem 1. Weltkriege mit seinem Mangel an gutem Geld, so auch in den Jahren nach 1945 bzw. 1948 haben die Haftpflichtansprüche gegen Ärzte erheblich zugenommen. Dabei spielt das Wort *„Kunstfehler"* eine große Rolle.

Kürzlich wurde von *Maassen* und *Handloser*-Kiel berichtet, daß noch 18,5 bzw. 35 % der Ärzte ihre Spritzen in Alkohol aufbewahren. Tritt also nach einer Injektion durch solchen Arzt eine Starrkrampf-(Tetanus)- bzw. Gasbrandinfektion auf, „dann ist es ein Kunstfehler"; weil ja Alkohol diese Bakterien, die unter Luftabschluß gedeihen, sogen. Anaerobier, nicht abtötet. *Bingold* und *Trummert*-München bringen in ihrem Aufsatz „Über die Wandlungen einiger infektiöser Krankheitsbilder" ein weiteres, sehr schönes Beispiel, wo sie sagen: „Ein wesentlicher Fortschritt ist also hier wirklich nicht erreicht worden, obwohl heute die Nichtverwendung von Penicillin oder Sulfonamiden in der Behandlung der Lungenentzündung landläufig geradezu als Kunstfehler (!) betrachtet wird." *Hesse* äußert sich in seinem Aufsatz: „Zur Prophylaxe der Inoculationshepatitis" mehrfach zu haftpflichtrechtlichen Fragen, wobei er gleichfalls den Begriff „Kunstfehler" verwendet. Es wird aber auch sonst dieses rechtlich nicht fundierte Wort, worüber schon viel geklagt worden ist, viel zu leicht gehandhabt. Was ist denn alles „Kunstfehler"?! Seien wir doch mit Eberhard *Schmidt* in der Auswahl und dem Gebrauch dieses Wortes vorsichtiger und zurückhaltender.

Meine Damen und Herren: Es geht aber m. E. nicht an, wenn dem Patienten das Zurückbleiben einer bei der Operation abgebrochenen Nadel verheimlicht wird und dann sogar der Stationsarzt diesem Patienten nach der zweiten vergeblichen Operation zwecks Entfernung der Nadel versichert, die Nadel sei nunmehr fort.

In einem anderen Falle — angebliches Abbrechen einer Kanüle bei Injektion in die Lendenmuskulatur und Verheimlichung dieses Vorganges — hatte bereits ein Chirurg einen „Kunstfehler" bejaht. Der Beklagte, ein sonst sehr gut beleumundeter und angesehener Oberarzt eines großen Krankenhauses, bestritt energisch, daß ihm dieses Mißgeschickt unterlaufen wäre; die als Zeugen vernommenen Schwestern bekräftigten seine Angaben. Der Patient legte jedoch eine Röntgenaufnahme vor, auf der sich eine abgebrochene Kanüle erkennen ließ. Im Verlauf der weiteren Ermittlungen konnte nun eine Röntgenaufnahme herbeigeschafft werden, die zwei Jahre vor diesem jetzt in Rede stehenden Ereignis wegen des Verdachts eines Magen- oder Leberleidens gemacht war. Auf dieser Röntgenaufnahme befand sich aber schon — am äußeren Rande des Röntgenbildes und damals offenbar als „Plattenfehler" angesprochen — der besagte Kanülenrest. Es konnte zwar nicht geklärt werden, wann und wo sich dieser Vorfall ereignet hatte, wohl aber konnten jetzt die gegen den besagten Oberarzt erhobenen Ansprüche und somit der Vorwurf eines „Kunstfehlers" als unberechtigt abgelehnt werden.

Welche oft weitgehenden Forderungen durch unsere Gerichte bezüglich „Beweissicherung in der Ärztehaftpflicht" gestellt werden, hat auf der letzten Unfalltagung 1953 in Bad Neuenahr *Lentzen* an sehr instruktiven Beispielen aufgezeigt.

Lassen Sie mich abschließend auch in diesem Kreise einen Gedanken erörtern, der mich schon seit längeren Jahren beschäftigt: Die doch recht enge, aber notwendige Auslegung des adäquaten ursächlichen Zusammenhangs ist nach meinen Erfahrungen nicht geeignet, das Vertrauen der Geschädigten nicht nur in die Rechtsprechung sondern auch in das Ansehen des Arztes schlechthin zu stärken. Der Laie kann nicht im Einzelfall die volle Einsicht haben, daß in diesem seinem Fall ein ursächlicher Zusammenhang tatsächlich nicht mit der notwendigen Sicherheit bzw. überwiegenden Wahrscheinlichkeit gegeben war. Bei häufigen Unterhaltungen mit Juristen, Ärzten und Laien über diese Dinge ist mir ein anderer Gedanke gekommen. Sollte nicht — analog der Möglichkeit in der Tierversicherung — etwas ähnliches für den Menschen geschaffen werden können?

Ich habe dieses Problem mit dem sehr erfahrenen Direktor einer Versicherungs-AG. eingehender besprochen. Dieser Fachmann lehnte zwar meine Gedanken als praktisch undurchführbar ab, er hat mich aber nicht überzeugt. Ich könnte mir doch vorstellen, daß operierender Arzt und zu operierender bzw. operierter Patient — und darüber hinaus die gesamte Ärzteschaft und auch der Gesetzgeber — eine derartige modifizierte Versicherung (nennen wir sie „Versicherung gegen unerwünschte Operationsfolgen") begrüßen würden. Vielleicht beraten sich einmal Versicherungswissenschaftler, -Wirtschaftler und Gesetzgeber darüber, ob nicht doch eine praktische Durchführbarkeit möglich wäre. Würden doch dann in den ärztlichen Haftpflichtprozessen jene üblen Angriffe gegen die Sachverständigen, das Zerpflücken nicht nur des fachlichen Könnens, sondern oft noch des Privatlebens des in Anspruch genommenen Arztes entfallen. Es würden viel Ärger, Zeit und nicht zuletzt Geld gespart.

## Schrifttum

*Bauer*, K. H.: Dtsch. med. Wschr. 1952, 321—325. — *Bingold* und *Trummert:* Dtsch. med. Wschr. 1952, Nr. 26. — *Böttinger:* Vers.R. 1953, 198. — *Ebel:* Vers.R. 1951, S. 217—218. — *Engisch, Schmidt*, E., und *Stich:* Dtsch. med. Wschr. 1952, 885. — *Goebbels*, H.: Die Medizinische 1952, Nr. 23, und Neue Med. Welt 1950, Nr. 37. — *Goldbach:* Vortrag 3. 10. 1953 auf Tg. Dtsch. Gesellschaft gerichtl. Med., Bonn. — *Gruhle:* Nervenarzt 323, 215—218 (1952). — *Hafferberg, Schellworth* und *Wissel:* VW. 1949, 196 und 511; 1950, 142/3. — *Hellner:* Beiheft z. Unfallheilkunde 43. XV. Tg. Okt. 1951. — *Hess*, A.: Ärztl. Mitteilungen 1952, 306—309. — *Hess*, F.: Beiheft z. Unfallheilkunde 42. XIV. Tg. Okt. 1950. — *Hesse:* Der Krankenhausarzt 1951, 51—53. — *Hild:* Dtsch. med. Wschr. 1952, 712—715. — *Hirschmann:* Arch. f. Psychiatrie u. Z. Neurologie, 189, 192—207 (1952). — *Jungmichel:* Münch. med. Wschr. 1934, 1809—1811; 1938, 125. — *Ders.:* Ärztl. Sachv.Ztg. 1933, 127—132. — *Ders.:* Ztschr. f. ärztl. Fortbildung 1934, 572—576. — *Ders.:* Im Handbuch der Artefakte, hrsg. von J. Mayr 1937. — *Ders.:* Dtsch. Z. gerichtl. Med. 42, 254—262 (1953). — *Ders.:* Beiheft z. Unfallheilkunde 42. XIV. Tg. Okt. 1950. — *Kersting:* VAE. 1941, 125—128. — *Knorr:* Medizin. Klinik, 1953, 1393—1395. — *Köstlin:* Der Krankenhausarzt 1951, 62—64. — *Ders.:* Vortrag Jan. 1952 vor BG. — *Lentzen:* Beiheft z. Unfallheilkunde 47, 91—100 (1953). — *Löffler:* Neue jur. Wschr. 1951, 821—823. — *López-Ibor:* Dtsch. med. Wschr. 1952, 940. — *Maassen* und *Handloser:* Ärztl. Wschr. 1952, 111—124. — *Mascher:* Vortrag-Manuskript April 1952. Tg. d. Arbeitsgem. f. Hirntraumafragen. — *Mueller*, B.: Neue med. Welt 1950, Nr. 35—38. — *Pirner:* Med. Klinik 1953, 1597. — *Sauer:* D. ang. Arzt 1953, 189—191. — *Schellworth:* Dtsch. med. J. 1952, 411—414. — *Schnorr v. Carolsfeld* und *Wasmuth:* Monatsschr. f. Unfallheilkunde 1951, 21—26. — *Schultz*, I. H.: Beiheft zur Unfallheilkunde 44, XVI. Tg. Sept. 1952, S. 13—20. — *Trüb:* Der Chirurg 24, 289—291 (1953). —

*Ferner folgende Monographien und Hinweise:*

*Becker:* Kraftverkehrs-Haftpflicht-Schäden. Vlg. C. Müller Karlsruhe, 2. Aufl. 1951. — *Geigel:* Der Haftpflichtprozeß. Beck'sche Verlagsbuchhlg., 6. Aufl. 1952. — *Goebbels:* Die Duldung ärztlicher Eingriffe als Pflicht. Georg Thieme Vlg. Stuttgart 1950. — *Goldhahn* und *Hartmann:* Chirurgie und Recht. Ferd. Enke Vlg. Stuttgart 1937. — *Goldhahn* und *Schläger:* Fehler und Gefahren bei Einspritzungen. Ferd. Enke Vlg. Stuttgart 1948. — *Hübner* und *Warneyer:* Haftpflichtfälle aus der ärztlichen Praxis. Vlg. Julius Springer 1939. — *König* und *Köstlin:* Haftpflicht des Arztes. — Vlg. Johann Ambrosius Barth Leipzig 1937. — *Liertz* und *Paffrath:* Handbuch des Arztrechts. Vlg. L. Schwamm Düsseldorf (etwa 1938). — *Palandt:* Beck'sche Kurzkommentare Bd. 7, Bürgerliches Gesetzbuch, 9. Aufl. 1951. — *Proells:* Beck'sche Kurzkommentare Bd. 14, Versicherungsvertragsgesetz, 6. Aufl. 1950. —

HRR 1942, 274—276. — Dtsch. Rechtsprechung IV. 450, Bl 22 R. c. — Nds. Ärzteblatt 1952, 195/6 und 220. — Ärztl. Mitteilungen 1952, 291 u. 306—309. — Automobil-Revue 1952, Nr. 6 und Nr. 9. — Vers.Recht 1952, 292. — Der Betriebsberater 1953, 718.

## Diskussionsbeitrag zum Vortrag Prof. Jungmichel

**Prof. Dr. Dr. Göbbels**, Hamburg,

führt aus, daß die Abgrenzung des Begriffs „Unfallneurose“ von der des versuchten Betrugs nicht immer mit der nötigen Klarheit durchgeführt werde: Während das Bild der „Unfallneurose“ i. w. S. mehr das unbewußte, passive Nachgeben gegenüber Begehrungsvorstellungen aufzeigt, sei der versuchte Betrug durch die bewußte, aktive Mitwirkung an der Erfolgsverwirklichung der Begehrungsvorstellungen gekennzeichnet.

Die Lumbalpunktion werde bis auf weiteres als eindeutig duldungspflichtig anzusehen sein, nachdem der Gesetzgeber selbst im Gesetz zur Bekämpfung der Geschlechtskrankheiten die Einwilligung des Patienten in diesen Eingriff bindend vorschreibt. Die vom VdK geforderte Einbeziehung der Electroencephalographie und der Rectoscopie (Mastdarmspiegelung) unter die duldungspflichtigen Eingriffe erscheinen zu weitgehend, da beide Eingriffe weder durch besondere Schmerzhaftigkeit noch durch gefährdende Nachwirkungen charakterisiert seien.

In der Frage der Schmerzensgeldhöhe sei durch die Stellungnahme des BGH und die Ausführungen von *Gelhaar* eine starke Unsicherheit eingetreten. So sehr es zu begrüßen sei, daß dem Verletzten eine Entschädigung für entgangenen Lustgewinn zugebilligt werde, so leicht könne man auch in den Fehler verfallen, mit fremdem Geld übertrieben charitativ sein zu wollen. Letzten Endes müsse sich eine Überspitzung in der Zubilligung von Schmerzensgeld in einer zwangsläufigen Prämienerhöhung auch des Versicherungsnehmers auswirken, der infolge seiner Sorgfalt schadenmindernd wirke.

Bei Spritzenschäden habe sich in letzter Zeit gezeigt, daß teilweise in der Ostzone hergestellte Kanülen im Handel befindlich sind, die infolge ihrer Chrom-Eisenlegierung gegenüber der Chrom-Stahllegierung der Westzone verminderte Elastizität und erhöhte Bruchgefahr aufweisen. Der Arzt muß sich darauf verlassen können, daß ihm vom Instrumentenhändler nur beste Ware geliefert wird. Bei Inanspruchnahme aus Haftpflicht infolge Abbrechens der Kanüle könnte man bei schlechter Lieferung Regreßansprüche an den Händler erwägen.

Der Ausdruck „Kunstfehler“ wird überwiegend in ärztlichen Kreisen gebraucht, ohne daß damit eine feste Begriffsvorstellung verbunden wird. In engster Auslegung umfaßt er auch jede Abweichung von den seither üblichen Methoden und erweist sich damit als hemmend für den medizinischen Fortschritt. Über die Verschuldensfrage sagt der Begriff „Kunstfehler“ nichts aus. Man sollte wegen der wenig klaren Umreißung besser auf ihn verzichten.

Kolibri 360 GmbH
Ferdinand-Jühlke-Straße 7
99095 Erfurt, Deutschland
produktsicherheit@kolibri360.de

Druck:
CPI Druckdienstleistungen GmbH
im Auftrag der
Kolibri 360 GmbH
Ferdinand-Jühlke-Str. 7
99095 Erfurt